北京外國語大學"雙一流"項目建設經費資助成果

殷墟甲骨文五種外記事刻辭研究

方稚松 著

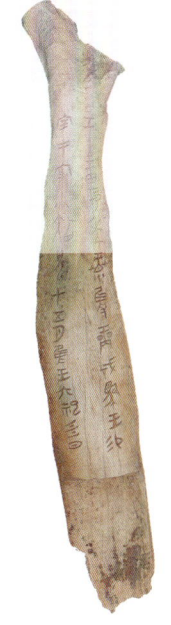

上海古籍出版社

圖書在版編目(CIP)數據

殷墟甲骨文五種外記事刻辭研究 / 方稚松著. —上海：上海古籍出版社，2021.4
ISBN 978-7-5325-9918-9

Ⅰ.①殷… Ⅱ.①方… Ⅲ.①甲骨學—研究 Ⅳ.①K877.1

中國版本圖書館 CIP 數據核字(2021)第 056878 號

殷墟甲骨文五種外記事刻辭研究
方稚松 著
上海古籍出版社出版發行
(上海瑞金二路 272 號 郵政編碼 200020)
(1)網址：www.guji.com.cn
(2)E-mail：guji1@guji.com.cn
(3)易文網網址：www.ewen.co
蘇州市越洋印刷有限公司印刷
開本 700×1000 1/16 印張 19.75 插頁 11 字數 275,000
2021 年 4 月第 1 版 2021 年 4 月第 1 次印刷
ISBN 978-7-5325-9918-9
H·235 定價：98.00 元
如有質量問題，請與承印公司聯繫

1 《合集》6068（采自《韓中日書體特別展》，韓國首爾：國立韓文博物館，2017年）

2 《合集》391=《北珍》312

圖版一 "宜于義京"類記事刻辭

1　《合集》1343=《北珍》174

2　《合集》14942=《旅博》387 反

圖版二　"屮升歲"類記事刻辭

《北珍》2200+《史購》108+《合集》3147+11149（蔣玉斌綴）

圖版三　"子某揚屰"類記事刻辭

《合集》36481=《國博》260

圖版四　小臣墻骨版刻辭

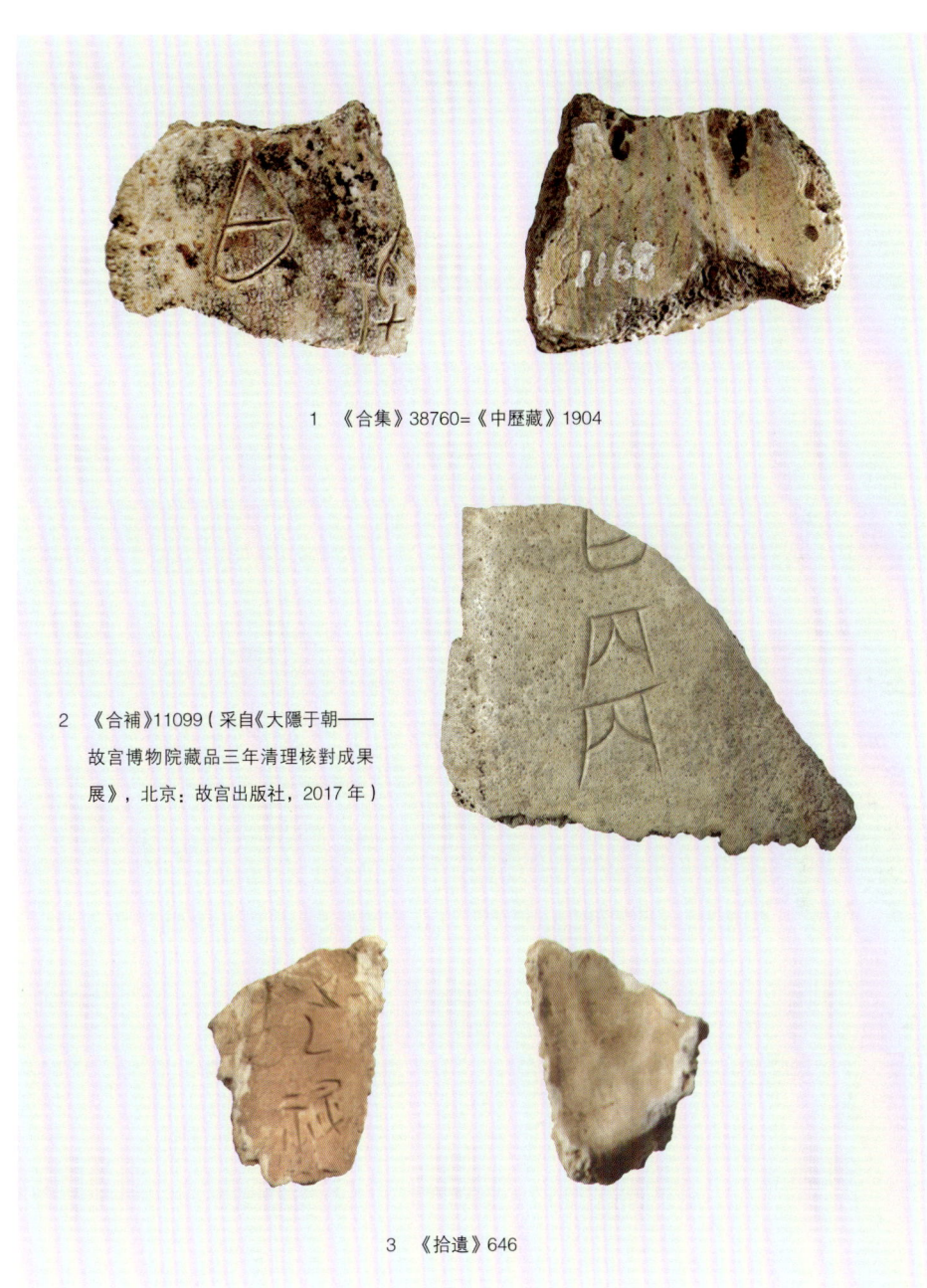

1　《合集》38760=《中歷藏》1904

2　《合補》11099（采自《大隱于朝——故宮博物院藏品三年清理核對成果展》，北京：故宮出版社，2017年）

3　《拾遺》646

圖版五　人頭骨刻辭

《甲》3940（采自王蘊智編著《甲骨照片精選（二）》，鄭州：河南美術出版社，2018年）

圖版六　鹿頭骨刻辭

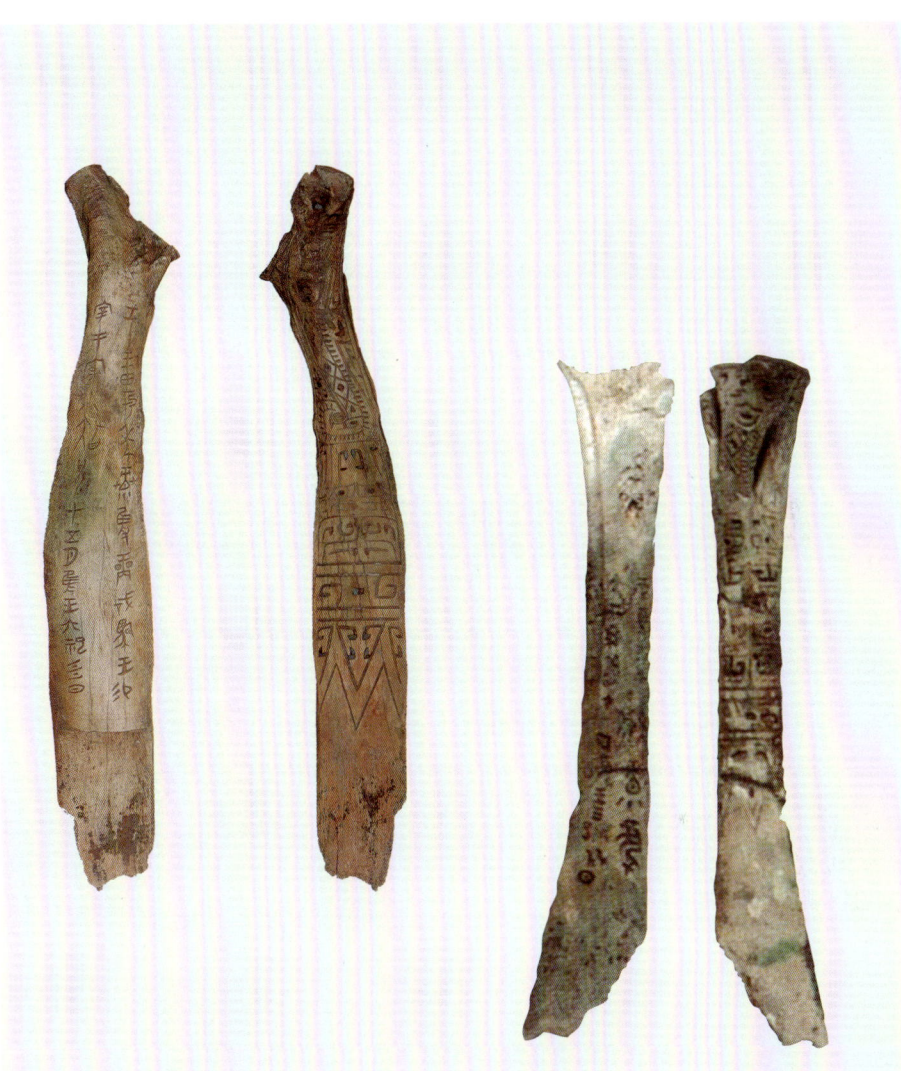

1 宰丰骨《合補》11299=《國博》261
2 虎膊骨《合集》37848（采自宋鎮豪《商代史·卷七·商代社會生活與禮俗》彩圖22，北京：中國社會科學出版社，2010年）

圖版七 骨柶刻辭

安陽殷墟大墓出土骨片
（采自劉釗《書馨集——出土文獻與古文字論叢》圖版一，上海：上海古籍出版社，2013年）

圖版八　骨片刻辭

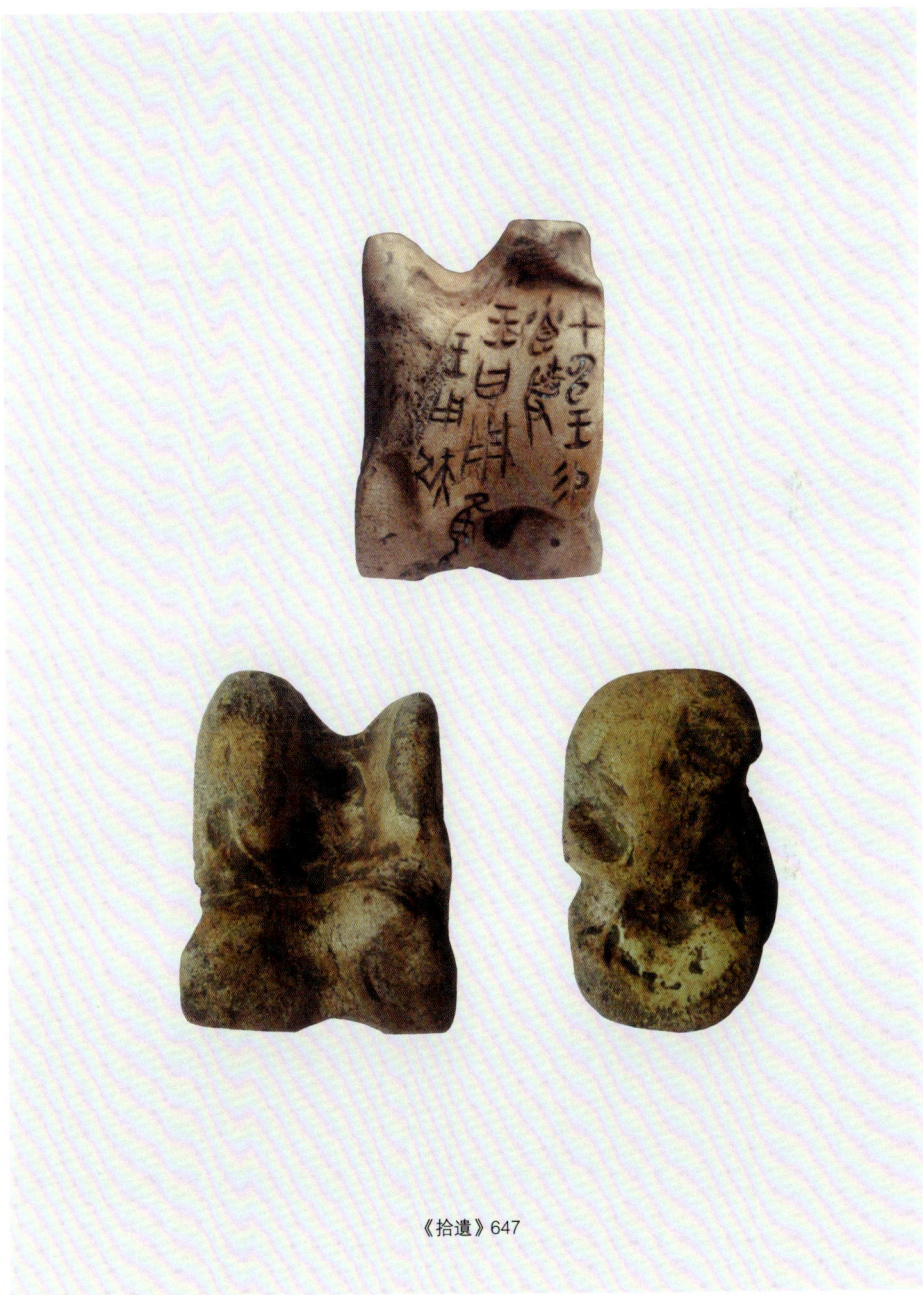

《拾遺》647

圖版九　牛距骨刻辭

1　《村中南》附録四.1

圖版一〇　干支表類

2　《合集》38017=《國博》262

圖版一〇　干支表類

3　《合集》37993=《中歷藏》1908　　　4　《居延新簡》EPT52:115AB

圖版一〇　干支表類

序

  1899年(光緒25年),金石學家王懿榮鑒定出甲骨上的文字是一種殷人的刀筆文字,甲骨文從此爲世人所知。這是中國也是世界學術史上值得大書特書的一件大事。1910年,羅振玉在《殷商貞卜文字考》中以"貞卜文字"命其書名,提出了"卜辭"這一名稱。甲骨文大多數是占卜記録,所以稱爲"卜辭"。但是,殷墟出土的甲骨文並非全是卜辭。"卜辭"之外還存在記事刻辭。所謂記事刻辭,其特點是辭句中絶無"貞""卜"字樣,刻辭旁邊没有與其相應的卜兆,通常都刻寫在龜甲獸骨的邊緣部位上。

  方稚松博士是我指導的研究生。2004年到2007年從我攻讀博士學位,博士學位論文是《殷墟甲骨文五種記事刻辭研究》。2007年他獲得博士學位後,到北京外國語大學執教。2009年,同名博士論文在綫裝書局出版。該書占有資料全面,研究方法科學,其研究成果大多令人信服,在甲骨學界産生很好的影響。該書曾從内容角度將記事刻辭分爲四大類:一是龜骨納藏類記事刻辭,二是祭祀類記事刻辭,三是銘功旌紀類記事刻辭,四是表譜刻辭。他在攻讀博士學位期間,限於時間和精力,當時僅對有關龜骨納藏類的甲尾、甲橋、背甲、骨臼、骨面五種記事刻辭做了專門研究,其他類型的記事刻辭資料雖然已經大體搜集完畢,但未展開全面的研究。最近,方稚松博士寄來新的書稿《殷墟甲骨文五種外記事刻辭研究》,準備在上海古籍出版社出版,他希望我爲這本新書寫一篇序。披閱一過,知道此書多有新見,因此,很樂意寫序,介紹他的人品、學問以及此書的一些情況。這本新書是他早年博士學位論文《殷墟甲骨文五種記事刻辭研究》的賡續篇,重點研究的是甲骨文五種記事刻辭外的祭祀類和銘功旌紀類記事刻辭。我認爲,這是一部高質量的學術著作,在研究甲骨文記事刻辭的同類學術著作裏,此書顯然屬於上乘,頗有參考價值。

方稚松博士在北京外國語大學任職的十多年裏,教學之餘,潛心研究古文字學,尤重甲骨學的研究,筆耕不輟,陸續發表甲骨學方面論文數十篇,其研究成果被學術界廣泛引用或轉載,在古文字學界產生很好的影響。甲骨文字詞考釋,是甲骨學研究的基礎工作。因爲甲骨文的字詞如果讀不懂的話,就談不上利用甲骨文來研究商代的歷史和語言。大家知道,甲骨文疑難字詞考釋往往衆説紛紜,方稚松博士能站在學術研究前沿,對各家考釋,能進行深入獨立思考,做到擇善而從,而且提出不少自己的新見解。下面選取幾個例證,以見一斑。

首先,談談銘功旌紀類記事刻辭。小臣牆刻辭骨版内容是記載戰功的。人名"小臣牆"下一字,李學勤先生釋"从",認爲是"小臣牆"跟從商王出征;方稚松博士釋"比",認爲是"小臣牆"配合"某侯"出征。大家知道,"从"字是从二"人";"比"字是从二"匕"。細審拓本,方稚松博士釋"比"顯然是正確的,參看《合集》36344"余其比"之"比"自明。他又認爲,小臣牆刻辭中"嫛"緊接於"馘"之後,根據金文及文獻中常見的"折首執訊"的表達順序,"嫛"應屬於"執訊"類。"嫛"字,上部是"匋",下部是"妥",根據甲骨文偏旁"女"和"卩"可以通用,所以此處"嫛"可以根據下部是"妥"而讀爲"奴"。這一新的釋讀,放到辭例中,文從字順。他又認爲,小臣牆刻辭中"廿人四"是"數+名+數"的格式,甲骨文常見這類句式,如"七十人五"(《合集》6057正)、"十月一"(《合集》36846)、"十月二"(《合集》35413)、"三十牛三"(《合集》22600),因此,"廿人四"即"廿四人"。這一釋讀,非常正確。

其次,談談祭祀類記事刻辭。雖然祭祀類記事刻辭内容比較單一,語句比較程式化,但要講清楚其中的一些字詞的含義也並非易事。例如"屮升歲"之"升"的釋讀。通過比對"⿰月⿱新鬯"(《合集》22924)與"登新鬯"(《合集》30977),方稚松博士認爲過去學者將"⿰月⿱"釋爲"升",不論在詞義還是字形方面仍是目前最爲合理的意見。這樣釋讀雖然還很難説是定論,但是比其他釋讀顯然更有道理。

最后,談談記事刻辭的文例。殷墟甲骨文主要是占卜的遺物。其卜辭都是守兆的,因此,卜辭文例十分複雜,讀者有興趣去讀一下劉影博士的《殷墟胛骨文例》(首都師範大學出版社,2016年)和何會博士的《殷墟王卜辭龜腹甲文例研究》(中國社會科學出版社,2020年)就知道了。而記事刻辭不是卜辭,刻辭不用守兆,那麽,文例是否十分簡單,一律都是"下行而左"呢? 其實也不盡然。

大家知道,牛的肩胛骨有正反兩面。我們把没有骨脊的一面稱爲正面;有骨脊的一面爲反面。殷墟胛骨一般是以臼部朝上、正面對着人來放置的。甲骨學者對於區分龜背甲和龜腹甲的左右觀點一致,都主張"左右横枝内向"。但是,對於肩胛骨的左右之分,意見不一。我們贊同胡厚宣先生的觀點,他説:"牛胛骨,左骨其卜兆向右……;右骨其卜兆向左。"胡先生區分卜骨和卜甲左右的原則是統一的。

銘功旌紀類記事刻辭的文例通常是"下行而左",與簡牘的文例是一致的。而祭祀類記事刻辭的文例是與甲骨形態有關的。左胛骨的文例是"下行而左"。右胛骨的文例是"下行而右",參看《合集》390。《合集》390是一版完整的右胛骨。它的正面左下角有祭祀類記事刻辭"癸卯宜于義京羌三人卯十牛右",其文例是"下行而右"。李學勤先生《論賓組胛骨的幾種記事刻辭》(《英國所藏甲骨集》下編上册第166頁)有詳細的解釋,可以參看。肩胛骨的左右問題與記事刻辭文例是有密切聯繫的。

黄天樹

2021年2月17日

於清華大學寓所

前　　言

　　關於甲骨文記事刻辭的界定和分類，我們曾在《殷墟甲骨文五種記事刻辭研究》(下簡稱《五種》)緒論一節中有過分析。[①] 書中指出，記事刻辭是相對於"卜辭"而言的一個特定概念，是指甲骨上爲記事而契刻或書寫的非"卜辭"的那一部分文字，辭句中絶無"貞""卜"字樣，刻辭旁無相應的卜兆，刻寫部分也較爲特殊。"卜辭"是屬於占卜的文字記録，但並非所有和占卜活動有關的文字記録都可納入"卜辭"範圍。"卜辭"記録的主要是灼鑿以後的一系列相關占卜活動，結構上包括有兆序、兆辭、前辭、命辭、占辭、用辭、孚辭、驗辭等。至於灼鑿之前有關占卜所用龜骨的來源、攻治、鑽鑿等占卜前的準備活動，雖亦屬占卜活動中的一些必要環節，但反映這部分內容的文字記録現學界一般並不將其歸入"卜辭"，而是單獨作爲一種記事性文字。除此之外，甲骨文中還有一部分完全和占卜活動無關的記事性文字，如小臣牆刻辭、獸頭骨刻辭、骨柶刻辭等。

　　我們在《五種》一書中曾從内容角度將記事刻辭分爲四大類：一是龜骨納藏類記事刻辭，二是祭祀類記事刻辭，三是銘功旌紀類記事刻辭，四是表譜刻辭。限於時間和精力，我們當時僅對有關龜骨納藏類的甲尾、甲橋、背甲、骨臼、骨面五種記事刻辭做了專門研究，未能對其他類型的記事刻辭展開討論。本書主要研究對象即五種外的其他幾類記事刻辭。

　　首先要重點説明的是我們之前所劃分的表譜類記事刻辭。這類刻辭

---

① 拙著：《殷墟甲骨文五種記事刻辭研究》，北京：綫裝書局，2009年，第4～20頁。

包括甲骨文中大量的干支表刻辭以及少數幾版家譜刻辭(主要是《英藏》2674,《合集》14925、14926)和祀譜刻辭(主要有《合集》35406＋《史購》172,①《合集》39455)。過去我們之所以將這些歸入記事刻辭,主要是基於對這類刻辭性質的認識,特別是其中的干支表刻辭,認爲有一部分干支刻辭具有備覽查閱之功用,表現出一定的記事性。但現經過研究,我們認爲所有的干支表刻辭都與刻寫練習有關,並無查閱之功能,從性質上看,歸入習刻可能更爲合理。而有關表譜刻辭中的家譜刻辭,學界討論的重點是關於《庫方》1506(即《英藏》2674)真僞之爭。這一問題聚訟百年,已成學界公案,至今仍在爭議中。② 近兩年,有關家譜刻辭的研究又有了新進展,2018 年,張惟捷、宋雅萍先生發表《從一版新材料看甲骨文家譜刻辭的真僞問題》一文,文中揭示出殷墟 YH127 出土的一版龜背甲上亦存有與家譜刻辭類似的"子曰某"之文例。③ 因 YH127 坑所出甲骨爲科學發掘品,其真實性毋庸置疑。這一材料的發現對判斷家譜刻辭的真僞具有重要參考價值。2019 年,葛亮先生在肯定張、宋文這一發現的基礎上,發表《從 YH127 家譜刻辭看〈英〉2674、〈合〉14925 等版的性質與字體》一文,文

---

① 陳年福:《甲骨文試綴一則》,先秦史研究室網站,2013 年 2 月 24 日。
② 有關家譜刻辭的研究綜述及學術史回顧可參看 1. 陳光宇:《兒氏家譜刻辭之"子"與花東卜辭之"子"》,《紀念王懿榮發現甲骨文 110 周年國際學術研討會論文集》,北京:社會科學文獻出版社,2009 年,第 164~173 頁;後略有修改發表於先秦史研究室網站,2009 年 8 月 21 日。2. 陳光宇:《兒氏家譜刻辭綜述及其確爲真品的證據》,該文在 2011 年 11 月美國新澤西州羅格斯大學主辦的"商代與中國上古文明國際學術研討會"上宣讀,後曾發表於復旦大學出土文獻與古文字研究網站,2011 年 11 月 21 日,正式刊發於《甲骨文與殷商史》新 6 輯,上海:上海古籍出版社,2016 年,第 267~297 頁。3. 郅曉娜:《家譜刻辭百年研究綜述》,先秦史研究室網站,2012 年 12 月 31 日;又見郅曉娜:《金璋的甲骨收藏與研究》,中國社會科學院研究生院博士學位論文,指導教師:宋鎮豪,2013 年。4. 郅曉娜:《甲骨文家譜刻辭的重新審視》,《第二屆古文字學青年論壇》,臺北:中研院史語所,2016 年,第 119~142 頁。5. 趙紅蕾:《甲骨刻辭辨僞研究成果匯總及相關問題研究》,吉林大學碩士學位論文,指導教師:何景成,2016 年。
③ 張惟捷、宋雅萍:《從一版新材料看甲骨文家譜刻辭的真僞問題》,《出土文獻與古文字研究》第 7 輯,上海:上海古籍出版社,2018 年,第 20~29 頁。

中指出《英藏》2674家譜刻辭、《合集》14925家譜刻辭和張、宋所揭示的YH127家譜刻辭性質相近,很可能都屬於習刻(習刻的方式或許不同);三版家譜刻辭的字體均屬師賓間類,其刻寫年代同樣十分接近,均在武丁時期(約武丁中期)。葛先生從習刻的角度對《英藏》2674家譜刻辭中的一些"特殊現象",如"同版異體""行款不齊""字體軟弱、反復描刻"等進行了較爲詳細的解釋,並推測《英藏》2674家譜刻辭的形成或許經歷了兩個步驟:"先由一位熟練度較高的刻手刻寫'兒先祖曰🦴',及上下兩側的人名(或許還刻寫了🦴下的"子曰"),再由另一位或幾位熟練度較低的刻手在中間填入'子''弟''曰'諸字。因而造成了字體及刻劃形態不一、行款不齊的結果。"①葛先生對骨版觀察極爲細緻,所做論述極具啟發性。而將家譜刻辭看作習刻的觀點,王蘊智先生在2010年出版的《殷商甲骨文研究》中亦曾提及,王先生文中將家譜刻辭、祀譜刻辭及四方風骨版刻辭等皆歸入習刻範圍內。② 若上述學者觀點可信,則家譜刻辭亦當歸入習刻類型。至於那兩版祀譜刻辭,其中《合集》39455上多缺刻橫畫,與黃組中一些干支表刻辭刻寫風格相似,歸入習刻的可能性較大;而《合集》35406+《史購》172是否該歸入習刻,現還難以論定,不排除時人故意將祀典內容作爲刻寫練習之可能性(祀典內容與干支表一樣都具有較強的規律性,便於記憶,時人應都爛熟於心,不需參照其他文本便可直接刻寫)。若此,則整個表譜刻辭都應納入習刻中去,屬於習刻中的不同類型。而我們在《五種》一書中曾明確表示所討論的記事刻辭並不包括習刻,因此,從邏輯上説,表譜刻辭應從我們上面的記事刻辭分類中剔除出去。但本書之所以仍將干支表刻辭納入研究範圍內,最初是與我們的錯誤認識有關,寫作伊始,即將干支表刻辭納入表譜刻辭中,認爲其中有一些干支表確有備忘查閱之用,爲此全面收集整理了目前所見甲骨著錄書中的干支表刻辭。在對

---

① 葛亮:《從YH127家譜刻辭看〈英〉2674、〈合〉14925等版的性質與字體》,《紀念甲骨文發現120周年國際學術研討會論文集》,河南:安陽,2019年10月18~19日。
② 王蘊智:《殷商甲骨文研究》,北京:科學出版社,2010年,第520~525頁。

材料的全面整理過程中,我們逐漸認識到所有的干支表刻辭皆應理解爲刻寫練習之作品,與我們所理解的記事刻辭性質有所不同。但本書之所以保留"干支表刻辭研究"這一章節,主要是考慮到我們之前的那種認識在學界仍具有相當之代表性,且學界一直以來未見有對干支表刻辭做全面徹底的梳理研究,本書所做之研究對學界瞭解這類刻辭全貌及認識其性質當有所裨益。

關於祭祀類記事刻辭,主要爲李學勤先生在《論賓組胛骨的幾種記事刻辭》一文中所討論的幾種類型。[①] 李先生文中根據這類刻辭的刻寫位置分爲三種類型:第一種是刻寫在胛骨反面有臼角一側外緣靠下的部位,這裏面又根據內容分爲五類,一是"屮升歲"類,二是"屮"類,三是翌、肜、劦周祭類,四是"宜"類,五是"自室出"。第二種是刻於胛骨正面扇部的一角,內容爲"宜于義京"類。第三種是刻於胛骨正面邊緣位置,即"子某徙 "類。我們認爲李先生所提到的"自室出"其含義是明確交待龜骨之來源,是屬於龜骨納藏類記事刻辭,與祭祀無直接關係,在《五種》一書中已將其歸入骨面刻辭中。[②] 剩下的類型其內容都與祭祀有關,故將其稱爲祭祀類記事刻辭。

至於銘功旌紀類記事刻辭,主要包括這幾個部分:一是人頭和獸頭骨刻辭,這類刻辭內容上與祭祀有一定關係,但因是將戰爭或田獵過程中捕獲的敵方國首領或野獸祭獻給祖先,故帶有一定的銘功性質;另外還有一種是骨柶等骨器類刻辭,這類刻辭刻寫在獸骨所製作的骨器上,其中有的內容與金文性質類似,是商王將田獵所捕獲的野獸或祭祀時所使用的牲肉賞賜給臣下,受賞人在享用完所賜牲肉後將獸骨加工成骨器,並在上面銘刻內容以示榮耀。另外,著名的"小臣牆"刻辭因是記錄戰爭中所擒獲的戰利品,並對祖先進行祭祀,相當於商代的"獻俘"禮,亦有銘功旌紀之性質,特歸入此類一併討論。

[①] 李學勤:《論賓組胛骨的幾種記事刻辭》,《英國所藏甲骨集》下編上冊,北京:中華書局,1985年,第161~166頁。下引此文,僅標該書頁碼,不再一一注明。
[②] 拙著:《殷墟甲骨文五種記事刻辭研究》,第114頁。

目　錄

序 …………………………………………………………（ 1 ）
前　言 ……………………………………………………（ 1 ）

第一章　祭祀類記事刻辭研究 ………………………（ 1 ）
　第一節　"宜于義京"類記事刻辭研究 ………………（ 1 ）
　　一、宜與⿱日田的釋讀 ………………………………（ 3 ）
　　二、宜與卯之關係 …………………………………（ 7 ）
　　三、義京的性質 ……………………………………（ 21 ）
　　四、左、中、右的含義 ……………………………（ 32 ）
　第二節　"㞢升歲"類記事刻辭研究 …………………（ 36 ）
　　一、"升"之釋讀及其含義 …………………………（ 39 ）
　　二、"㞢升歲"之語義關係 …………………………（ 44 ）
　　三、其他同類記事刻辭 ……………………………（ 50 ）
　第三節　"子某㱿🇽"類記事刻辭研究 ………………（ 51 ）
　　一、㱿字含義 ………………………………………（ 52 ）
　　二、㱿🇽及甲骨文中🇽之用法含義 ………………（ 54 ）
　第四節　本章餘論 ……………………………………（ 71 ）

第二章　銘功旌紀類記事刻辭研究 …………………（ 74 ）
　第一節　小臣牆刻辭研究 ……………………………（ 75 ）
　　一、相關文字釋讀 …………………………………（ 77 ）

二、殘缺文字擬補 …………………………………………（ 81 ）
　第二節　人頭骨刻辭研究 ………………………………………（ 90 ）
　　一、收藏情況 ……………………………………………………（ 95 ）
　　二、內容及時代 …………………………………………………（101）
　第三節　獸頭骨刻辭研究 ………………………………………（104）
　　一、兕頭骨刻辭 …………………………………………………（104）
　　二、鹿頭骨刻辭 …………………………………………………（109）
　第四節　骨柶類骨器刻辭研究 …………………………………（112）
　　一、骨柶刻辭 ……………………………………………………（112）
　　二、牛距骨刻辭研究 ……………………………………………（130）
　　三、其他骨角器刻辭 ……………………………………………（133）

第三章　干支表刻辭研究 …………………………………………（140）
　第一節　黃組外干支表刻辭整理與研究 ………………………（144）
　　一、子組干支表刻辭 ……………………………………………（144）
　　二、師組干支表刻辭 ……………………………………………（146）
　　三、賓組及出組干支表刻辭 ……………………………………（151）
　　四、何組干支表刻辭 ……………………………………………（167）
　　五、歷組干支表刻辭 ……………………………………………（178）
　　六、無名組干支表刻辭 …………………………………………（179）
　第二節　黃組干支表刻辭整理與研究 …………………………（182）
　第三節　干支表刻辭性質討論 …………………………………（207）

結　語 …………………………………………………………………（231）

參考文獻 ………………………………………………………………（234）
附表一：非黃組干支表匯總 …………………………………………（263）
附表二：黃組干支表匯總 ……………………………………………（269）
後　記 …………………………………………………………………（299）

第一章　祭祀類記事刻辭研究

　　祭祀類記事刻辭的共同點就是刻辭内容和祭祀有關，李學勤先生在《論賓組胛骨的幾種記事刻辭》一文指出這類刻辭都位於胛骨不施鑽鑿的部分，無鑽鑿卜兆痕迹，内容上没有"貞""卜"字樣，與常見的記載卜骨來源的骨臼刻辭或骨面刻辭相同，是一種特殊的記事文字。① 下面我們參考李先生的分類並根據主要動詞的不同，將其分爲以下三類分別討論："宜于義京"類、"屮升歲"類及"子某徝🅐"類。

第一節　"宜于義京"類記事刻辭研究

　　在祭祀類記事刻辭中，最爲大家熟知且討論較多的就是這類"宜于義京"類刻辭，我們將目前所搜集到的這類刻辭羅列如下：

(1) 己未宜[于]義京，羌[三]人，卯十牛。左。《合集》386 [典賓]
(2) 己未宜于義京，羌三，卯十牛。中。
　　　　　　　　　　　　《合集》388（《合補》19 重）[典賓]
(3) 癸卯宜于義京，羌三人，卯十牛。右。　《合集》390 正 [典賓]
(4) 癸卯宜于義京，羌三人，卯十牛。[左]。　《合集》6068 正 [典賓]
(5) 癸巳宜[于]義京，羌三人，卯十牛。□。　《合集》392 [典賓]

---

① 李學勤：《論賓組胛骨的幾種記事刻辭》，第 162 頁。

（6）癸巳［宜于］義京,［羌三人］,卯十［牛］。☐。

《綴續》484［典賓］

（7）丁卯宜于義京,［羌三］人,卯十牛。中。

《合集》387正(《合集》8945重)［典賓］

（8）丁酉宜［于］義京,羌三,卯十牛。中。　《合集》389［典賓］

（9）癸酉宜于義京,羌三人,卯十牛。右。　《合集》394［典賓］

（10）☐寅宜［于］義京,羌三［人］,卯十牛。右。

《合集》391［典賓］

（11）己巳宜于義［京,羌三］人,卯十牛。☐。《合集》396［典賓］

（12）丁未宜于義京☐十牛☐。　　　　《綴續》469［典賓］

（13）☐義京羌☐。　　　　　　　　　《合集》398［典賓］

這類刻辭中宜祭的地點除了"義京",還有"殷京";動詞除了"宜"外,還有一個"㞢"。

（14）☐亥宜于殷☐。　　　　　　　《合集》7370［典賓］

（15）☐宜于殷京,羌卅,卯☐牡☐。　《合集》317［典賓］

（16）丁亥宜于殷京,羌卅,卯☐牡。　《拼續》572［典賓］

（17）癸酉㞢于殷十牛,☐。　　　　《合集》8032［典賓］

（18）庚辰［㞢］于庚宗十羌,卯二十牛,酒。《合集》333［典賓］

（19）庚辰㞢于庚宗于①羌,卯二十牛☐。《拼集》268［典賓］

此類刻辭刻寫位置多在肩胛骨正面骨扇下方靠近臼角一側,其中例（16）（17）著錄書為照顧文字方向而將骨版倒置。首先明確指出這類刻辭屬於記事刻辭的當推唐蘭。1933年,商承祚先生出版了《殷契佚存》,唐蘭先生在其序中提到:"殷虛材料,不盡貞卜,刻宜義京于方版,記㐅數于骨臼,並祀

---

① "于"為"十"的誤刻,參蔡哲茂:《卜辭同文例研究舉例》,《徐中舒先生百年誕辰紀念文集》,成都:巴蜀書社,1998年,第50頁。

典也。"①但唐先生後又改變看法,認爲這類刻辭當歸入卜辭範圍内。② 後來,胡厚宣先生專門撰文對殷代的記事刻辭進行了較全面的分類整理,文中明確將這類刻辭歸入記事刻辭。③ 董作賓先生在《漢城大學所藏大胛骨刻辭考釋》一文中亦曾對這類刻辭做過搜集,並在文末列有專門一節來進行研究。④

雖然這類刻辭內容上較單一,語句比較程式化,但要對其含義準確理解並不簡單。下面以辭中幾個關鍵字詞爲綱,梳理一下學界對這類刻辭的認識並談談我們的看法。

一、宜與⿰⿱卄臼的釋讀

宜,甲骨文字形作⿱⿻一⿰夕夕一、⿱⿻一夕一,舊多釋爲俎,或釋爲宜,認爲宜、俎一字。于豪亮先生對宜、俎同字說提出了異議,他指出西周青銅器瘐壺中的⿱且肉才是真正的俎字。⑤于先生的這一觀點現已基本得到學界公認。宜和俎在語音和字形演化上都沒有任何關係,確應分爲兩字。俎與且乃一字分化,且是俯視的俎案之形,⿱且一是側視的俎案之形,故俎案的二足側視可見。《說文》對且和俎的字形解說都不準確。《說文》釋"且"爲:"薦也,從几,足有二横,一其下,地也。"這句話的意思是將且字最下面的一橫理解爲地面,左右兩豎筆爲几案之足,中間兩橫畫爲足上的支架。其實,"且"字整個是俎案的案板之形,中間的兩橫乃是案板上的隔斷。而《說文》又將"俎"字的左邊理解爲半肉,解釋爲"半肉在且上",實際上"俎"字左邊字形乃由俎案兩足演變而來,並非指肉。真正表示肉放俎案上的是"宜"字。宜字本作⿱⿻一夕一,後來字形中表示俎案的外框和橫格的部分發生裂變,形成了

---

① 商承祚:《殷契佚存》唐蘭序,南京:金陵大學中國文化研究所叢刊影印本,1933年,第3頁。
② 唐蘭:《卜辭時代的文學和卜辭文學》,《清華學報》11卷3期,1936年,第657~702頁;《天壤閣甲骨文存并考釋》,北京:輔仁大學,1939年。
③ 胡厚宣:《論殷代的記事文字》,天津《益世報・人文周刊》二五至三一期,1937年6~8月。
④ 董作賓:《漢城大學所藏大胛骨刻辭考釋》,《中研院歷史語言研究所集刊》第28本下册,1957年;收入《董作賓先生全集甲編》,臺北:藝文印書館,1977年,第777~792頁。
⑤ 于豪亮:《說俎字》,《于豪亮學術文存》,北京:中華書局,1985年,第77~81頁。

形，後又將字形上的兩個肉塊和橫格簡省作一個，寫作 、 ，這樣便形成了我們現在寫的"宜"字。

確定了"宜"字釋讀之後，再看看"宜"的含義。相對來說，"宜"在整個甲骨文中的含義比較統一，陳夢家先生在《殷虛卜辭綜述》中曾總結甲骨文中"宜"的含義主要就是用牲法和祭名。① 對於甲骨文中後面直接跟祭牲的這類"宜"多理解爲用牲法。

(20) 壬戌卜：燎于河三牢，沈三牛，宜三牢。《醉古集》225[歷二]

(21) 乙卯貞：禱禾于岳，燎三小牢，宜三牛。《合集》33292[歷二]

(22) 庚寅貞：其禱禾于兮，燎十小牢，宜十大牢。

《英藏》2450[歷二]

(23) 弓于父庚禦豕，宜羊。　　　《合集》10936 反[賓一]

(24) 庚戌貞：辛亥又河伐，燎大牢，宜大牢。茲用。

《合集》32230[歷二]

(25) 乙丑卜：又燎于土羌，宜小牢。《合集》32118[歷二]

(26) 癸酉貞：酒宜羌，乙亥。　　《合集》32124[歷一]

(27) 甲寅貞：來丁巳尊甗于父丁，宜三十牛。

《合集》32125[歷二]

(28) 辛亥卜，旅貞：其宜羊于兄庚。《合集》23502[出二]

(29) 岳宜四牛。　　　　　　　　《合集》34208[歷二]

(30) 戊子：宜靯一妣庚。在入。　《花東》493

而下面這些卜辭中的"宜"多理解爲是祭名。

(31) ☐宜于中子惠羊。　　　　　《合集》23555[出二]

(32) 宜妣、母牛。　　　　　　　《合集》22235[婦女]

(33) 丙辰卜，肩貞：其宜于妣辛一牛。

　　　丙辰卜，肩貞：其宜于妣辛。《合集》23399[出二]

---

① 陳夢家：《殷虛卜辭綜述》，北京：中華書局，1988 年，第 266～267 頁。

(34) □貞：王其宜文［武］□。　　　　　《合集》36179［黄組］

(35) 甲子卜，行貞：其宜于庚裸。　　　《合集》26020［出二］

(36) 己丑卜，殼貞：翌庚寅其宜，不其易日。《合集》15888［典賓］

(37) 貞：翌庚午其宜，易日。　　　　　《合補》3927［典賓］

(38) 貞：翌己巳宜。

貞：翌己巳弓宜。　　　　　　　　《綴集》74［典賓］

(39) □□［卜］，賓貞：呼黍于敦，宜，受［年］。《合集》9537［典賓］

(40) 貞：先酒宜。　　　　　　　　　　《合集》15291［典賓］

(41) 丁巳卜：惠今月酒宜。

丁巳卜：于木月酒宜。　　　　　　《合集》32216［歷一］

(42) 甲辰：宜丁牝一，丁各，戾于我，翌［日］于大甲。用。

《花東》34

(43) 甲辰卜：子往宜上甲，叉(?)用鬴。　　《花東》338

前面所舉的"宜于義京"類的"宜"也多理解爲祭名。① 但像"宜""燎""卯"這類詞，其作祭名和用牲法是統一的。比如上面"宜＋對象＋祭牲"（所接對象可以是去世的祖先，也可以是在世的王）中的"宜"舊多看作是祭名，但其實它和"宜＋祭牲＋對象"中表用牲法的"宜"含義並無區別。像"宜于義京"這類出現祭祀地點的刻辭，地名既可在祭牲之前，也可放在祭牲之後，如《花東》421"壬辰夕卜：其宜牝一于狀"。按照現在學者的觀點，"宜"屬於既能帶犧牲賓語又可接神名賓語或補語的一類祭祀動詞。② 對於"宜"的含義，李學勤先生一文認爲應訓爲肴，"肴"可訓爲牲體，訓肉，訓膳。當"宜"後接祭牲時，只是說將那種祭牲的肉置於俎案上，并不涉及用何種方法殺牲；當後接神名時，表示置放於俎案上的肉是祭祀誰的。

"宜"在甲骨文中除了用爲祭祀動詞外，有些也可以出現在動詞或介詞之後充當賓語，表現出名詞性，如：

----

① 嚴一萍：《宜于義京解》，《中國文字》新12期，臺北：藝文印書館，1988年，第1～6頁。
② 參齊航福：《殷墟甲骨文賓語語序研究》，上海：中西書局，2015年，第183～184頁。

(44) 貞：王左三羌于宜，不左。若。

貞：王左三羌于宜，不左。若。　　《合集》376 正［典賓］

(45) 貞：弓于宜奠。　　《合集》2137［典賓］

(46) 貞：祐大甲宜。　　《英藏》21［典賓］

(47) 貞：勿延我宜。　　《英藏》782［典賓］

(48) 辛卯卜：子障宜，惠幽麂。用。　　《花東》34

(49) 癸酉，子［金］，在［剝］：子呼大子禦丁宜，丁丑王入。用。來狩自斝。　　《花東》480

(50) 壬辰卜：子障宜，右、左惠麂用。中惠尉用。

壬辰卜：子亦障宜，惠尉于左、右用。　　《花東》198

這種作爲名詞性的"宜"，其含義就是放置在俎案上的肉，而動詞"宜"的含義是指將肉放置於俎案上，不論是動詞還是名詞，其詞義的內涵都是一樣的，即所謂的名動相因。

甲骨文中的⿰屮冎除見於以上所列幾條記事刻辭外，還見於以下卜辭：

(51) ☐賓貞：翌丁丑其⿰屮冎，㞢羌十人。　　《合集》336［賓三］

(52) 甲寅卜：翌乙卯⿰屮冎十牛羌十人。用。

乙卯卜，貞：⿰屮冎十牛羌十人。用。八月。《合集》339［賓三］

(53) 癸巳卜，貞：⿰屮冎。　　《合集》1682［賓出］

(54) 辛亥卜，☐貞：旡尋☐雀牛⿰屮冎☐㞢十。《合集》4139［賓出］

(55) 貞：翌庚辰⿰屮冎。八月。　　《合集》4493［賓出］

饒宗頤先生將該字隸定作"䯤"，釋爲"繼"，繫義。① 李學勤先生認爲該字從兹，是聯之所從，與"䜌"相通，讀爲䜌，《說文》解釋䜌爲"切肉䜌"，與"肴"是同義詞。② 徐中舒先生主編的《甲骨文字典》認爲該字從𢇍（《說文》"絕"之古文），從凡，凡爲聲符，疑爲《說文》"判"之初文，作爲用牲法，與甲

---

① 饒宗頤：《殷代貞卜人物通考》，香港：香港大學出版社，1959 年，第 280～281 頁。

② 李學勤：《論賓組胛骨的幾種記事刻辭》，第 161～166 頁。

骨文"箙"字用法略同。① 關於該字所從的 ☒，張新俊先生曾對甲骨金文中從此偏旁的字有較全面的梳理，讀者可參看。② 目前，古文字從該偏旁的字多讀爲"隰""襲""及"之類的字，故關於 ☒ 的釋讀也應從"隰""襲"之類字的讀音上考慮，謝明文先生即根據這一綫索並結合其在甲骨文中表示用牲法之含義，認爲有可能讀作"醢"。③

二、宜與卯之關係④

過去大家對"宜于義京羌三人，卯十牛"這一類刻辭多是在"人"後點斷，認爲"宜"所處置的對象只是羌，"三人"是補充說明羌的數量；而"卯"的對象是十頭牛；"宜羌三人"與"卯十牛"是並列的兩件事，"宜"與"卯"分別表示兩種不同的用牲法。但我們前面分析指出"宜"的含義是指將祭牲放於俎案上用於祭祀，並不表示具體的殺牲動作。那麽在"宜于義京羌三人，卯十牛"這一句子中，除了"羌三人"要放於俎案上外，後面所卯殺的"十牛"是否也要放於俎案上呢？ 對此，我們認爲"卯十牛"實際上也應屬於"宜"的範圍，也就是說，"羌三人"和"卯十牛"都是"宜"的對象。《合集》32051"己亥貞：庚子酒宜于亳羌三十，十牢"一辭中，"十牢"前就沒有動詞"卯"，明顯可直接看作是"宜"的對象。想要說明這一問題，我們需從甲骨文中"宜卯"這類用牲法動詞連用的結構談起。

所謂用牲法，指的是祭祀過程中對祭牲的處置方式。目前對甲骨文中用牲法類動詞的統計各家也多有差異。李立新先生在其博士論文《甲骨文中所見祭名研究》中單列有"用牲法"一節，將這類詞語分爲屬於宰割

---

① 徐中舒：《甲骨文字典》，成都：四川辭書出版社，1989 年，第 1419 頁。
② 張新俊：《釋殷墟甲骨文中的"淫"及相關之字》，《中國文字研究》第 20 輯，上海：上海書店出版社，2014 年，第 1～10 頁。
③ 謝明文：《伯句簋銘文小考》注 4，《中國文字研究》第 18 輯，上海：上海書店出版社，2013 年，第 569 頁；收入氏著《商周文字論集》，上海：上海古籍出版社，2017 年，第 175～181 頁。
④ 本章節主要内容曾以《甲骨文用牲法詞語連用之句子結構及語義關係——兼談"蚑"的釋讀》爲題發表於《文史》2019 年第 4 輯，第 19～30 頁。

法的伐、戠、卯、毛、歲、彈、改、酓、用、盤，屬於加工法的簋、俎、則，屬於處理方法的燎、烄、埋、沈。① 元鎬永先生在其博士論文《甲骨文祭祀用字研究》中也專門列有"用牲法"一節，列出的詞有 22 個：燎、礿、[字]、彝、示、叙、烄、尞、沈、蘸、改、伐、戠、歲、血、[字][字]、剛、凡、册、毛、俎、盤；根據其含義不同將其分爲焚燒（燎、礿、叙、烄、尞）、棍棒或利器擊殺肢解（彝、改、伐、戠、歲、剛、毛）、沈埋、取鮮血（血）、水煮犧牲（[字][字]）、記録犧牲數量（册）、置於祭臺（俎）等類型。② 鄭繼娥先生在《甲骨文祭祀卜辭語言研究》一書中所劃分的乙類祭祀動詞基本上也都屬於傳統所説的用牲法，共有 21 個：毛、蒸、彝、烄、燎、沈、埋、施、歲、盟、伐、叩、簋、剛、凡、册、俎、盤、用、卯、敦。③ 我們這裏並不打算對甲骨文的用牲法詞語一一進行辨析，上面各家所列的一些詞語是否屬於用牲法也有可商榷之處，但是大家所列的用牲法詞語中相同者占很大部分，比如燎、沈、伐、卯、俎（即本書所釋宜）、歲、毛、改（我們隸定爲蚊）等，説明學界對這類詞語的認識比較統一，我們要討論的詞語也都在大家公認的屬於用牲法詞語範圍之内。

甲骨文中的這些用牲法詞語在使用上大部分都是單用的，即祭牲前只用一種用牲法。但是也偶見兩個用牲法詞語連用在一起的辭例，對於這些辭例學界討論較少，不少句子大家在理解方面還存有誤解，有必要單獨提出來做進一步的研究。因此，我們將研究重點放在了這類用牲法詞語連用的卜辭結構上。這裏所説的"連用"主要指在字面上前後相連，並不代表在語義或句子結構上就是連用的。

此處重點討論的是具有宰割祭牲含義的用牲法詞語連用之辭例，④ 主

---

① 李立新：《甲骨文中所見祭名研究》，中國社會科學院研究生院博士學位論文，指導教師：王宇信，2003 年，第 17～19 頁。
② 元鎬永：《甲骨文祭祀用字研究》，華東師範大學博士學位論文，指導教師：臧克和，2006 年，第 27～46 頁。
③ 鄭繼娥：《甲骨文祭祀卜辭語言研究》，成都：巴蜀書社，2007 年，第 46 頁。
④ 卜辭中也有"燎卯"（《合集》25351）、"毛燎"（《合集》22246）兩種用牲法詞語連用的辭例，但這實屬於其後祭牲省略未説的不同用牲法連用，用牲法詞語中間應點斷，對於這類辭例大家在理解上一般也不會造成困擾，故不必展開討論。

要有"宜卯""蚊卯""歲卯""歲蚊""蚊歲""毛歲"等。不過,由於"伐"在甲骨文中兼具名詞和動詞兩種詞性,甲骨文中的"宜伐""册伐""歲伐"等結構是否屬於用牲法連用是需要首先説明的。關於"伐"的詞性,劉海琴先生《殷墟甲骨祭祀卜辭中"伐"之詞性考》一文有很好的研究,她指出上述"某伐"類結構中的"伐"都當理解爲名詞人牲,這種"某伐"結構屬於動賓關係,並非動詞連用。① 這一觀點我們非常贊同,相關具體辭例討論請參看劉文。另外,劉文中還對容易引起誤解的有關"伐卯"的幾條卜辭做了辨析。我們先將這幾條卜辭引述如下:

(56) 辛丑貞:王其巢十羌又五,乙巳酒巢。

　　　壬寅貞:伐,卯惠羊。　　　　　　《醉古集》286[歷二]

(57) 伐其☒七十羌☒。

　　　己亥貞:卯于大[示]其十牢,下示五牢,小示三牢。

　　　庚子貞:伐,卯于大示五牢,下示三牢。《屯南》1115[歷二]

(58) □辰貞:咸秦于曾,又[伐]☒。

　　　□辰貞:又妾(?)伐,卯☒。　　　　《合集》32164[歷二]

(59) ☒于咸☒伐、卯☒。　　　　　　　　《懷特》16 正[典賓]

(60) 丁酉卜,貞貞(衍文):王賓伐、卯,亡咎②。《合集》35381[黄組]

其中例(56)(57)兩版,劉文根據同版上都有關於用羌的内容指出辭中的"伐"應指伐羌,與卯不能連讀,伐與卯之間應點斷;例(58)與(59)辭例有殘缺,但其中"伐卯"劉先生認爲也當點斷。對於例(60)中的"王賓伐卯"這一辭例,劉先生也認爲"伐"與"卯"之間不應連讀,對此,可比較《合集》23106"辛巳卜,行貞:王賓小辛升伐羌二卯二牢,亡咎"一辭,其中的"伐"

---

① 劉海琴:《殷墟甲骨祭祀卜辭中"伐"之詞性考》,華東師範大學博士學位論文,指導教師:詹鄞鑫,2006年。

② 陳劍:《甲骨金文舊釋"尤"之字及相關諸字新釋》,《北京大學中國古文獻研究中心集刊》第4輯,北京:北京大學出版社,2004年;收入氏著《甲骨金文考釋論集》,北京:綫裝書局,2007年,第59~80頁。

與"卯"都是動詞,指向不同的對象。這些意見我們認爲都是可信的。不過,對於《花東》75"戊卜:惠五宰卯、伐妣庚,子禦",《花東》釋文、姚萱先生及劉海琴先生皆斷句爲"惠五宰,卯伐妣庚",[1]劉文認爲該句中的"伐"應理解爲名詞,是"卯"的賓語。其實該卜辭"卯"的對象是五宰,並不是伐,將該條卜辭與《花東》236"酒伐兄丁,卯牢,又鬯"及《花東》310"甲戌夕:酒伐一祖乙,卯☐"對比,即可知其中的"卯伐"之間是應點斷的,"卯五宰"與"伐"是祭祀妣庚時兩種不同的祭品,其中的"伐"確應理解爲名詞人牲。這與劉先生文中對《屯南》582"庚子貞:酒升歲伐、三牢"的分析相似,辭中的"伐"與"三牢"是用於歲的兩種祭品。

討論完"伐卯""卯伐"的卜辭之後,我們再來看"宜卯"連用的例子。對此,劉海琴先生的文章中也曾提及,不過她認爲只有《屯南》4178一例。實際上,"宜卯"連用的辭例目前所見共有三例,除了《屯南》4178外,還見於與之同文的《合集》32435以及《花東》223。

(61) 宜卯三牢,又▢[2]。
　　 其五牢,又▢。
　　 癸卯卜:宜即宗。
　　 于稟宜。　　《合集》32435+《合補》10226+《合集》31004[3]
　　　　　　　　　　（同文《屯南》1078、《屯南》4178）［歷二］

(62) [戊]卜:其蚊卯五牛。一
　　 戊卜:其宜卯牛。二
　　 戊卜:歲卯牡。用。三　　　　　　　　《花東》223

---

[1] 中國社會科學研究院考古所編:《殷墟花園莊東地甲骨》第六册,昆明:雲南人民出版社,2003年,第1590頁;姚萱:《殷墟花園莊東地甲骨卜辭的初步研究》,北京:綫裝書局,2006年,第252頁;劉海琴:《殷墟甲骨祭祀卜辭中"伐"之詞性考》,第215～216頁。

[2] 孫亞冰先生在《釋甲骨文中的"度"及相關諸字》(《中原文物》2018年第5期,第57～64頁)將該字釋爲"度"讀爲"屠"。我們認爲"又▢"與甲骨文中常見的"又正"意思應相近,表是否合適之類意思。

[3] 周忠兵:《歷組卜辭新綴十一例》第九例,先秦史研究室網站,2008年12月26日。

對於例(61)中的"宜卯三牢",劉海琴先生文認爲"宜"和"卯"分別是兩種不同的用牲方式,共同作用於後面的祭牲,也就是説祭牲是"宜、卯"共同的賓語,"宜、卯"是並列的兩個動詞,句子結構爲"宜、卯＋祭牲"的格式。若是從"宜"和"卯"在卜辭中都可單獨接祭牲表示一種用牲法來看,上述理解似乎並無問題,且在《合集》10094 正中還有"卯三牛,宜牢"這一並列的結構。但是我們知道,"卯"字學界理解爲"劉"之初文,含有殺伐之意,同時也可作爲處置祭牲的一種方式,由字形看,可看作是一種對半肢解的方式;而"宜"是指在俎案上置放牲肉,其後接祭牲時,是指將那種祭牲切割肢解,取其肉置於俎案上,表示一種祭祀行爲。宜所使用的牲肉已是經宰殺肢解後的祭牲,當它和卯連用時,説"宜""卯"共同作用於同一祭牲,實難以理解;且"宜""卯"詞意有别,看作同義連用也難以讓人信服。因此,在"宜卯＋祭牲"這一結構中將祭牲看作是"宜、卯"共同的賓語是不合適的。

通盤考慮例(61)這版上的幾條卜辭可知,貞卜的重點應該是在"宜"上,所以此版上"宜卯三牢"的語義關係應理解爲"宜＋卯三牢"的形式,"宜"與"卯"之間可點斷。前兩條卜辭的意思是爲了宜,是卯三牢還是五牢合適;後兩條卜辭的意思是問宜的地點是選擇"即宗"還是"㬎"。例(62)中的"其宜卯牛"也可點斷爲"其宜,卯牛",意思是將卯過的牛用於宜上,"卯"是表示對準備用於宜的祭牲的具體處置方式。《花東》269 中"其宜又牛"的結構也應是"其宜,又牛",其中的"又"也是表用牲法,詹鄞鑫先生將這種用法的"又"讀爲醢,[①]其實也可能應該理解爲籠統的"用"之類含義。《花東》226"辛酉宜豩牝罙㞷狴,昃蚑"中的"蚑"也是表示對前面"宜"所用的兩種祭牲的處置方式,與"卯"類似,下文對此還有具體分析。《花東》178 及《花東》376 中"庚戌宜一牢,發(𝄞)"之"發",姚萱先生認爲可理解爲用牲法,表示"射",是對前面宜所用一牢的處置方式,[②]不過《花東》中

---

① 參詹鄞鑫:《釋甲骨文"久"字》《釋甲骨文"彝"字》,收入氏著:《華夏考——詹鄞鑫文字訓詁論集》,北京:中華書局,2006 年,第 213～219,227～237 頁。
② 姚萱:《殷墟花園莊東地甲骨卜辭的初步研究》,第 89 頁。

的"發"基本都用作人名,此處是否當理解爲用牲法可再討論。但《拼四》845 中有"惠舊☐二牛用,宜大牢。又正。/發(𢼧),又正",其中第二條中的"發"肯定是用作用牲法,其與前面的"宜"屬於選貞,是貞問用"宜"還是用"發"的方式來處置二牛合適。《合集》24143"[庚]寅卜,☐貞:翌辛[卯]歲,惠多生射"一辭中的"射",也可理解成是說明前面用於歲祭之祭牲的具體處置方式。可見,在"宜""歲"相關卜辭中,經常出現對宜、歲所用祭牲的具體用牲法詞語,這説明我們將"宜卯三牢"中"卯三牢"看作補充説明"宜"應該是可信的。《花東》265 中"辛未:宜靯一,在入。卯,又肇鬯",辭後的"卯"在理解上有兩種可能:一是卯的對象就是前面的靯,整條卜辭的祭祀活動就是"卯靯"和"肇鬯"兩件事,辭中的"又"表示連接作用,與《合集》22945 中"翌乙亥[歲]人于祖乙,又卯牝"之"又"用法一樣;另一種可能是"宜靯"是一件事,"卯"和"肇鬯"是另外兩件事,卯後的祭牲省略未説,即祭祀某位祖先時,共有三種祭祀活動,照此理解,則辭中的"宜"和"卯"是並列關係。我們傾向於第一種理解,將"卯"看作是補充説明前面宜所用祭牲的處置方式之語。總之,"宜卯+祭牲"中的"宜卯"不能理解爲兩種不同用牲法並列共同作用於後面的祭牲。

上引例(62)中除了有"宜卯"這一結構外,還有"蚊卯""歲卯"的説法。其中"歲卯"那條,花東摹本及各家釋文都作"戊卜:歲牡。用"。我們仔細觀察照片(圖一),發現"歲"與"牡"之間間隙較大,應該還能刻下一到兩字,從筆畫來看,我們認爲是"卯"的可能性較大。

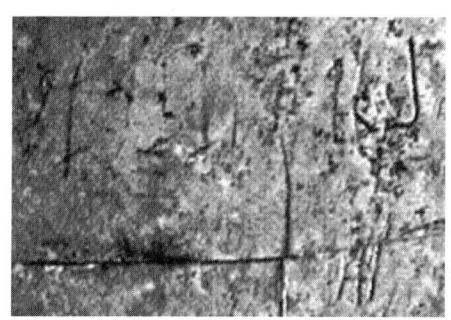

圖一 《花東》223 部分照片

像這樣"歲卯"連用的還見於《屯南》890和《屯南》2615。

(63) 癸未貞：甲申酒出入日歲三牛。兹用。三
　　　癸未貞：其卯出入日歲三牛。兹用。三
　　　出入日歲卯[四牛]。不用。三　　　　　《屯南》890[歷二]

(64) [癸未貞：甲申]酒出[入日歲]三牛。兹用。二
　　　癸[未貞：]其卯[出]入日歲上甲二牛。二
　　　出入日歲卯四牛。不用。二　　　　　《屯南》2615[歷二]

這兩版爲成套卜骨中的第二版和第三版，內容基本相同，只是中間一辭稍有不同。對這兩版上前兩條卜辭的釋讀，學界多點斷爲"酒出入日，歲三牛"和"卯出入日，歲三牛"，認爲其中的"歲"是處置"三牛"的用牲法。但從"出入日歲卯四牛"這一句式可知，上述點斷不可信，"出入日歲"應連讀。這幾條卜辭是圍繞"出入日歲"的占卜，"出入日歲上甲二牛"這一句子中"上甲"是歲的對象，"出入日"是"歲"的目的或時間。這幾條卜辭中表示處置祭牲的用牲法動詞應是"卯"。卜辭是占卜爲進行"出入日歲"而"卯"幾頭牛合適，辭中的"出入日歲卯四牛"可點斷爲"出入日歲，卯四牛"，"歲"與"卯"語義上並不能連讀。與此相似，例(62)中的"歲卯牡"也可點斷爲"歲，卯牡"，卯牡是爲了歲，或者說因爲準備要歲，所以卯了牡。

　　由"宜＋卯祭牲"和"歲＋卯祭牲"的意義關係可看出：雖然"宜""歲""卯"都可作爲用牲法詞語，但"宜""歲"既可表示一種非常具體的用牲方式(用牲法動詞)，又可籠統地表示一種肉祭(祭名)；而"卯"則是一種具體的用牲方式，是屬於動作性較強的用牲法動詞。當"卯"與"宜""歲"各自搭配不同的祭牲表示具體用牲法時，三者是不同的用牲法方式，可看作並列關係；但當"宜""歲"作爲一種肉祭的泛稱時(即祭名)，"卯"又可以是"宜""歲"所使用祭牲的一種具體處置方式。在後一種情況下，"卯"是處置"宜""歲"所用祭牲的手段，"宜""歲"是卯牲的目的，其在結構上存在修飾關係，而非並列。

和"卯"的這種性質接近的還有一個動詞——"蚊",對此我們可以通過"歲"與"蚊"共見同一條卜辭的辭意關係來說明。

(65) □酉卜,旅貞:妣庚歲,惠出蚊。　　　　《合集》23220[出二]

(66) 甲午卜:歲祖乙牝一,于日出蚊。用。　　《花東》426

(67) 己巳卜:翌庚歲妣庚黑牡又羊,暮蚊。用。《花東》451

(68) 辛未:歲妣庚,先暮牛蚊,迺蚊小牢。用。　《花東》265

這幾條卜辭命辭中的前一分句是已確定歲哪位祖先或使用什麼犧牲,貞問的焦點是在後面的分句上,是貞問蚊的地點、時間或順序等。這些卜辭中的"蚊"都是實現前面所說"歲"的具體用牲方式。《花東》314 中的"甲戌卜:暮蚊祖乙歲。用","蚊"的對象也應該是用於歲祖乙的祭牲。也就是說,上述卜辭中"蚊"的對象是準備用於"歲"祭的祭牲。下面所列有關"歲蚊"或"蚊歲"連用的辭例也當如此理解,"歲"與"蚊"之間不是並列,而是一種修飾關係。

(69) 辛亥卜,□貞:先☒歲蚊。

　　　貞:先祖辛歲蚊。　　　　　　　　《合集》22992[出二]

(70) 庚申卜,旅貞:先妣庚宗歲蚊。在十二月。

　　　　　　　　　　　　　　　　　　《合集》23372[出二]

(71) 戊卜:其宜牛。

　　　戊卜:其蚊狂,肉入于丁。

　　　戊卜:其先蚊歲妣庚。　　　　　　《花東》401

(72) 甲申:惠大歲又于祖甲。不用。

　　　甲申卜:惠小歲蚊于祖甲。用。一羊。《花東》228

(73) 貞:人歲蚊于丁。九月。　　　　　《合集》1073[賓三]

(74) 丁未卜,爭貞:勿退先以歲,蚊。在涂。

　　　貞:退先以歲。　　　　　　　　　《拼集》313[賓三]

這些卜辭中的"歲"與"蚊"雖是連用,但其含義應是爲了進行歲祭而蚊。其中(69)(70)兩例中的"先某某歲蚊",其含義是先爲歲祭哪位祖先而蚊牲。辭中雖未交代具體是何種祭牲,但因是"歲",故一定會用祭牲,"蚊歲"中"蚊"的對象實際是指用於歲的祭牲。不過,對於甲骨文中的"歲",我們認爲其和"伐""宜"一樣,也具有名詞性,《村中南》468 中有"二十歲"的結構,這是"歲"用爲名詞的最直接證據。① "歲"作爲名詞,其含義既可理解爲準備用於"歲"祭的祭牲,也可理解爲用"歲"方式處置後的祭牲。故"蚊歲"中的"歲"也可直接看成是"蚊"的賓語。例(71)"先蚊歲妣庚"辭意與上面兩條相近,意思是先蚊用於歲妣庚的祭牲。例(72)的句子語義相當於"蚊小歲于祖甲",這裏的小歲就是後面所說的一羊,也就是說蚊的對象是一羊,卜辭辭意是對祖甲進行小歲,因是小歲,故蚊的只有一羊。而例(73)的辭意相當於"蚊人歲于丁",蚊的對象是前面的"人歲"("人歲"說明歲的祭牲是人,不是其他動物)。例(74)中"蚊"的對象應該是前面所說的先帶來的歲。

"蚊"除了和"歲"共見於同一條卜辭外,還經常和"舌"共見,其關係與"歲"一樣。

(75) 己卯卜:庚辰舌彡妣庚,先蚊牢,後蚊牝一。用。

《花東》427

(76) 庚辰:歲妣庚宰,舌彡,牝後蚊。　　　《花東》490

(77) 祼(?)蚊舌祖乙牢牝。　　　　　　　　《花東》180

(78) 乙巳卜:于既蚊舌,廼蚊牝一祖乙。　　《花東》241

(79) 庚辰卜:于既[叙]宰,蚊牝一,岂妣庚。用。彡舌。

《花東》428+《花東》561②

---

① 關於《村中南》468 的"二十歲",李霜潔先生在《殷墟小屯村中村南甲骨刻辭類纂》(北京:中華書局,2017 年,第 317 頁)指出"二十"與"歲"之間有刮削掉的"屮"字,對此,筆者在初稿中未曾留意,投稿後經匿名審稿專家提醒才注意到。不過,筆者核對照片後感覺所刮削的"屮"字從行款位置和文意釋讀兩方面來看都不宜放在"二十"與"歲"之間,而是在"二十歲"之上,全辭應讀爲"甲午卜:品㝬屮二十歲"。
② 蔣玉斌:《殷墟子卜辭的整理與研究》,吉林大學博士學位論文,指導教師:林澐,2006 年,第 220~221、229、245 頁。辭中宰前缺字孫亞冰先生在《殷墟花園莊東地甲骨文例研究》(上海:上海古籍出版社,2014 年,第 216 頁)一書中補爲叙,當可信。

這些卜辭中的"舌"是與"歲"性質相類的詞,甲骨文中"钅彡"經常連用,也見有"彡歲"連用的,如《合集》23429"汎屮彡歲自母辛"。這種"彡钅""彡歲"連用的辭例都是説在彡祭中要使用祭牲,而蚊就是完成钅或歲的手段。例(77)中的"蚊舌祖乙牢牝"與前面我們分析的例(71)中"蚊歲妣庚"、《花東》314 中"蚊祖乙歲"的語義關係相同,其中"蚊"的賓語是牢和牝,而"舌祖乙"則是説明牢和牝的用途。例(78)中的"于既蚊舌"語義關係也是如此,此句若是根據上下文並結合《花東》427、428、490 等辭把語義補充完整的話,意思就是在蚊完用於"舌某祖先"的牢後,再"蚊牝一"以祭祀祖乙。若前面祖先名也是祖乙,則句中強調的是"牢"與"牝"的順序。

弄清楚"宜卯""歲卯""蚊歲""蚊舌"等詞語連用的卜辭語義關係後,我們再來看上引例(62)中"蚊卯五牛"之"蚊卯"的語義關係。"蚊卯"連用除了見於例(62)外,還見於以下幾條卜辭:

(80) 己卜:暮蚊卯三牛妣庚。

己卜:于日羞中蚊三牛妣庚。　　　　　　　　《花東》286

(81) 丙申卜,設貞:來乙巳酒下乙。王占曰:"酒,唯屮(有)求(咎),其屮(有)戠。"乙巳酒,明雨;伐,既雨;咸伐,亦雨;蚊卯,鳥星(晴)。

《合集》11497 正(同文《合集》11498、11499)[典賓]

例(62)中的"蚊卯+祭牲"雖與"宜卯+祭牲"和"歲卯+祭牲"同版,且卜辭兆序相連,但其中的語義結構關係是不同的。前面我們已説明"宜卯+祭牲"和"歲卯+祭牲"應分析爲"宜+卯祭牲"和"歲+卯祭牲","卯"是説明"宜""歲"所用祭牲的具體處置方式,但"蚊卯+祭牲"却不能如此分析:因爲"蚊"與"卯"不像"宜""歲""舌"可看作是一種肉祭的祭名,它倆都是動作性較强的動詞,是具體的用牲法動詞,也就是説"卯祭牲"不能看作是實現"蚊"的方式手段。而上面我們已分析指出,"蚊"與"卯"是性質相似的一類動詞,因此,在"蚊卯+祭牲"這一結構中,"蚊"與"卯"的動作都是指向後面的祭牲,即後面的祭牲是"蚑"與"卯"共同的賓語,"蚑卯+祭牲"應理解爲"蚑、卯+祭牲"的形式。

既然"蚑卯+祭牲"應理解爲"蚑、卯+祭牲",那"蚑"與"卯"之間究竟是何關係呢?一種認爲"蚑""卯"是並列關係,是分別用兩種不同的用牲方式來處置祭牲;一種認爲有承接關係,即先蚑再卯,這一理解與現學界對蚑字的釋讀和詞義理解有關,這一問題我們稍後再談。這裏,先陳述一下我們對"蚑卯"連用這一結構的意見。我們認爲"蚑卯"屬於同義連用,正因是同義連用,故"蚑卯"又可單説"蚑",如上引例(80)中兩條卜辭上一句用"蚑卯",下一句用"蚑";例(81)中説"蚑卯,鳥晴",同文《合集》11498中作"蚑,鳥晴"。與"蚑卯"一樣同屬於析言有別、渾言則通關係的還有下列卜辭中的"舌歲"。

(82) 己酉夕:翌日舌歲妣庚黑牡一。庚戌酒牝一。　《花東》457

(83) 己酉夕:翌日舌妣庚黑牡一。　　　　　　　《花東》150

(84) 己亥卜:屮歲毛天庚子用盧豕。　《合集》22077[午組]

其中例(82)中"舌歲"連用,而同文的例(83)中只有"舌",例(84)則又是"歲毛"連用。對此,將"舌歲"看作同義連用是最好解釋的,都籠統地指割牲而祭。

下面我們談談有關蚑字的釋讀問題。該字的釋讀過去影響較大的主要是于省吾先生的釋"施"之説,認爲其本義爲以支擊它(蛇),引申有割解之意;① 後裘錫圭先生指出字形從虫不從它。② 近年來,楊澤生先生將其改釋爲"椎",③ 陳劍、劉雲兩位先生又改釋爲"殺"。④ 其實,後兩種釋讀的

---

① 于省吾:《甲骨文字釋林・釋改》,北京:中華書局,1979年,第161~167頁。
② 裘錫圭:《釋"虫"》注7,收入《裘錫圭學術文集・甲骨文卷》,上海:復旦大學出版社,2012年,第206~211頁。
③ 楊澤生:《甲骨文"蚑"字考釋》,《中山人文學術論壇》第7輯,澳門:澳門出版社,2006年,第346~371頁。
④ 陳劍:《試説甲骨文的"殺"字》,《古文字研究》第29輯,北京:中華書局,2012年,第9~19頁;劉雲:《釋"殺"及相關諸字》,復旦大學出土文獻與古文字研究中心,2012年11月21日。

差別主要在於該字究竟對應的是語言中的哪一個詞,大家在詞義理解上還是很接近的,都認爲其在甲骨文中的用法是指把對象處死,區別只不過是將其理解爲具體的搥殺、擊殺義,還是籠統的"殺戮"義;陳劍先生文中認爲表示椎殺、擊殺是其本義,一般的"殺戮"爲其引申義,甲骨文中兩種用法都有。不過,不論釋"椎"還是釋"殺",這裏有一個問題似乎大家都未曾談及:既然大家都認爲該字表示的是將祭牲處死之意,那就意味着大家默認該字所指向的對象是活的,但是甲骨文中大多祭祀動詞所處理的對象之生或死的可能性都是存在的。《周禮·天官·獸人》記載"凡祭祀、喪紀、賓客,共其死獸生獸",可見祭牲有生有死。甲骨文中蚊的對象生死情況究竟如何呢?

目前甲骨文中像"燎""沈""坎"等可作爲用牲法的祭祀動詞,其動作含義既可用於活的祭牲,也可用於死的祭牲。從禮書中的相關記載看,"燎""沈""坎"等所處理的一般都是已經殺死的祭牲;而與"燎""沈"常搭配使用的"卯",其所處置的對象也可以是已經被宰殺的祭牲。如《花東》49 和 220 中的"卯胴"之胴,花東整理者即理解爲牲肉,這是"卯"後對象明確爲已宰殺處理過的牲肉之例;《花東》496 中"其將妣庚示,歲脤"之脤,姚萱先生將其讀爲脤,指祭祀的肉,①這說明歲的對象也是已經宰割後的了。另外,表用牲法的"毛"我們一般讀作"磔",按照字書解釋是指將祭牲分裂張開,這一動作所指向的祭牲也可以是已殺死的。也就是說,甲骨文中的這些用牲法動詞後跟祭牲時,多是強調如何處置祭牲,祭牲是死是活皆可適用。通覽甲骨文中有關"蚊"的辭例,當所指向的是人、羌等對象時,可認爲所處置對象活的可能性較大;而當其所指向的是動物類祭牲時,絕大多數都無法判斷是生是死,在這種情況下,將大部分辭例中的蚊理解爲籠統的"殺戮"義並無什麽不妥,但是有個別辭例就值得注意了,如例(62)中有"蚊伐"一辭,當"伐"作名詞時,有學者認爲既可指砍了頭的人牲,也可指還未被砍頭準備被"伐"的活的人牲;前引劉海琴先生文則力主"伐"都

---

① 姚萱:《殷墟花園莊東地甲骨卜辭的初步研究》,第 132~133 頁。

是已經砍了頭的人牲。① 我們認爲卜辭中的"伐"可以作爲泛稱，並非一定要理解爲都是砍了頭的人牲，所以例(62)中的"伐"還很難認爲一定是死的。但在例(81)中的"蚨、卯"，因其語義上是續接前面的"酒""伐""咸伐"，其對象學者多理解爲就是前面的伐，② 既然是"咸伐"，那説明後面"蚨"的對象一定是死的人牲，這樣的話，將蚨釋爲"殺"在詞義搭配上就不好理解了。另外，前面分析的例(73)中"蚨人歲"以及例(74)"先以歲，蚨"中"先"所帶來的歲，究竟是未處理的還是已處理的祭牲都很難説清楚。也就是説，目前對於"蚨"所處置的祭牲我們還無法排除其爲已殺死祭牲的可能性。因此，若從這一角度考慮，對將蚨釋讀爲殺一説似乎是不利的：因爲古漢語中"殺"的基本語義是"致死"，楊榮祥先生將其語義特徵描寫爲"＋采用某種工具或手段，＋致死，＋有生命物"；③ 所以"殺"所指向的對象一般是活的，目前我們在先秦文獻中也未見有"殺"後跟已死之對象的例子。④ 那釋爲"殺"是不是就完全錯了呢，問題似乎也不是這麼簡單，原因詳下。當然，若釋讀爲"椎"，理解爲具體的捶擊義，其所指向的對象生死皆可，但若捶擊的是已殺死的祭牲，則一般表示的是脤脩之類含義，指製作肉乾，這與其在甲骨文中的實際含義也並不相符。其實，從辭意上説，過去于省吾先生將"蚨"理解爲割解牲體之意在疏通所有卜辭方面還是最爲順暢的。

前面我們已提及，甲骨文中"蚨"與"卯"含義最爲接近，學界一般據

---

① 參劉海琴《殷墟甲骨祭祀卜辭中"伐"之詞性考》一文"徵取、進獻過程中的'伐'是否爲全牲的一點辯駁"，第192頁。
② 朱鳳瀚先生在《論肜祭》(《古文字研究》第24輯，北京：中華書局，2002年，第87～94頁)一文中解釋《合集》11497中的"伐""咸伐""蚨卯"爲伐牲，繼續伐牲，蚨卯牲。李學勤先生在《殷墟卜辭的星》(《綴古集》，上海：上海古籍出版社，1998年，第185～188頁)一文中將《合集》11497中的"伐"理解爲"殺"，"蚨"理解爲陳放，卯讀爲"窌"，理解爲埋藏，也認爲幾個字的動作是連續的，不過李先生對蚨、卯含義的理解恐不可從。
③ 楊榮祥：《古漢語中"殺"的語義特徵和功能特徵》，《漢語史學報》第2輯，上海：上海教育出版社，2002年，第75～82頁。
④ 文獻中有"戮尸"一説，但是指對尸體的一種羞辱行爲，並不含有真正的"殺戮"之意。

"卯"字象對剖之形而認爲"卯"含有分剖、肢解之意,這一理解應是可信的。甲骨文常見的"卯牛",其含義不僅僅指將祭牲殺死,實際也包含了將祭牲割解爲肉塊用於祭祀活動。既然"蚊"與"卯"兩者意義相近,那麼將"蚊"釋讀爲"殺"也並非就一定不能成立。理由是:學界多認爲"卯"字是"劉"字初文,而文獻中的"劉"往往表示籠統"殺"之意,並不含有對剖、肢解義;①既然"卯"在甲骨文中的含義不完全等同於所釋讀的"劉"之含義,與此同理,甲骨文中的"蚊"所表示的含義也並非要完全等同於"殺"的含義。換言之,雖然文獻中"劉"和"殺"的用法含義不適合於甲骨文,但並不影響我們將甲骨文中的"卯"和"蚊"字釋爲"劉"和"殺",即文獻中某個詞的含義與甲骨文時代的用法會存有一定的出入,不能完全根據後世文獻中某詞的含義來理解甲骨文。況且,我們認爲上面所分析的"卯"和"蚊"具有割解牲體之意,這一含義並不一定是這兩個詞的詞意本身賦予的,而是由具體的語境語用賦予的。對此,我們可用《儀禮·少牢饋食禮》中的這段話來說明:

> 明日,主人朝服即位于廟門之外,東方南面。宰、宗人西面北上。牲北首東上。司馬刲羊,司士擊豕。
> ……
> 司馬升羊右胖,髀不升,肩、臂、臑、膊、骼,正脊一、脡脊一、橫脊一、短脅一、正脅一、代脅一,皆二骨以並,腸三、胃三、舉肺一、祭肺三,實于一鼎。司士升豕右胖,髀不升,肩、臂、臑、膊、骼,正脊一、脡脊一、橫脊一、短脅一、正脅一、代脅一,皆二骨以并,舉肺一、祭肺三,實于一鼎。②

這段話中的"刲"和"擊"屬於用牲法動詞,鄭玄注:"刲,擊,皆謂殺之。"但從下文司馬、司士呈上的是已肢解的牲體來看,所謂"刲羊""擊豕"也並非

---

① 李文:《從殷商用牲之"卯"談段玉裁〈《說文》劉字考〉中的卯丣之辨》,《西南民族大學學報(人文社會科學版)》2016 年,第 199~203 頁。
② 李學勤主編:《十三經注疏(標點本)·儀禮注疏》,北京:北京大學出版社,1999 年,第 904~907 頁。

只是殺牲而已,殺牲之後仍有進一步肢解的動作。但這種肢解之意並不一定要看作是"刉"和"擊"這兩種動詞含義中具備的,是在具體的語用環境下我們理解出來的。與此類似,我們所理解的"卯"和"蚩"中所含有的肢解牲體之意也可能是由具體的語境所賦予的,並不代表這兩個詞的詞義中一定要含有肢解之義。甲骨文中像"卯""蚩""歲"這類含有"殺"之意的動詞,在使用時,往往並不僅僅表示"殺"這一動作,"殺"之後進一步的處理等動作含義也是涵蓋於這一動詞中了。不過,雖然"卯""蚩""歲"都可表"殺"義,具體詞義上面還是存在區別的,結合字形含義可知"卯"是剖殺,"蚩"是擊殺,"歲"是砍殺、刺殺。即使兩者都同樣表肢解之意,也存在"體解""豚解"之分,《儀禮·士虞禮》"殺于廟門西,主人不視。豚解"鄭玄注:"豚解,解前後脛脊脅而已,孰乃體解,升于鼎也。"孫詒讓《周禮正義》云:"凡豚解者為七體,體解者為二十一體,解肆雖同,體數則異。廟享二解兼有,但薦腥則豚解,薦孰則體解。"從字形上說,"卯"更像是豚解,而"蚩"或相當於體解。《合集》31116"旦其蚩,鼎,廼各日,又正"一辭,似正可理解為將肉體解之後,放入鼎中進行烹煮。

綜上所述,我們認為甲骨文中用牲法詞語連用的"宜卯""歲卯""蚩卯"三者之間的關係並不一樣:"宜卯""歲卯"中的"宜""歲"是祭祀方式,"卯"是具體用牲法動詞,"卯"是處置"宜""歲"所用祭牲的手段,"宜""歲"是卯牲的目的;"歲蚩""蚩歲"亦如此,"蚩"是處置"歲"所用祭牲的方式;而"蚩卯"中的"蚩"和"卯"皆為用牲法動詞,兩者屬於同義連用。鑒於此,我們認為"宜于義京"類記事刻辭後面的"卯十牛"也同樣屬於前面"宜"的對象。從這一意義上說,這類句子也可這樣來斷句:"宜于義京,羌三人,卯十牛。""羌三人"和"卯十牛"都是用於宜祭中的。這類刻辭中的 ⊕ 亦如此,其所處理的對象既包括羌,也包括牛,這在上面所舉的例(52)"⊕十牛羌十人"這一結構中體現得更為明顯。

三、義京的性質

對於"宜於義京"類刻辭中的"義京""殷京",學界一致認為是舉行宜祭的地點。但是"地點"這一指稱範圍很廣,可以是專有地名(如喪、盂等),也可以是方位位置(如東、西等),或者是建築名稱(如廳、堂等)。"義京""殷京"究竟是屬於哪類地點名稱呢?對此,我們可從兩個方面來進行考察:一是考察甲骨文"宜"祭所涉及的所有地點,通過比對確定"某京"類地點的性質;二是搜集甲骨文中所有的"某京"類材料,看看這類"某京"的性質是否一致。

在記事刻辭之外的甲骨卜辭中也有不少有關"宜于殷京"的占卜記錄,如:

(85)□□[卜],亘貞:☒宜于殷☒。　　《合集》8033[典賓]

(86)貞:其宜于殷京不☒。　　《合集》8034[典賓]

(87)貞:翌辛亥呼婦妌宜于殷京☒。　《合集》8035[典賓]

(88)[丙戌卜],亘貞:翌丁亥易日。丙戌[雨],丁[亥]宜于殷京。

　　　　《合集》8037+《上博》54796.8+《合集》13165①

　　　　　　　　　　　　(同文《拼集》285)[典賓]

(89)甲午卜:乙未[宜]于殷京,易日。兹[用]。

　　　　　　　　　　　《合集》33137[歷一]

"殷京"又或寫作"殷亯",②如:

(90)癸丑卜:甲寅☒宜于殷亯。　　《屯南》1334[歷二]

(91)癸卯貞:酒大宜于殷亯伐。　　《合集》32262[歷一]

"宜"所舉行的地方除了"義京""殷京"外,還有以下這些地點:

(92)己亥貞:庚子酒宜于臺羌三十,十牢。《合集》32051[歷一]

---

① 蔡哲茂:《〈上海博物館藏甲骨文字〉新綴第八則補綴更正》,先秦史研究室網站,2009年11月11日。

② "亯""京""高"幾字含義相近,卜辭中不論是單用還是作爲偏旁都有通用之例,如《合集》22616中的"京祖"即"高祖";"敦"上面多从亯,但也有从高从京之例,如《合集》8046作 ,《合集》33123作 、《合集》339作 、《屯南》1581作 ;與 同字,一从京,一从亯。此處"殷亯"即"殷京",下文的"同亯"亦即"同京"。

(93) 宜卯三牢,又✍。

其五牢,又✍。

癸卯卜：宜即宗。

于囊宜。　　《合集》32435＋《合補》10226＋《合集》31004

（同文《屯南》4178）[歷二]

(94) 甲子卜,行貞：其宜于庚裸。　　《合集》26020[出二]

(95) 戊子卜,在[剝]：㕣言曰：翌日其于舊官宜。允其。用。

《花東》351

(96) 丁未卜：酒宜伐百羌于官☐。　　《英藏》2466[歷一]

(97) 丙寅：夕宜在新束牝一。　　《花東》9

(98) 辛卯卜：于庭伐。

丁酉卜：于庭伐。

辛丑貞：酒大宜于庭。　　《屯南》675[歷二]

(99) 己巳：宜牝一于南。　　《花東》270

(100) 甲辰卜,貞：翌日乙王其賓宜于敦,卒,不遘雨。

《合集》38178[黃組]

(101) 己卯：宜牝,在庐。　　《合集》7814反[賓一]

(102) 癸亥：宜牝一,在入。　　《花東》240

上引例(100)～(102)中的敦、庐、入應是專有地名(《花東》252中有"入人",應是指入地的人),這些辭例只是説明當時占卜時占卜主體所在的地點,並不一定是宜所舉行的地點；例(99)中的"南"是方位名稱；例(94)中的"庚裸"應是爲日名爲庚的某位祖先而建的一種宗廟類建築,[①]與《合集》333等辭中提到的"庚宗"性質類似；例(95)(96)辭例中的"官"應讀爲"館"；例(97)中的"新束"之"束"亦爲一種建築名稱；[②]例(98)中的"庭"

---

① 有關甲骨文中"裸"字異體及其表宗廟類建築名稱用法可參王子楊：《甲骨文字形類組差異現象研究》,上海：中西書局,第339～351頁。

② 姚萱：《殷墟卜辭"束"字考釋》,《考古》2008年第2期,第64～66頁。

爲建築名稱更是顯而易見。例(92)(93)中的"臺"字形作㠿，其在卜辭中除了用於人名"子臺"外，主要用作地名，如以下辭例：

(103) 乙酉卜，貞：于臺禱。　　　　　　　《合集》8085［賓出］

(104) 貞：蚊人于臺旦(壇)。　　　　　　　《合集》1074 正［典賓］

(105) 丁卯卜：禱于臺，亞㠱其步十牛。　　《合集》32987［歷一］

(106) 丙午貞：酒燎于父丁十牢，卯十牛。茲用。
　　　于臺燎。　　　　　　　　　　　　　《合集》32692［歷二］

(107) 貞：□其由王史。在臺。　　　　　　《合集》5491 正［典賓］

(108) 貞：不允涉。一月。在臺。　　　　　《合集》8084［賓出］

(109) 戊辰［卜］，貞：［王］田喪。［往來］亡［災］。
　　　辛未卜，貞：王田臺。往來亡災。
　　　壬申卜，貞：王田臺。往來亡災。　　《合集》37580［黃組］

上面最後一例中的"臺"是作爲田獵地點，主要見於黃組。例(103)～(106)幾例中的"臺"是作爲祭祀地點。該字形从京从亯，朱德熙先生指出不必看作"亯京"合文，當釋爲"就"；卜辭中作爲田獵地點名的"臺"應讀爲"戚"，即《春秋》文公元年"公孫敖會晉侯于戚"之"戚"，地點在今河南省濮陽附近；濮陽離殷墟不遠，所以商代君王常去田獵。[①] 朱先生的説法應可信。不過作爲田獵地的"戚"之得名應與當時該地建有臺這一形制的建築有關。例(93)中"就"與"宗"對舉，説明其本義爲建築名稱，該字形象一種重屋形的可用於祭祀的高大建築。例(104)中的"就壇"説明該類建築旁設有壇。

關於"京"的字形，王獻唐先生在《曹魏平樂亭侯印考》一文中分析説："京本亭樓之制，其下以柱支撐，支撐爲擎，因以擎呼之。久而成名，象形造字作京，音轉，或讀入陽部讀彊，實一事也。"[②] 這裏，京字讀音是否得自擎似可再討論，但王先生將京之構形理解爲亭樓之形還是非常有道理的。

---

① 朱德熙：《釋臺》，收入《朱德熙文集》第 5 卷，北京：商務印書館，1999 年，第 1～2 頁。
② 王獻唐：《曹魏平樂亭侯印考》，《那羅延室稽古文字》，濟南：齊魯書社，1985 年，第 213 頁。

現學界一般都認爲"京"字字形表示的是一種高大的建築物之形。

結合上述"宜"所在的地點多爲建築名稱這一特點看,"義京""殷京"所指的應該也是建築名稱。對此,李學勤先生在《論賓組胛骨的幾種記事刻辭》一文中曾有過論述:

> 義京、殷京、庚宗都爲地名,前人已指出,庚宗見於《左傳》,地在今山東省泗水東。古以人力建成的高丘爲京,有學者認爲從"京"字構形看,應以臺上建屋爲本義,這樣説,義京、殷京可能是臺觀的名稱。①

李先生文中即指出義京、殷京可能是臺觀名稱。韋心瀅先生在《殷代商王國政治地理結構研究》一書中亦提及"甲骨文中所提到的'某京',可能是該地有人爲高大的宫室建築,而非一般所認爲該地有高丘"。②

我們認爲將"某京"看作建築名稱這一意見是合理的。甲骨文中除了上面提到的"義京""殷京"外,還見有"朱京③""阰京""徹京""同害(京)""䦼京"等辭。

(110) 于朱京燎。　　　　　　　《合集》8065(《合集》15586 重)＋
　　　　　　　　　　　　　　　　《綴集》248④[典賓]
(111) □肩五肩,,在朱京,則。《合集》35216＋4685⑤[歷一]
(112) □五,在朱京,則。　　《屯南》4248[歷一]
(113) 癸卯貞:旬亡囚,在朱京。《合集》33135＋16801⑥[歷一]
(114) 己卯卜,在朱京:子其入則,若。　　　　《花東》114

---

① 李學勤:《論賓組胛骨的幾種記事刻辭》,第164頁。
② 韋心瀅:《殷代商王國政治地理結構研究》,上海:上海古籍出版社,2013年,第195頁。
③ 有關該字的各類異體,可參看王子楊《甲骨文字形類組差異現象研究》,第287～307頁。
④ 林宏明:《甲骨新綴第卅六例替換》,先秦史研究室網站,2009年11月3日。該版未收入《契合集》(臺北:萬卷樓,2013年),表明林先生對此組綴合是否一定成立並不太肯定,我們暫採納這一綴合意見。
⑤ 周忠兵:《歷組卜辭新綴》第一組,先秦史研究室網站,2006年10月9日。
⑥ 周忠兵:《歷組卜辭新綴十一例》,先秦史研究室網站,2008年12月26日。

(115) 丁丑卜,在䊼京:子其助舞戌,若。不用。　　《花東》206

(116) 丙寅卜,在䊼京:甾友有興,唯其有吉。　　《花東》300

(117) ☐卜,在䊼京:氙迄𢦏大獸☐。用。　　《花東》363

(118) 甲子卜:歲妣甲牡一,册三小宰又置一。在䊼京。

　　　　　　　　　　　　　　　　　　　　《花東》455

(119) 甲申貞:蒦嬉,雨。

　　　在🀀蒦嬉。　　　　　　　　《合集》32299[歷二]

(120) 弓往徹京。　　　　　　　　《合集》8072[賓出]

(121) 辛未卜,貞:王从徹京。　　　《合集》10920[賓出]

(122) ☐若。之日王往于田,从徹京,允獲麋二、雉十七。十月。

　　　　　　　　　　　　　　　　《合集》10921[賓出]

(123) 乙卯卜,賓貞:三卜,王往遊①于阺京。《合集》8039[賓三]

(124) 貞:蒦☐彔②☐。　　　　　　《合集》1134[賓出]

(125) 丙戌卜,爭☐彔受(?)☐。　　　《合集》1135[典賓]

(126) 甲子卜,☐[蒦]☐[于]爵京,[有]从雨。

　　　　　　　　　　　　　　　　《合集》1138[賓出]

(127) 己酉卜,賓貞:翌[庚]戌[蒦]娴于☐京,有从[雨]。

　　　　　　　　《合集》1139(《合集》18066 同文)[賓三]

(128) ☐册☐自☐[于]彔☐。　　　《合集》5820 反[典賓]

(129) 延于彔圉。　　　　　　　　《合集》5976[典賓]

(130) 于又邑彔,有雨。

　　　惠戊蒦,有雨。

　　　惠庚蒦,有[雨]。　　　　　《拼集》891[無名]

(131) 壬子卜:子其告犾,既匄丁,子曾告曰:丁族溢彔宅,子其

---

① 陳劍:《甲骨金文用爲"遊"之字補説》,《出土文獻與古文字研究》第 8 輯,上海:上海古籍出版社,2019 年,第 1~46 頁。

② 該字與甲骨文中表示"門塾"之"塾"(🀀、🀀)可能並非一字。

作丁雍于狱。　　　　　　　　　　　　《花東》294

(132) 乙亥貞：蒸[字]于[字]，雨。　　　　《合集》32291[歷二]

(133) 戊辰卜，蒸于窗，雨。

　　　戊辰卜，蒸羊于祼。

　　　辛未卜：蒸矢于同宣。　　　《合集》32289+29815①[歷一]

(134) 甲申卜：蒸于[字]妨，

　　　于兮蒸。

　　　于[字]蒸。

　　　于[字](兆)蒸。　　　　　　　　　　《屯南》100[歷一]

(135) 其霏于[字]，有雨。

　　　其霏于芭京，有雨。　　　　　　　《屯南》108[無名]

在這些"某京"的寫法中，"陞京""徹京""同宣(京)""雟京"都是分寫，而"殷京"在寫法上有分有合，如《合集》8034中隔行分寫作[字]，而《合集》33137中作[字]；"㞷京"有分寫作[字](《上博》21691.15)、[字](《合集》8057)，大多合寫作[字]、[字]、[字]、[字]、[字]，《合集》32299中的[字]亦爲此字；"義京""孔京"基本都是合在一起，作[字]、[字]。這種合在一起的書寫方式究竟是看作合文還是看作這類名稱的專字也很難分辨，各家的處理也是各有不同，有的學者處理爲合文，釋文中用兩個字表示，也有將兩字合在一起，專門造字來表示。不論哪一種處理方式，都不影響大家對其含義的理解。不過，對於例(132)、(134)中的[字]、[字]不排除是某種單一的亭臺類建築的專名，其中的"京"只是意符，不一定要看作"某京"類的合文。如商代金文中的[字](《集成》9890)，舊多讀爲"雚京"或"雚亭"，周忠兵先生認爲該字從京，雚聲，直接釋爲"觀"；②西周金文中的[字](《集成》

---

① 周忠兵：《歷組卜辭新綴三十例》第十九組，《古文字研究》第26輯，北京：中華書局，2006年，第125～128頁。

② 周忠兵：《釋金文中"觀臺"之"觀"》，《古文字研究》第31輯，北京：中華書局，2016年，第136～138頁。

5987）、▨（《集成》423），李春桃先生釋爲"臺"；① 蔣玉斌先生據此指出甲骨文中的▨當从執，臺聲。② 這些字中的"京（或高）"都是作爲意符參與構字的。

　　上面這些卜辭中的"某京"都是表處所名稱，且多作爲焚、燎等祭祀場所。例（133）～（135）幾例中與這類京選貞的是兆、兮、宿、祼等名稱。相似内容還見於《合集》34482"于宿燓/于兆燓/于兮燓"。這些辭中的"兆"應理解爲祭祀場所之界域，《周禮·春官·肆師》："掌兆中、廟中之禁令。"鄭玄注：兆，壇塋域。③ 甲骨文中的"兮"也常作爲祭祀場所，《小屯南地甲骨》曾認爲可能是宗廟類的建築，④ 我們認爲其表示的很可能是一種壇墠類的臨時性露天祭祀場所。甲骨文中與"兮"有通用關係的竽、雩在作爲地點名稱時，都是指祭祀場所。⑤ 這種作爲祭祀場所名稱的"兮"與用爲祭祀對象的"兮"含義是相通的，即用於祭祀"兮"的場所。"宿"從構造看，應是一種建築名，"祼"也是一種宗廟祭祀類的建築場所，"▨"應也是表祭祀場所，但不知該讀爲何詞。這些都是將"某京"釋爲某類建築名的一個證據。"義京""殷京""枭京""阞京""徹京""叴""同亯（京）""爵京"可理解爲建在義、殷、枭、阞、徹、叴、同等地的京（這種情況下是地名先於京名而存在），當然也可能是爲區別不同的"京"而起的各種專名（這種情況下，地名由京名轉化而來）。⑥ 甲骨文中有單獨的義、枭、阞、徹、同作爲地名的用例。

---

① 李春桃：《"臺"字補釋》，《出土文獻研究》第 13 輯，北京：中西書局，2015 年，第 318～324 頁。
② 蔣玉斌：《甲骨文"臺"字異體及"鼇"字釋説》，《古文字研究》第 31 輯，第 42～45 頁。
③ 參詹鄞鑫：《釋甲骨文中的"兆"》，《古文字研究》第 24 輯，第 123～129 頁。
④ 中國社會科學院考古研究所編：《小屯南地甲骨》下册第一分册第 173 片"下兮"考釋，北京：中華書局，1983 年，第 850 頁。
⑤ 關於"兮"與"竽""雩"的通用，參王子楊《甲骨文字形類組差異現象研究》，第 74～78 頁。王先生文中對"作雩"的理解改從周忠兵先生意見，我們認爲似無必要。其中的"作"仍當理解爲建，"作雩"意思就是建用於祭祀雩的祭祀場所。
⑥ 甲骨文中似有"京"作爲專有地名的辭例，如《英藏》834"貞：弖令犬延田于京。"這與"某京"之"京"的含義有别。

(136) 乙卯卜，□貞：呼田于羕，受年。　十一月。

《合集》9556［典賓］

(137) 己巳卜：王獲在羕兕。允獲。

己巳卜：王弗其獲在羕兕。一月。

《合集》10950＋《乙》1087①［師賓］

(138) 丁卜，在羕：其東狩。

不其狩，入商。在羕。

丁卜：其涉河狩。

丁卜：不狩。

其溯②河狩，至于𠭥。

不其狩。　　　　　　　　　　　　　　　《花東》36

(139) □申卜，㱿貞：王往于羕，若。　《合集》8064［典賓］

(140) 乙卯卜，賓貞：王往于阪，若。六月。

《拼續》574＋《合集》16353③［賓三］

(141) 乙未卜：子其往于阪，獲。不黽，獲三鹿。

乙未卜：子其往于阪，獲。子占曰：其獲，用。獲三鹿。

《花東》288

(142) 戊辰卜，旅貞：王其田于阪，亡災。《合集》24457［出二］

(143) 其禱禾于阪，唯□。　　　　　　　《合集》28247［無名］

(144) 羛示六□。　　　　　　　　　　　《合集》17620［典賓］

(145) 戠惠羛行用，邁羌方，有捷。

弜用羛行，弗邁方。　　　　　　　《合集》27979［無名］

(146) ［戠惠］羛行［用，邁］羌［方］，有捷。《合集》27980［何二］

---

① 林宏明：《甲骨新綴第 610—611 例》第 611 例，先秦史研究室網站，2016 年 3 月 21 日。

② 姚萱：《殷墟甲骨文"涿"、"没"兩字考辨》，《中國文字研究》第 23 輯，上海：上海書店出版社，2016 年，第 16～22 頁。

③ 蔣玉斌：《甲骨舊綴之新加綴》第 12 組，先秦史研究室網站，2014 年 12 月 25 日。

(147) 丁丑卜：在義田來毓羌，王其升于☑大乙、祖乙，有正。吉。

《屯南》2179［無名］

(148) 戊永于義立，有□。　《屯南》4197+《合集》27991①［無名］

(149) 戊申［卜］，［貞：王］田殷，［往來］亡災。《拼續》527［黃組］

(150) 戊申卜，貞：今日王田殷，不遘雨。　《合集》37728［黃組］

(151) 其焚殷。　　　　　　　　　　　《英藏》2293［無名］

　　將"某京"類卜辭與"某"類卜辭對比，可看出"某京"之"某"大多是專有地名，所指的範圍較大，經常作爲田獵地名；而"某京"主要是指一種建築，故經常作爲祭祀占卜地點。當然，像"王往于某"類的卜辭，其中的"某"也可理解爲就是"某京"；而"某京"也可以由具體的建築名稱擴大到指整個大的區域，如上面提到的"豪"，在後期就可作爲田獵地名，這就是其指稱的擴大化。

　　對於這類"京"的性質，我們認爲屬於商王室離宮別苑類的建築，《史記·殷本紀》正義引《括地志》："……《竹書紀年》：自盤庚徙殷，至紂之滅，二百五十三年，更不徙都。紂時稍大其邑，南距朝歌，北據邯鄲及沙丘，皆爲離宮別館。"其實不僅商紂王時有離宮別館，武丁時代，在安陽之外的一些重要地點就建有供王室田獵巡守居住的高大建築，這些地方就稱爲"京"，類似於後世的"行宮"。這種"京"與甲骨文中的"㠱"以及金文中的"匜"都是王在外的居所，只不過"京"是正式的高大的長久性的宮殿類建築，而"㠱"是商王在征伐和巡守過程中臨時性的駐蹕之地；金文中的匜，李學勤先生將其理解爲"王的行帳"，②也是一種臨時性建築。作爲外地"行宮"類的京，如上面的"栄京"，在王卜辭和子卜辭中都經常作爲占卜的地點，可見王和子都經常居住。這說明"栄京"肯定不會僅僅是單一的臺觀，而應該是宮殿類的建築群。《屯南》4248 有"在栄京▨"，其中▨異體

―――――――
① 此處綴合引自《漢達文庫》。
② 李學勤：《盤龍城與商朝的南土》，《新出青銅器研究（增訂本）》，北京：人民美術出版社，2016 年，第 13～17 頁。

又可作◯、◯，上加"宀"，明確表明乃是一種建築名稱，甲骨文中常作爲卜骨之來源地，我們曾指出其或許就是經常宰殺動物負責爲王室製作食物的庖廚之類的機構。① 此處的◯是屬於宋京的。另外，《合集》5976 中的"𢅛圉"一辭説明一些"京"中還設有監獄。這些都説明這類"京"應是龐大的建築群。

甲骨文中作爲商王經常居住的"敦"，其實也可看作是商代的一處重要離宮別苑。敦字上面从亯，説明其字形也是與建築有關，其作爲專有地名或就是來自建築名稱。不僅商王經常住在敦，《花東》子卜辭的子也常在敦進行祭祀占卜活動。卜辭中也有"敦"與"某京"選貞的辭例，如：

(152) 貞：于敦。
　　　貞：于宋京。　　　　　　《合集》4723(同文《綴集》191)[典賓]
(153) 辛卯卜：于敦伐。
　　　于殷亯伐。　　　　　　　《合集》33136[歷一]

敦地設有農田、牧區、監獄等，如：

(154) 乙卯卜，賓貞：敦受年。　　　《合集》9783 正[典賓]
(155) 賓貞：呼黍于敦，宜，受[年]。　《合集》9537[典賓]
(156) 癸亥卜，爭貞：旬亡囚。王占曰：有求(咎)。五日丁未在
　　　敦圍羌☐。　　　　　　　《合集》139 反[典賓]
(157) 戊申王卜貞：田敦，往來亡災。王占曰：吉。
　　　　　　　　　　　　　　　《合集》37403[黄組]

這些與上面分析的"某京"也是很相似的，不過"敦"的規模及重要性比一般的"某京"要大得多，從《合集》7047 的"敦埔"一辭可看出"敦"地建有城牆，説明"敦"已不是普通的宮殿建築，而是具有防禦功能的重要都城。至於上面提到的"某京"估計大多並沒有城牆，《合集》10921 中的"王

---

① 參拙作：《甲骨文"奇""亏"詞義辨析》，《中國國家博物館館刊》2019 年第 12 期，第 22～32 頁。

往于田,从徹京,允獲麋二、雉十七",應該就是王在田獵過程中從"徹京"這一建築形式邊路過,而捕獲了不少的獵物。

四、左、中、右的含義

關於"宜于義京"類記事刻辭中辭末左、中、右的含義,董作賓先生在《漢城大學所藏大胛骨刻辭考釋》一文中有專門的討論,内容不多,我們將其全部轉引如下:

> 俎于義京之辭,凡九見,記左、中、右者凡八,知每次舉行俎祭,必先分三組,列於左右及中部,而每組均有史臣記之。主要之記錄爲"俎于義京,羌三人,卯十牛",前爲祭之日,分組後必別記入左,右或中。兹將九辭之日名,分組,表如下:
>
> 俎于義京分日分組表:

日名	左	中	右
己未(二見)	有(右行)	無	有(右行)
癸酉(一見)	無	有(右行)	無
丁未(一見)	有(?)右行	無	無
丁酉(一見)	無	無	有(右行)
丁卯(一見)	無	無	有(左行)
□寅(一見)	無	有(左行)	無
癸卯(二見)	有(?)左行	有(右行)	無

> 觀以上七日殘辭,可以知每次必分別列爲左、右、中三組,七日共當有二十一組。今己未之祭未見"左"與"中",癸卯之祭,見"左""右",其餘皆僅一見。又據癸卯二辭,知每辭必占一大塊胛骨之正面下部近左或右邊緣空隙之處,知記此二十一辭者,至少當有大胛骨二十一版。今兹所能見者,大胛骨二版,殘片五版而已。又羅雪堂氏各編對拓本僅取有字部分,以省篇幅,王簠室氏《徵文》,分類編入,尤多割裂,其對於復原工作之影響極大,羅王二

氏皆非始料所及。今日若非有漢一及甲3361,得見原骨,則"癸卯"一辭,永遠脫離大胛骨,不但不知其部位,且亦不易考其年代。又若非甲3361全拓原版,即與甲3334,也不易接合了。①

由上述這段話可知,董先生認爲此類刻辭中的"左、中、右"與祭祀時擺放的位置有關。胡厚宣先生則認爲這種"左""中""右"是郭沫若所提出的"卜用三骨"的一個證據,郭沫若《安陽新出土的牛胛骨及其刻辭》一文文末的追記中引及胡先生的意見:

> 甲骨中有所謂牛胛骨"俎義京刻辭"者,今發現共九例。末署三左三中三右,皆以左中右爲一組。有人按其七個日期,每日爲左中右一組,共排爲七組二十一例。②

我們將胡先生提到的九例及按日期排的七組二十一例轉換爲下表(表一、表二):

表一

舊 著 錄 號	《合集》號	方 位 刻 辭
前6.2.2(粹414)	《合集》386	左
粹413	《合集》395	(左)
漢城一	《合集》6068	(左)
前6.2.3(龜2.2.12)	《合集》388	中
粹411	《合集》389	中
粹415	《合集》387	中
筮人30(續1.52.2)	《合集》394	右
契10	《合集》391	右
甲3361	《合集》390	右

---

① 董作賓:《漢城大學所藏大胛骨刻辭考釋》,《董作賓先生全集甲編》,第790~791頁。
② 郭沫若:《安陽新出土的牛胛骨及其刻辭》,《郭沫若全集·考古編》第一卷,北京:科學出版社,1982年,第456~457頁。

表二　七組二十一例

干　支	左	中	右
□寅	×	×	√(《合集》391)
丁卯	×	√(《合集》387)	×
癸酉	×	×	√(《合集》394)
丁酉	×	√(《合集》389)	×
癸卯	√(《合集》6068)	×	√(《合集》390)
丁未	√(《合集》395)	×	×
己未	√(《合集》386)	√(《合集》388)	×
癸巳			
己巳			
丁亥			

　　胡先生之所以認爲這是"卜用三骨"的證據，可能有兩方面原因：一是他所統計的這類刻辭正好是九例，其中明確刻有"中"的是三例(《合集》387、388、389)，刻有"右"的是三例(《合集》390、391、394)，刻有"左"的是一例(《合集》386)，另外兩例殘斷不清(《合集》395、6068)，推測應該是"左"；二是這九例中同一個干支沒有出現同樣方位刻辭的情況，即同一個干支下沒有兩個"左""中""右"的辭例。另外，肩胛骨的左右判定與刻辭上左右之間的關係或許也是胡先生認爲卜用三骨的一個原因：目前能明確判定左右肩胛骨的只有《合集》390 和《合集》6068 兩版，[①]這兩版按照牛骨本身的標準，《合集》390 爲左胛骨，《合集》6068 爲右胛骨，但若按照胡厚宣先生判定的標準，則《合集》390 爲右胛骨，《合集》6068 爲左胛骨，這正好與這兩版上所刻寫的右和左是一致的。

---

① 關於胛骨的左右判定，可參看黃天樹師《關於卜骨的左右問題》，《紀念王懿榮發現甲骨文110周年國際學術研討會論文集》，北京：社會科學文獻出版社，2009年；又收入《甲骨拼合集》附錄二，北京：學苑出版社，2010年，又見《黃天樹甲骨金文論集》，北京：學苑出版社，2014年，第348～355頁。本書提及肩胛骨左右時，主要從生物學的角度進行稱謂。

我們上面收集整理的"宜于義京"的刻辭共有 16 版,比過去多了 7 版;在干支方面增加了"癸巳""己巳"和"丁亥"幾天,仍然没有和原來干支重複的;增加的幾版都有殘缺,未見左、中、右刻辭。但若按照上面推測的幾條"卜用三骨"的原因,我們新增加的這些材料中也未能發現足夠的反證來推翻那一結論,故"卜用三骨"說還是得到了一些學者的贊同。

近年來,趙鵬先生撰文指出這裏刻辭中的"左、中、右"與"卜用三骨"無關,她贊成董作賓先生意見,認爲是祭祀時祭牲擺放的三個方位,並列舉以下這些卜辭來說明商人祭祀時是講究祭品擺放方位的。①

(158) ☒伐(?)不三人于中,宜牢。　　　　　《合集》1064[典賓]

(159) 王其伐,若。王占曰:其夕雨,凤明。乙丑允伐,右卯罙左
　　　卯,唯尸牛。　　　　　　　　　《合集》16131 正反[典賓]

(160) 貞:王左三羌于宜,不左,若。王占曰:吉。
　　　　　　　　　　　　　　　　　　　　《合集》376[典賓]

(161) ☒卜:即宗,卯中。　　　　　　　　《合集》34061[歷一]

(162) 甲午卜,睪貞:祀中酒,正。在十二月。
　　　　　　　　　　　　　　　　　　　　《英藏》2367[何一]

(163) 辛酉卜:左沘,弜將在右位。　　　　《合集》27884[歷無]

此外,趙文中還提到安陽武官村西北崗 1001 號商代墓葬一同出土的左盃、右盃、中盃反映的也是祭祀時擺放的位置問題。

我們也認爲這類刻辭中的左、中、右當理解爲宜祭時擺放祭品的方位。其實,甲骨文中就有明確說明"宜"分左、中、右的證據,即下列這版卜辭:

(164) 壬辰卜:子障宜,右、左惠臧用,中惠尉用。
　　　　壬辰卜:子亦障宜,惠尉于左、右用。　　　　《花東》198

---

① 趙鵬:《甲骨刻辭"又"及相關之字補說》,《古文字研究》第 30 輯,北京:中華書局,2014 年,第 89~93 頁。

該版卜辭明確說明在陳列宜時，左、中、右可以是不同的祭牲。《儀禮·少牢饋食禮》記載："佐食上利執羊俎，下利執豕俎，司士三人執魚、腊、膚俎，序升自西階，相從入。設俎，羊在豆東，豕亞其北，魚在羊東，腊在豕東，特膚當俎北端。"這段話既涉及不同俎上使用不同的祭牲，也涉及俎的擺放問題。這些內容在甲骨文中已有所體現。

第二節　"屮升歲"類記事刻辭研究

本節討論的內容即李學勤先生在《論賓組胛骨的幾種記事刻辭》一文中所羅列的前兩類記事刻辭。刻寫位置多爲肩胛骨反面臼角一側的邊緣下部。其中第一類是"屮升歲"類，李先生文中搜集有23例，我們又補充《合集》2565、《合集》7780、《合集》14941、《合補》288、《合補》4405正，共28例，見下：

(1) [乙]卯屮升歲成。　　　　　　《合集》1343[賓一]

(2) 乙未屮升歲祖乙。　　　　　　《合集》1574反[賓一]

(3) 乙未屮升歲祖[乙]。　　　　　《合補》211反[賓一]

(4) 庚寅屮升歲南庚。　　　　　　《合集》2009[賓一]

(5) ☐亥屮升歲祖☐。　　　　　　《合集》2062[賓一]

(6) ☐升歲母庚。　　　　　　　　《合集》2564[賓一]

(7) ☐母庚牡一　　　　　　　　　《合集》2565[賓一]

(8) 庚午屮升歲母庚。　　　　　　《合集》2566[賓一]

(9) 庚寅屮升歲母庚。　　　　　　《英藏》112[典賓]

(10) ☐屮升歲母庚。　　　　　　　《合集》7780反[賓一]

(11) 丁巳屮升歲☐。　　　　　　　《合集》3912反[賓一]

(12) 庚辰屮☐。　　　　　　　　　《合集》11037反[師賓]

(13) 甲申屮升歲☐。　　　　　　　《合集》12578[賓一]

(14) 甲申屮升歲羌[甲]。　　　　　《合集》14939[賓一]

(15) ☐升歲大☐。　　　　　　　　《合集》13007 反［典賓］

(16) ☐辰虫升歲☐。　　　　　　　《合集》14940［賓一］

(17) ☐虫升歲于☐。　　　　　　　《合集》14941［賓一］

(18) 辛亥虫升歲☐。　　　　　　　《合集》14942［賓一］

(19) ☐辰虫升歲祖(?)☐。　《合集》14943(《合補》4407)［賓一］

(20) 乙酉虫歲☐。　　　　　　　　《合集》14944［賓一］

(21) 乙酉虫歲祖［乙］。　　　　　《合集》14945［賓一］

(22) 丁卯虫升歲于大［丁］☐。《英藏》1197(《合集》40451)［典賓］

(23) 丙戌虫升歲外丙。　　　　　　《英藏》1196［典賓］

(24) ☐巳虫升歲父乙。　　　　　　《合補》288［賓一］

(25) ☐虫升歲☐。　　　　　　　　《合補》4405 正［典賓］

(26) 庚辰子卯虫［升歲］☐。　　　《合集》3182［師賓］

(27) 庚辰子卯虫升歲☐。　　　　　《合集》14938［師賓］

(28) ☐帚虫升歲☐。　　　　　　　《英藏》1195［典賓］

對於這類刻辭,李先生文中作了如下論述:

　　這一類刻辭都記歲祭之事,或稱"虫升歲",或簡爲"虫歲",兩種形式在卜辭中均爲常見,但上引刻辭沒有"卜"、"貞"字樣,也不見卜兆與之聯繫,其爲記事刻辭顯然無疑。

　　仔細分辨,上列刻辭還可分爲兩組。多數于歲祭之下明舉所祀先人之名,如成、大丁……母庚等。所祭祀的都在商王系譜以內,特別是有母庚,自即武丁之母,小乙的妃偶,是賓組卜辭常見的稱謂。另有最後三條卜辭,只記"婦"或"子卯"舉行歲祭,却未説明所祀爲誰,其文例與前者不同。

　　值得注意的是,刻辭中歲祭的對象頗爲廣泛,即有所謂直系先王,如成(即成湯、大乙)、大丁、祖乙,也有旁系先王,如外丙、羌甲和南庚,同時還有母庚。不妨推想,當時歲祭所及非常普遍,不止現在刻辭裏保存的這些。這種情形,和出組卜辭歲祭的規律吻合。不過,在出組卜辭裏,歲祭有成系統的卜辭,而在賓組卜辭裏則沒有這種系統的卜辭,這也是研究者習知的。相反的,從記事刻辭看,賓組的時期其實是有成套的歲祭的,只是不曾在卜辭中反映出來而已。

　　不少學者見殷墟卜辭數量繁多,內容瑣細,便主張商代人們,至少商王是每事必卜,這未必合於實際。古人認爲卜以決疑,不疑何卜,對那些已有定制的事,只需照章辦理的,就不一定問卜。歲祭、周祭之類卜辭時有時無,可能便是這樣的緣故。①

李先生的這些意見已基本點明了這類刻辭的特點。李先生文中所列的第二類有關"㞢"類刻辭共有以下五例:

(29) 乙巳㞢于祖乙,㞢一牛。　　　　《合集》1523 正[典賓早]
(30) 庚子㞢于祖庚。　　　　　　　　《合集》2033[典賓早]
(31) 乙巳㞢于祖[乙]。　　　　　　　《合集》2058[典賓早]
(32) 庚辰㞢于妣庚宰。　　　　　　　《合集》2450[師賓]
(33) 丁卯申㞢于丁三宰。在☐。　　　《英藏》2415 反[典賓]

其中例(30),林宏明先生將其與《合補》3263 綴合,綴合的完整辭例爲"己亥卜,賓貞:翌庚子㞢于祖庚。"②依此,則該條並非記事刻辭。其刻寫位置亦爲肩胛骨正面,非此類刻辭常見位置。例(29)刻寫於胛骨正面骨扇下方,其位置及行款雖與其他有別,但歸入記事刻辭應可信。例(31)—(33)都刻寫在胛骨反面臼邊一側,當屬記事刻辭。李先生認爲這類刻辭都記㞢祭,與第一類歲祭有別。從內容上看,李先生將上列卜辭分爲兩類是合適的,但因這兩類刻辭都是祭祀祖先的記錄,且祖先的日名與干支日一致,又都與㞢祭有關,故我們合併在一起討論。其中對於第一類刻辭,上列例(26)~(28)三例與其他辭例相比,指出了祭祀活動的發出者,李先

---

① 李學勤:《論賓組胛骨的幾種記事刻辭》,第162頁。
② 林宏明:《契合集》55則。

第一章　祭祀類記事刻辭研究　39

生分爲兩組也是有道理的,不過最後三例並非未説明祭祀對象爲誰,而是因骨版斷裂而未見,其中例(26)(27)兩例其對象很可能還是"母庚"。這種指明㞢祭活動發出者的還見於下列卜辭:

(34) 壬辰卜,殻貞:呼子賓禦㞢母于父乙,盍小宰,册艮三🐏、五宰。
　　　乙巳卜,殻貞:呼子賓㞢于㞢祖宰。
　　　貞:弓呼子賓㞢于㞢祖宰。　　　　　　《丙摹》182[典賓]
(35) 貞:翌乙卯呼子漁㞢于父乙。　　　　　《合集》2977 正[賓三]
(36) 呼婦好㞢升于父□。　　　　　　　　 《合集》2609[典賓]
(37) 貞:呼子漁㞢于祖乙。　　　　　　　　《合集》2972[典賓]
(38) 甲午卜,殻貞:翌乙未呼子漁㞢于父乙牢。
　　　　　　　　　　　　　　　　　　　　《綴集》349[典賓]
(39) 乙丑卜,賓貞:翌丁丑強其㞢于丁。　　《合集》3077[賓三]
(40) 貞:來乙丑弓呼子桑㞢于父乙。　　　　《合集》3111[典賓]
(41) 貞:呼黄多子出牛㞢于黄尹。　　　　　《合集》3255 正[典賓]

上面這些祭祀動作的發出者都爲貴族,所祭祀的對象也多是自己的直系祖先。例(34)中的"㞢母""㞢祖"的"㞢"爲代詞,指代前面的"子賓"。①

下面我們重點對"㞢升歲"類記事刻辭中的一些關鍵字詞含義稍作解釋。

一、"升"之釋讀及其含義

"㞢升歲"中所謂的"升"字形作𠂤、𠂤,幾乎見於甲骨文各個組類各個

---

① 甲骨文中"㞢"的這種代詞用法,前輩作者吴其昌、陳夢家、倪德衛等多位學者均有述及。具體可參袁金平《新蔡葛陵楚簡"大川有氻"一語試解——兼論上古漢語中"有"的特殊用法》,《語言學論叢》第 42 輯,北京:商務印書館,2010 年,第 367~378 頁;蔣玉斌《從卜辭"有某"諸稱看"子某"與商王的關係》,《第二屆古文字學青年論壇論文集》,臺北:中研院史語所,2016 年,第 175~184 頁;武亞帥《甲骨卜辭"有"的代詞用法補議——從"受有佑"談起》,《甲骨文與殷商史》新 9 輯,上海:上海古籍出版社,2019 年,第 339~350 頁。

時期,王卜辭與非王卜辭皆可見,字形結構從早期到晚期基本沒有變化,但西周以後文字中未見。柯昌濟、陳邦福等先生釋爲"升",陳邦福先生有較詳細論證:

  〻當釋升,蓋古之升祭也。《儀禮·覲禮》云:"祭天燔柴,祭山川丘陵升祭川沈。"證之卜辭,殷時崇沈諸祭,均兼施祖考,是升祭于古禮制亦正相合。又卜辭:"乙巳卜貞王其田🅰亡𢦏。"🅰本地名,然从〻即升。《爾雅·釋詁》云:"登,阰也。"《小爾雅·廣言》云:"登,升也。"益信🅰从升得誼,確爲升字之旁證。至小篆作🅱,漢谷口銅角作🅲,好畤鼎作🅳,形誼畢肖,繁簡有別爾。①

  饒宗頤先生贊成釋升之説,認爲其與登、陟同義,所謂"'升歲'即'烝歲'。《洛誥》:'王在新邑,烝祭歲。'《爾雅·釋詁》:'烝,進也。'《書》'不䌛烝。'馬融注:'烝,升也。'契文'昇'與'〻'同義,如云:'其昇新邑。'(《粹編》910)他辭亦有'〻新邑,'(《存真》6,《録》287 重。)此又〻與升同字之證"。② 施謝捷先生亦贊成釋升之説,並認爲甲骨文中的"升"表示進獻物品之祭。其在考釋甲骨文中的🅴爲簦時,即列舉升、登通用的例證,如《侯馬盟書》中的"阰"既从升作🅵,又从登作🅶;《説文》手部"扔"字或作"撜"。文中指出🅴與🅷爲一字,唯繁簡之別,登、升皆爲聲符。③ 但因大家多將甲骨文中的🅷這一字形釋爲升,④ 而〻與🅷在字形上差別較大,故學界對釋〻爲升之説多存疑,如詹鄞鑫先生將其釋爲久,認爲是灸之初文,表炮烙,是一種用牲法;⑤ 葛英會先生認爲字形表以手持物之形,當釋

---

① 陳邦福:《殷墟辨疑》第 5 頁,此處轉引自于省吾主編:《甲骨文字詁林》第 4 册,北京:中華書局,1996 年,第 3398 頁。
② 饒宗頤:《殷代貞卜人物通考》,第 377 頁。
③ 施謝捷:《甲骨文字考釋十篇》,《考古與文物》1989 年 6 期,第 68~72 頁。
④ 參于省吾主編:《甲骨文字詁林》第 4 册,第 3235~3241 頁。
⑤ 詹鄞鑫:《釋甲骨文"久"字》,《中國語文》1985 年第 1 期;收入氏著《華夏考——詹鄞鑫文字訓詁論集》,北京:中華書局,2006 年,第 213~219 頁。

爲付,作爲祭祀名稱讀爲祔。①

我們認爲將ㄣ釋爲升,理解爲登、陟、進獻等義,仍是目前最好的意見,且很可能是正確的。該字在甲骨中的用法較爲單一,多用於祭祀卜辭中,屬於祭祀動詞。該字搭配的詞後面以"歲""伐"爲主,其前面以"酒""屮(或又)"爲主。詞義上,該字與"昪(登)"關係密切,除了前輩學者所指出的地名枚又作枚、"ㄣ新邑"(《合集》22924)與"昪新邑"(《合集》30977)意義相近等證據外,還可補充《合集》23104"[庚□卜□]貞：[王賓兄庚]昪眾盤庚升□亡戋,在十月",《合集》22930"升昪于祖□",《合集》30962"□升禱新□"等辭例,升與昪在同一條卜辭中,詞義相近(具體内涵或有別)。另外,我們還可通過疏解"升"後直接跟羌、虢類的一些卜辭來幫助大家理解其含義。

(42) 癸丑卜,王：升二羌祖乙。　　　　《合集》19761[師肥]

(43) 貞：多子以羌,升自高妣己、妣庚于毓妣己。

　　　　　　　　　　　　　　　　　　《合集》279[典賓]

(44) 于祖乙升牧來羌。
　　　惠白黍昪。　　　　　　　　　　《合集》32014[歷一]

(45) 丙寅貞：升䍙以羌。
　　　其陟于大乙。
　　　戊辰貞：酒升歲乙亥。　　　　　《拼集》209[歷二]

(46) □丁升望[以]羌。　　　　　　　《合集》33316[歷一]

(47) 癸卯卜,貞：升十伐五,甲辰酒上甲。
　　　十又五伐歲小宰上甲。用。
　　　歲十小宰。
　　　甲辰卜：升二伐祖甲,歲二牢。用。
　　　　　　　《合集》32198上半(《合補》9594)[師歷]

---

① 葛英會：《論卜辭祔祭》,《殷都學刊》1999年第1期,第11～15頁。

(48) 其升虢眢大示。　　　　　　　　　　《合集》26973［無名］

(49) 其升虢于父甲祼。　　　　　　　　　《合集》26976［無名］

(50) 乙亥卜：其升虢，其卯，又正。　　　《醉古集》354［無名］

(51) 甲子卜，其升虢☐。　　　　　　　　《合集》26978［無名］

(52) 己巳卜：王其升危方☐。　　　　　　《合補》9728［無名］

(53) 貞：又來虢自🧍，其升于祖丁［祼］。《合集》33746＋①［何一］

(54) 丁丑卜：在義田來虢、羌，王其升于☐大乙、祖乙，又正。吉。

　　　　　　　　　　　　　　　　　　《屯南》2179［無名］

(55) 丁亥卜：王其升虢于☐，王其賓，若，受又又。

　　　　　　　　　　　　　　　　　　《屯南》4558［無名］

　　上述這些卜辭中"升"的對象主要是戰爭中俘虜的羌人或虢，辭意多是將這些人進獻祖先以祭祀。例(52)中"升"的也應該是來自危方的俘虜。其中的"虢"，當從現學界最新意見釋爲"甲"，②卜辭中當指俘獲的甲士。春秋時期庚壺(《集成》9733)銘文有如下一段內容："齊三軍圍萊，崔子執鼓，庚入，門之，虢者獻于靈公之所。"其中的"虢者"，李家浩先生據文意正確指出其含義應是庚所獻之俘，但李先生囿於金文中的"虢"(含同篇銘文)多指甲冑、兵甲之意，故仍從舊說以虢、執形近而將"虢者"釋爲"執者"。③李春桃先生則據新出楚簡文字指出庚壺中的"虢"皆當讀爲"甲"，

---

① 陳逸文：《〈殷虛文字甲編〉新綴十二組》第四則，《淡江中文學報》第 29 期，2013 年，第 373～405 頁。

② 虢釋爲甲，可參李零《古文字雜識(兩篇)》，《于省吾教授百年誕辰紀念文集》，長春：吉林大學出版社，1996 年，第 270～274 頁；又《讀〈楚系簡帛文字編〉》，《出土文獻研究》第 5 集，北京：科學出版社，1999 年，第 139～162 頁。白於藍《〈郭店楚墓竹簡〉讀後記》，《中國古文字研究》第 1 輯，長春：吉林大學出版社，1999 年，第 110～145 頁。裘錫圭過去曾從夏淥意見釋虢爲虜(參《説"掯函"——兼釋甲骨文"櫓"字》，收入《裘錫圭學術文集·語言文字與古文獻卷》，第 418～422 頁)，現已放棄此說，認同釋"甲"之意見，參謝明文《商代金文的整理與研究》第 403 頁注 1，復旦大學博士學位論文，指導教師：裘錫圭，2012 年。

③ 李家浩：《庚壺銘文及其年代》，《古文字研究》第 19 輯，北京：中華書局，1992 年，第 89～101 頁。

"虢者"是披甲之人或甲士異稱,指萊國的士兵或將領。① 庚壺中的"虢者"與上引卜辭中的"虢"無疑是同一意思,"虢者獻于靈公之所"與"升虢于父甲祼"含義完全一致,都是將俘虜獻於祖先之宗廟。這也是將甲骨文中的"升"理解爲獻義的一個旁證。另外,卜辭中常見將"某以(或來)羌"用於祭祀某祖先的占卜,其中動詞搭配上,最常用的動詞是"用",泛表使用義;也偶見一些具體的用牲法動詞,如"卯"(《合集》238)等。但從上引例(50)中"其升虢,其卯,又正"這一内容可知,"升"所表示的意義不會是卯之類的具體用牲法動詞,且從其可與"新鬯"搭配來看,也不適合理解爲用牲法動詞。《屯南》606 有"庚辰卜:其祼方以羌,在祼,王受又又",其中使用的動詞爲"祼",上引例(44)中"升牧來羌"與"昇白黍"對舉,這些都說明"升"與"昇"意思相近。《拼四》867"乙酉卜:王其又姒升于河,王受又又"一辭中的姒也有進獻義,"姒升"應屬同義連用。《合集》27866"王往于升,不遘雨"中的"升"可理解爲祭祀行爲,與卜辭中常見的"王賓某祖先升"之"升"意義一致。總之,將甲骨文中的"升"理解爲和"昇"意思相近的祭祀動詞,能疏通所有相關辭例。可見陳邦福、饒宗頤等前輩學者對其詞意的理解還是可靠的。

字形上,目前古文字中確定無疑的"升"字可追溯到西周金文友簋(《集成》4194)中,銘文如下:

唯四月初吉丁卯,王蔑友曆,錫牛三,友既拜稽首,升于厥文祖考,友對揚王休,用作厥文考尊簋,友眔厥子子孫永寶。

其中"升于厥文祖考"之"升"作 ,字形从斗,斗口內有一指示性筆畫,後世"升"字與此一脈相承。銘文中"升"的對象應爲前面提及的"賜牛三",這與甲骨文中"升歲"等辭例用法完全一致。現學界多將甲骨文中的 這類字形隸定爲升,其實並不可信。古文字中確定的"升"字只是在斗

---

① 李春桃:《庚壺銘文拾遺》,《中國文字研究》第 19 輯,上海:上海書店出版社,2014 年,第 44~49 頁。

口裏加點以表意,並未見有在斗柄旁邊加點的;而 ![字] 大多在斗柄處有點畫,其字形義乃是以斗盛酒作澆灌之狀,在甲骨中多表祼祭或作爲祭祀場所,與升義無關。甲骨文中的 ![字] 與金文中的 ![字] 在構形表意上倒多有相似之處:仔細觀察甲骨文中不同時期 ![字] 之寫法,除去短畫符號外,其所從的字形基本上都是先寫月牙形弧筆 ![字],然後再加一斜筆,成 ![字],與人字寫法不同,其表示的應是匕桝類器物,舊將其釋爲"勺"也是考慮到字形象容器形; ![字] 字在匕桝類器口內添加一指示性符號,這與 ![字] 在斗口內添加指示符號完全一致,其字形含義應是用匕斗等器物將食物進獻給祭祀對象。而甲骨文中的"升"之所以从匕桝類器不从斗,是因爲斗是舀酒水之器,而匕桝類器是食肉所用之器,甲骨文中"升"的對象多是"歲""伐"等祭牲,顯然用匕桝更爲準確。西周以後,該字形含義爲 ![字] 所取代, ![字] 之寫法便退出歷史舞臺了。而表示容量單位的升,顯然从斗更適合,因爲匕桝類器的前端較淺不適合借表容量,而斗的前端較深,裝滿一斗的容量就是升。

二、"屮升歲"之語義關係

關於"屮(或作又)升歲",學界多以爲是多個祭祀動詞連用,屬於祭動詞組,對之間的語義關係和語法層次多語焉不詳。下面談談我們對這一結構的理解。

首先,來看"升歲"之間的關係。上面我們分析了甲骨文中的"升"是表進獻食物以祭的祭祀動詞,"升"後常搭配有"歲""伐"二詞。這裏的"歲"與"伐"都應看作"升"的對象,其中的"伐"多用爲名詞,表人牲;[1]"升歲"之"歲"亦可理解爲名詞(關於"歲"有名詞性含義參本章第一節的論述),多表動物祭牲,"升歲""升伐"都屬於動賓結構。就具體卜辭而言,又可分以下兩大類:

一是"升歲(或升伐)"中"歲(或伐)"後無具體祭牲名稱。如"屮升歲+(于)+某祖先"和"王賓+(某祖先)+升歲"這兩種句式,其中"歲"就

---

[1] 參劉海琴:《殷墟甲骨祭祀卜辭中"伐"之詞性考》,第81~148頁。

直接理解爲名詞。"升歲祖先"就是"V 祭＋O 牲＋O 神"的結構關係;"王賓升歲"之"賓"指向的也是"升歲"這一動賓結構。

二是"升歲(或升伐)"中"歲(或伐)"後出現有具體祭牲名稱。這裏面較爲複雜,一種是"又/酒升歲＋(于)＋祖先＋祭牲"這一結構中的祭牲都是同類祭牲(動物或人牲),如《合集》22904"其又升歲于祖乙白牡四"、《合集》32422"酒升歲于大乙三牛"、《合集》34165"又升歲于大戊三牢"、《合集》34240"又升歲于父乙三牛"、《合補》10639"又升歲于伊尹二牢"、《合集》32511"又升歲于祖乙牢、牛"等句式。對於這類句子中的"升歲",我們認爲仍當理解爲動賓關係,後面的牢、牛等祭牲乃是對前面"歲"的説明。猶如"又羌妣庚三人"(《合集》26924)中"三人"是對"羌"的説明,"㞢伐于丁十人"(《懷特》23)中"十人"是對"伐"的説明。[①] 有關"升伐"的辭例亦如此,"又升伐于小乙羌五"(《屯南》595)中"羌五"是對前面"伐"的補充説明。

還有一種"升歲(或升伐)"後出現兩種不同祭牲的句式,如《合補》13327"又升歲三牢、羌十五☐"、《合集》22561"又升歲五☐、羌五☐"、《合集》32097"又升伐上甲三羌、九小宰""又升伐上甲五羌、十小宰"、《天理》460"又升伐三羌、十小宰自上甲"、《合集》32199"酒升歲十牢祖乙十五伐"、《合集》903"酒升伐十、十宰"等。這裏面就涉及兩種不同的理解方式:一是認爲兩種不同的祭牲都屬於補充説明前面的"歲"或"伐",這種情況下"升"的賓語仍只有"歲(或伐)",只是"歲(或伐)"的對象有兩種;一是認爲其中僅有一種祭牲是補充説明"歲(或伐)"所指內容,這種"歲(或伐)＋祭牲"與另一種祭牲共同構成"升"的賓語,這種情況下"升"的賓語是包括兩類的,一種是人牲,一種是動物祭牲。這兩種關係可用圖示表示如下:

　　語義關係 1:升＋歲(或伐)＋〈祭牲 1、祭牲 2〉

　　語義關係 2:升＋歲(或伐)＋祭牲 1、祭牲 2

---

① 參沈培:《殷墟甲骨卜辭語序研究》,臺北:文津出版社,1992 年,第 110~111 頁。

考慮到甲骨文中"歲"與"伐"作用牲法動詞時,處置對象"歲"以動物祭牲爲主,"伐"以人牲爲主的特點,我們更傾向於按照第二種語義關係來理解上述句式。如"升歲三牢、羌十五"中"升"的賓語是"歲三牢"(其中"三牢"與"歲"屬同位語結構)和"羌十五","酒升歲十牢祖乙十五伐"中"升"的賓語是"歲十牢"和"十五伐","又升伐上甲三羌、九小宰"中"升"的賓語是"伐三羌"和"九小宰"。《屯南》2200 釋文多作"升歲大乙伐二十、十牢",搭配較爲特殊,若釋讀無誤,則其中"伐二十"是説明"歲"的,①兩者構成同位語關係;"升"的賓語爲"歲伐二十"和"十牢"。《屯南》2308 中"酒升歲伐十五、十物牢"與之屬同類結構。

在有關"升歲(或伐)"後接祭牲的句子中,還涉及下面這類句型。如《合集》313"虫升歲于唐三十羌,卯十牛",《屯南》343"又升伐于祖乙十羌,卯三牛",《拼四》909"又升伐于祖辛羌三人,卯宰",《屯南》595"又升伐于小乙羌五,卯牢",《合集》22605"其又升伐于妣庚羌三十,其卯三牢",《合集》22571"又升歲上甲,其又羌",《合集》22569"王賓羸甲升伐羌三人,卯牢"等辭例。這一類型和上面相比,在後一種祭牲前加有用牲法動詞"卯""又"等,且"卯""又"前還可加"其"。對於這類句式後面的"卯牛""卯牢""又羌"等内容與前面"又升歲(或伐)"之間的語法語義關係該如何理解,學界討論較少。鄭繼娥先生認爲是前面"又升"帶了對象補語和牲名後,再與第三個帶受事賓語的"卯"連用。② 按鄭先生的意似是將兩者之間理解爲並列關係,這或許也代表了學界一部分學者的意見。我們認爲兩者之間並非並列的兩種結構,這種"卯牛"與前面"伐多少羌"一樣屬於"升"祭的内容,語義上也可看作"升"的賓語。如《合集》32064"又升伐于祖乙,其十羌又五"、《合集》32089"又伐于祖乙,其五羌"這些辭例中的"其十羌又五""其五羌"是對前面"伐"具體數量的説明,實際上仍屬於"升"的對象。《合集》32397"其又升于示壬,卯三牛/其又升于示壬,燎三小宰"實

---

① "歲"偶爾也可用於人牲,如《合集》1073 中有"人歲"一辭,即特指歲的對象是人牲。
② 鄭繼娥:《甲骨文祭祀卜辭語言研究》,第138頁。

際就是貞卜是用"卯三牛"還是"燎三小宰"的形式來完成"升"任務。換言之,其中"卯三牛"或"燎三小宰"就是"升"的内容。這也有利於説明這種"卯牛"等内容是修飾説明前面的"升",而非與"升歲""升伐"結構構成並列關係。上引"屮升歲于唐三十羌,卯十牛"這一句子中,"升"的對象包括歲三十羌(三十羌和歲屬同位語關係)和卯十牛(卯與十牛屬動賓關係),上引其他辭例可類推。《拼集》203"又升伐于河九羌,沈三牛,卯三宰"中"升"祭河的内容就包括伐九羌、沈三牛、卯三宰,其中"伐九羌"屬同位結構,其他兩個屬動賓結構。不過,值得注意的是,《屯南》739中"酒升伐于大乙羌五,歲五宰"和《屯南》1091"又升伐自祖乙羌五,歲三宰"這類句子中的"歲",是理解爲動詞還是名詞則頗難論定,若理解爲名詞,則"歲三宰"屬於同位語結構,若理解爲動詞,則屬於動賓結構;但不論理解爲哪種結構,都可看作是前面"升"的對象。若對比《合集》32200"又升伐十五、歲十宰上甲"、《合補》13268(《合集》32203)"又酒升伐三、歲三宰"等辭,我們更傾向於將這種"歲三宰"與"伐十五"一樣都理解爲同位短語結構。

在弄清楚"屮(或作又)升歲"中"升歲"的語義關係後,接下來再討論其中"屮"的含義及其與"升歲"之關係。

"屮(或作又)"在甲骨文用法極爲豐富,這裏主要討論其作爲祭祀動詞的用法。作爲祭祀動詞的"屮(或作又)",學界多讀爲"侑",表示獻食之祭,已有多位學者對獨用的"屮(包括又)"字句式進行了梳理,[①]主要包括以下幾種:

1. "屮+(于)+神"

(56) 貞:翌乙丑屮于祖乙。　　　　　　　《合補》1965[典賓]

(57) 丁卯卜貞:屮于大甲。三月。　　　　《合集》1424[師賓]

(58) 貞:屮大甲。　　　　　　　　　　　《合集》1429正[典賓]

---

① 可參陳佩君:《甲骨文"又"字句研究》,臺灣静宜大學碩士學位論文,指導教師:朱歧祥,2005年;齊航福:《殷墟甲骨文賓語語序研究》,第189~198頁。

2. "屮＋(于)＋神＋牲"

(59) 丁巳卜，賓貞：屮于丁一牛。六月。　　《合集》339［賓三］

(60) 庚戌卜，賓貞：來甲寅屮于上甲五牛。《合集》1144［賓一］

(61) 屮于三父一伐、卯宰。　　　　　《合集》893 反［典賓］

(62) 甲申卜：乙酉屮祖乙三宰、册三十牛。《合集》1513［師賓］

(63) 甲戌卜，貞：翌乙亥屮于祖乙三牛，睪見尸牛。十三月。

《拼集》59［賓出］

3. 屮＋牲＋(于)＋神

(64) 屮犬于咸戊。　　　　　　　　《合集》903 反［典賓早］

(65) 乙丑卜，王：屮三㚔于父乙。三月。延雨。

《合集》19771［師小］

(66) 乙卯卜，賓貞：呼婦好屮㞢于妣癸。《合集》94 正［典賓］

(67) 貞：屮羊于兄丁。　　　　　　　《合集》2878［典賓］

(68) 丙：子夙興又牡妣庚。　　　　　《花東》236

(69) 貞：又㞢司庚。　　　　　　　　《花東》441

(70) □午卜，□貞：其又豕于三母，今其夕□不冓。三月。

《合集》23462［出一］

因"侑"表侑食之意，故後面多有祭祀用品，"屮＋(于)＋神"這一形式，只是祭品省略未說而已。值得注意的是上面例(61)、(62)兩例，有學者將這類刻辭裏的"卯""册"看作與"屮"是並列關係的祭祀動詞，認爲"屮"的祭牲只是"一伐"或"三宰"，其實不可信。後面的"卯宰""册三十牛"也同樣是屮祭所使用的祭牲，且明確交待了"宰"和"三十牛"這兩種祭牲是用何種用牲法處理的。這兩例中的"一伐"和"卯宰"、"三宰"和"册三十牛"都屬於"屮"祭之範圍，完全可看作"屮"的賓語，"一伐""三宰"是名詞性數名結構，而"卯宰""册三十牛"是動賓短語結構。至於例(63)中的"睪見尸牛"可能是補充説明前面所用"三牛"的來源。

作爲祭祀動詞的"屮(或又)"除單用之外，卜辭中還常見其用於其他祭祀動詞前,如可用於"禱""升""登""匚""燎""毛"等前,似可理解爲某種祭禮過程中的一步,與其用法相近的就是"酒"。張玉金先生將"酒升伐"理解爲"爲助成升伐"而舉行酒祭,①我們大體贊成張先生對其語義關係的理解。"㞢(或又)升歲(或伐)"亦當如此理解,"㞢(或又)"是修飾祭祀動詞"升"的,且從《合集》23002"庚子卜,行曰貞:翌辛丑其又升歲于祖辛。/貞:毋又。在正月。"和《屯南》856"丙寅貞:又升歲于中丁。茲用/弜又。"等辭例看,"又"與"毋又""弜又"對貞,可知"又升歲"這一結構的詞義重點仍是在"又"上。這也說明我們將本節所提及的"㞢升歲于祖先"和"㞢于祖先"兩種記事刻辭放在一起討論是合理的。

　　至於甲骨文中"又歲""又伐"組合中的"歲"與"伐",究竟該理解爲動詞還是名詞,也是見仁見智。對此,前引劉海琴先生博士論文中有較詳細分析,讀者可參看。其大體結論是"又伐"結構中的"伐"大多是名詞,但也有作動詞者;"又歲"之"歲"則基本都是動詞。我們基本同意劉先生的觀點,若單獨看"又伐于父丁羌三十,卯五牢"(《合集》32055)、"其又歲于高祖乙三牢"(《合集》32449)這類句式,將其中的"伐""歲"理解爲動詞或名詞都可以解釋得通。不過,若比較"又燎于父丁百犬、百豕,卯百牛"(《合集》32674)這種句式,"伐""歲"應與"燎"一樣理解爲動詞會更好。且從劉文中所舉《合集》32453"甲午卜:其又歲于高祖乙。/甲午卜:高祖乙歲三牢。/五牢。茲用。"、《屯南》2354"戊辰卜:其又歲于中己,王賓。/戊辰卜:中己歲,惠羊。茲用。/惠小宰。"等例子看,因同版上的"高祖乙歲""中己歲"的"歲"當理解爲動詞,那麼前面"又歲于高祖乙""又歲于中己"的"歲"似乎也沒有理由不理解爲動詞。毋庸諱言,有關甲骨文中"伐""歲"的詞性問題,很多情況下確實難以分清,這種詞性的模棱兩可性也是早期語言研究中的常見現象。這裏若拋開詞性問題不談,像"又歲""又伐"這一組合的語義關係還是可以解釋清楚的,如上面所引"又伐于父丁羌三十,卯五牢"這類句式,其中的"伐羌三十"和"卯五牢"都屬於"又"祭

---

① 張玉金:《甲骨卜辭語法研究》,廣州:廣東高等教育出版社,2002 年,第 109 頁。

範圍,其句式可轉換成"又于父丁伐羌三十卯五牢",意思説獻食於父丁的祭品包括砍伐的羌人三十個和卯殺的五牢。這種"又歲""又伐"與"又禱""又匚"之間的語義關係可能還並不完全一致,這種不一致應是由"歲""伐"與"禱""匚"之間的詞義區別所造成的。

綜上所述,關於"屮升歲于祖先"這一結構中"屮""升""歲"三個詞語之間的語義層次關係應這樣理解:其中"升歲"爲動賓結構短語,"屮"放在前面修飾整個動賓短語,屬於偏正結構外再加一層偏正結構。整個句子結構及語義關係大致等同於《儀禮·少牢饋食禮》中的"用薦歲事于皇祖",其中"屮"與"用"意思相當,"升"與"薦"意義相近,"歲"屬於"升""薦"之賓語。至於"屮歲于祖先"這一結構中的"屮歲",我們亦傾向於看作動賓結構。

三、其他同類記事刻辭

甲骨文中下列這些刻辭學界也多認爲是記事刻辭,其内容與上述"屮升歲""屮歲"類相似。

(71) 甲寅□歲于大甲一牛,[在]字。
　　　　　　　　　　　　《合集》8029+《合集》15474[典賓]
(72) 乙未又歲于祖乙牡、三十牢,唯舊歲。《合集》22884[出二]
(73) ☑乙亥歲三牢。　　　　　《英藏》2462[歷二]
(74) 庚午又卯于🐾伐一。　　　《屯南》759[歷一]
(75) 夕升歲妣庚。中。(墨書)　《合集》28089反[無名]
(76) 丁卯祼歲三。　　　　　　《合集》30934[歷無名]

其中例(71)爲林宏明先生所綴合,刻辭刻寫在肩胛骨正面骨扇位置,與"宜于義京"類刻辭刻寫位置相近,林先生認爲該版爲記事刻辭,當可信。① 例(72)爲陳夢家先生在《殷虚卜辭綜述》一文中所舉。② 例(73)屬

---

① 林宏明:《甲骨新綴第550例》,先秦史研究室網站,2015年1月26日。
② 陳夢家:《殷虚卜辭綜述》,第44頁。

出組肩胛骨刻辭,是在沿骨臼一側刻寫,而出組的這類肩胛骨在臼邊一側反面多無鑽鑿,該刻辭旁也明顯無卜兆和兆序,且刻辭中無"貞""卜"字樣,將其歸入記事刻辭應可信,其内容與賓組"屮歲"類卜辭相近。例(73)刻寫位置與例(72)相似,刻辭中無"貞""卜"字樣,旁邊也未見卜兆,亦當歸入記事刻辭。例(74)上的刻辭與同版上的卜辭刻寫方向相反,這點與歷組骨面記事刻辭的刻寫特點是相同的。例(75)爲墨書,"中"或爲貞人名,或爲擺放方位;該版正面所刻卜辭屬於無名組。例(76)爲牛肋骨刻辭,李學勤先生在《論美澳收藏的幾件商周文物》一文中指出該版性質是與祭祀有關的記事刻辭。① 不過,因目前所見肋骨刻辭多爲習刻,不排除該版是爲練習刻寫而抄録自卜辭之可能性,該版在内容上也可能並未刻寫完整。

第三節 "子某儐🈀"類記事刻辭研究②

本節討論的内容主要是賓組胛骨上的這一類刻辭:

(1) 甲子子戚☐。　　　　　　　　　　《合集》3137[典賓]

(2) ☐子子戚儐🈀☐。　　　　　　　　《合集》3138[典賓]

(3) ☐子子戚儐🈀牡三牝☐。　　　　　《拼五》1098[典賓]

(4) ☐子戚儐🈀牡三☐。　　　　　　　《合集》3140[典賓]

(5) ☐子戚儐🈀牡☐。　　　　　　　　《綴續》492[典賓]

(6) ☐亥子戚☐。　　　　　　　　　　《合集》3143[典賓]

(7) ☐子戚☐。　　　　　　　　　　　《合集》3144[典賓]

---

① 李學勤:《論美澳收藏的幾件商周文物》,原載《文物》1979 年第 12 期,收入《四海尋珍》,北京:清華大學出版社,1998 年,第 240~249 頁。李先生文中將"祼"字誤釋爲"虞"。

② 本章節相關内容曾以《釋甲骨文中的"互"及相關問題》爲題發表於《中研院歷史語言研究所集刊》第九十一本第一分,2020 年,第 1~31 頁。發表時内容有調整。

（8）辛酉子賓俔𢀖牝三牡☐。　　　　　　《綴彙》219［典賓］

（9）壬戌子賓☐。　　　　　　　　　　　《合集》3152［典賓］

（10）壬戌子賓☐。　　　　　　　　　　《合集》3153［典賓］

（11）☐賓俔☐。　　　　　　　　　　　《合集》3154［典賓］

（12）庚（?）申子賓俔牡☐。　　　　　　《合集》3156［典賓］

（13）☐賓俔牡。　　　　　　　　　　　《合集》3157［典賓］

（14）☐俔牡☐。　　　　　　　　　　　《懷特》989［典賓］

（15）☐俔𢀖☐。　　　　　　　　　　　《懷特》990［典賓］

（16）☐戚俔☐。　　　　　　　　　　　《存補》6.30.1［典賓］

（17）☐亥矣☐𢀖丁,若。　　　　　　　《合集》3148［典賓］

上列最後一例因辭殘不知是否屬於記事刻辭,除此條外,其他的在内容格式上較爲統一,其完整格式應是"干支＋子某＋俔＋𢀖＋祭牲"的形式,其中涉及的"子某"主要就是"子戚"和"子賓"兩個貴族。對於這類刻辭,要準確理解其含義,關鍵就是俔和𢀖的含義理解,故本節重點討論的就是這兩個字詞的含義。

一、俔字含義

俔,字形作𢓴,左邊从彳,右邊下方爲人伸出雙手做捧舉之狀,上方爲"王"字。《拾遺》647 作爲人名的𢓴字,除去字形右下方的"又"形後的字形,與𢓴字右邊可看作一字,字形中的"王"晚期演變成了"土"。① 我們認爲𢓴在記事刻辭中應是奉納、進獻之類含義,這種以雙手捧物表進獻義的還可舉出《合集》29783 中的𠬝以及金文中的𨐅:《合集》29783 的辭例爲"其𠬝戈一,玨九,又☐",辭中的𠬝,于省吾先生認爲是祭祀時的儀仗

---

① 謝明文先生在《試論"揚"的一種異體——兼説"圭"字》一文中認爲𨐅乃表雙手奉圭形,字形中的𡈼是"圭"字演變而來,非由"王"演變,《甲骨文與殷商史》新 9 輯,第 234～246 頁。

隊;①伍士謙先生釋爲獻,表獻納義;②李學勤先生讀爲祼;③宋鎮豪先生也認爲其意爲獻;④廣瀨薰雄先生讀爲獻;⑤白於藍先生讀爲賓。⑥ 該字釋爲何字還可再討論,但其含義中確實含有進獻義,字形是雙手捧戈之形,與雙手捧戉同義,戈、戉都可能是玉器;金文中的 ■,陳劍先生已有很好的論述,認爲當讀爲贛,字形以兩手奉玉璋表賜予、貢獻義。⑦ ■、■、■構形表意方式一致,記錄的乃是語言中的一些同義詞。劉桓先生曾將 ■ 釋爲揚,認爲金文中的揚(■、■)是在該字形基礎上加注聲符易而成。⑧ 我們認爲劉先生將該字讀爲揚或可信,但將其與金文中的揚字字形直接繫聯則並不合適。金文中的揚字中間所從乃是"玉",並非"王",金文中"玉""王"分別明顯,揚字中所從的"玉"旁不可能是"王"的訛變。戜字的"王"既表意,又表音。"王"字形爲斧鉞之形,此處可理解爲玉戉,與金文揚字字形中所捧的玉性質一致;王與揚讀音亦相近,林澐先生曾指出"王字之得聲,當由於鉞之本名揚,揚之音轉而爲王"。⑨ 揚訓舉,與稱同義,而甲骨文中的"再"就有表進獻之意,如《花東》363 和 480 上均有"子勞

---

① 于省吾:《甲骨文字釋林·釋斧》,第 342~344 頁。
② 伍士謙:《甲骨文考釋六則》,《古文字研究論文集》,《四川大學學報》叢刊第 10 輯,1982 年。
③ 李學勤:《説祼玉》,收入氏著《重寫學術史》,石家莊:河北教育出版社,2002 年,第 53~60 頁。
④ 宋鎮豪:《甲骨文中所反映的農業禮俗》,王宇信、宋鎮豪主編《紀念殷墟甲骨文發現一百周年國際學術研討會論文集》,北京:社會科學文獻出版社,2003 年,第 361~401 頁。
⑤ 廣瀨薰雄:《説俞玉戈銘文中的"才林田俞孰"》,《出土文獻與古文字研究》第 6 輯,上海:上海古籍出版社,2015 年,第 426~442 頁。
⑥ 白於藍:《釋"孰"》,《語言科學》2018 年第 4 期,第 407~421 頁;收入氏著《拾遺録——出土文獻研究》,北京:科學出版社,2017 年,第 232~251 頁。
⑦ 陳劍:《釋西周金文的"敻(贛)"字》,收入氏著《甲骨金文考釋論集》,第 8~19 頁。
⑧ 劉桓:《殷契新釋·釋玔》,石家莊:河北教育出版社,1989 年,第 121~127 頁。
⑨ 林澐:《説王》,收入《林澐學術文集》,北京:中國大百科全書出版社,1998 年,第 1~3 頁;又《林澐文集·文字卷》,上海:上海古籍出版社,2019 年,第 4~7 頁。

辭,禹肖圭一、珥九"之辭,《合集》32721 中有"王其禹琮",①這幾條辭中的"禹"表示捧舉之義,在當時語境下表示的就是奉獻、進獻義。

二、礥☲及甲骨文中☒之用法含義

☲,除見於上列記事刻辭外,還見於下列卜辭:

(18) ☲三牢。

五牢。 　　　　　　　　　　　　　《合集》31159［歷無］

(19) 戊申卜:其☲。

［弜］☲。 　　　　　　　　　　　《合集》31158［歷無］

從該字前可用"其""弜"修飾來看,應爲動詞。李學勤先生認爲其與四祀邲其卣"乙巳,王曰尊文武帝乙宜,在邵大庭,遘乙翌日;丙午,䣙;丁未,煮……"中的䣙字相通,和"宜"相關,②䣙,李先生認爲即《說文》"䣙",讀爲"寫",指將食物自一器傾入他器。李先生將☲與四祀邲其卣中䣙的含義聯繫在一起,是非常敏銳的,但若以傾瀉之意理解則無法疏通記事刻辭中的☲,還得另尋他解。該字形从☒从酉,而甲骨文中的☒亦有動詞用法,見於下列卜辭:

(20) 弜引若亞☒一牢。

三牢。茲用。 　　　　　　　　　　《屯南》295［歷無］

結合字形和辭例可知,作爲動詞的☲與☒記錄的應是語言中的同一詞。故要瞭解☲之含義,我們可從甲骨文中的☒之含義入手。

甲骨文中的"☒"除了在《屯南》295 中用作動詞外,其他多作爲名詞使用,辭例如下:

(21) 庚午貞:今來□御自上甲至于大示,惠父丁☒用。

---

① 李學勤:《從兩條〈花東〉卜辭看殷禮》,《吉林師範大學學報》2004 年第 3 期,第 1～2 頁;收入氏著《文物中的古文明》,北京:商務印書館,2008 年,第 126～129 頁。

② 李學勤:《論賓組胛骨的幾種記事刻辭》,第 161～166 頁。

癸酉貞：甲戌其又伐自上甲汎。兹[用。]

癸酉貞：其又伐自上甲汎，惠辛巳伐。

癸酉貞：甲申其酒大御自上甲。

乙亥貞：其酒王御于父丁告。　　《屯南》1104[歷二]

(22) 庚午[貞]：大御[于]六大[示]其燎☐。

庚午貞：大御自上甲，叀燎(?)。惠父丁🗵用。七十。

庚午貞：大御于上甲。　　　《合集》32331[歷二]

(23) 壬寅卜：桒其伐歸，惠北🗵用，二十示一牛，下示①羊，以四戈象②。　　《合集》34122(同文《合集》34121)[師歷]

(24) 惠北🗵用。　　　　　　　《合集》8788[賓出]

(25) 辛未卜：王令厚示甾[祭(?)]。

惠新🗵用。

壬戌卜：又歲于伊二十示又三。

于大示汎又伐。

　　《醉古集》288(同文《合集》34123＋33219③)[歷二]

(26) 丁未卜☐𡚸🗵用。

丁未卜：其汎伐。

丁未：其即日。

戊申：于南門尋。　《合集》32256(同文《懷特》1576)[歷草]

(27) 惠尸🗵用。

---

① 郭沫若先生《殷契粹編》(北京：科學出版社，1965年，第414頁)隸定爲二示，陳夢家先生《殷虛卜辭綜述》(第464頁)隸定爲下示，楊升南先生《從殷墟卜辭中的"示"、"宗"説到商代的宗法制度》認爲當讀爲"下"(《中國史研究》1985年第3期；收入《甲骨文商史叢考》，北京：綫裝書局，2007年，第94～118頁)；蔡哲茂先生《殷卜辭"伊尹𦔻示"考——兼論它示》引文也作"下示"(《中研院歷史語言研究所集刊》58本4分，1987年，第755～808頁)；曹定云先生《論"上甲廿示"及其相關問題——兼論卜辭中的"元示"與"二示"》認爲當是二示，非下示(《文物》1990年第5期，第34～46頁)。

② 陳劍：《金文"象"字考釋》，氏著《甲骨金文考釋論集》，第243～272頁。

③ 周忠兵：《歷組卜辭新綴三十例》第十二例，《古文字研究》第26輯，第125～128頁。

辛卯：乙伐卯①。

于丙卯。

辛卯：乙伐上甲卯。

于丙卯。　　　　　　　　　　　　　《村中南》484［歷草］

(28) 乙巳卜，賓貞：其□亦惠□⍯用。　　《合補》5893［典賓］

其中例(24)和(25)中的字形是在⍯下加口作"⍯"，由其辭例和用法看應是⍯之異體，甲骨文這種加"口"與不加"口"用法無別的字例多見，如⍯與⍯、⍯與⍯等②。

對於上述辭例中⍯之含義，學界討論較少。郭沫若先生《殷契粹編》考釋中認爲"北⍯"爲人名，未有過多解釋；趙誠先生在《甲骨文簡明詞典》一文中列爲建築類，並對該字字形及相關辭例有所解釋，我們將其論述略引如下：

⍯，从⍯从｜，仍以⍯爲聲。或寫作⍯，多一口。……⍯从⍯聲。⍯即後代之五。作爲一種建築物，是安放神主並作用祭祀的地方，可能是後代从广無聲的廡。無與五音近可通。卜辭中有"北⍯"③（粹二一一），或作"北⍯"（粹二二二），顧名思義，當是北面之⍯。可見很可能還有"東⍯"、"南⍯"、"西⍯"。另有"新⍯"（佚二一一），按"新宗"之例，很可能另有"舊⍯"。以上是按方位和新舊所作的區分。此外，卜辭還有專門供奉某一先父神主的⍯，如"父丁⍯"（後上五·九）。很顯然，商代的⍯，數量不會太少。廡，《說文》云："堂下周屋。"即堂下四周之屋。不知與商代⍯之構形是否相同。④

---

① 從行款看，卯前留有空位，疑有漏刻。

② 李旼姈：《甲骨文字構形研究》，臺灣政治大學博士學位論文，指導教師：蔡哲茂，2005年，第74～76頁。

③ 按：原文有二字摹寫字形，爲排版方便，故省去，下文"東⍯""南⍯"等同此。

④ 趙誠：《甲骨文簡明詞典——卜辭分類讀本》，北京：中華書局，1988年，第213頁。

《甲骨文字詁林》"䇂"字條下的按語即采納了趙先生的這一意見,並指出"䇂"當由"㕦"所孳乳,音讀亦同,但不能謂二者同字。①

不過,齊文心先生並不認同上述解釋,她在《慶陽玉戈銘"作册吾"淺釋》一文對甲骨文中涉及該字的相關卜辭也都有説解,②大致觀點撮述如下:齊先生據西周金文《沈它簋》中的"㕦"認爲甲骨文中的"㕦"、"䇂"當釋作"吾",在甲骨文中用作國族名,卜辭中的"北吾"即指吾國族,像"北羌"指羌方一樣。"北"是大致的方向,表示是"西北"的"吾"族。"唯北吾用"就是殺北吾族人來祭祀。而"父丁吾用"是對父丁以"吾"國族之人牲獻祭。"新吾"的含義有兩種可能,或指新近得到的"吾"國族人牲,或指來自"吾"國之徙地的人牲。齊文中將《合集》1117和《合集》19986中的"㚸"解釋爲來自"吾"國族的女牲。而例(20)中的"弜引若亞䇂一牢"一辭,齊先生認爲"弜引"和"若亞(此字齊文從于省吾先生意見讀爲退)"是一對反義詞,含義是"不要進,宜于退"或是"不要增,宜于減"。"吾"和"牢"都是準備用祭的犧牲。整條卜辭意思是"貞問不要增加,宜于減少,用一個吾和一牢牛(向祖先神祇獻祭),是否順利"。

對於上述兩位學者的意見,我們認爲都可商榷。這需從例(20)一辭中"䇂"的用法談起。上引齊文心文將辭中的"若亞"與"弜引"視爲意義相反,實不可信。該條卜辭中的"若亞"與無名組卜辭中常見的習語"若酉"乃是一辭,後者見於下列卜辭:

(29) 新大乙舌。

若酉祖乙舌,王受又。

《合集》27111(同文《合集》27110③)[無名]

(30) 其若酉祜祖乙,又正。　　　　　《合集》27200[無名]

---

① 參于省吾:《甲骨文字詁林》第4册,第3268頁。
② 齊文心:《慶陽玉戈銘"作册吾"淺釋》,《出土文獻研究》第3輯,北京:中華書局,1998年,第32~37頁。
③ 關於該版的真僞問題,參胡輝平《國家圖書館藏甲骨整理札記》,《文獻》2005年第4期,第28~40頁。

(31) 丁酉卜,今日丁万其學。吉。
　　　于來丁乃學。
　　　于又㚔學。
　　　若酉學。　　　　　　　　　　　　　《屯南》662[無名]

(32) 登㲋二卣,王受又。
　　　三卣,王受又。
　　　登新㲋,若酉󰀁至,王受又。
　　　弜󰀁至。　　　　　　　　　　　　　《屯南》766[無名]

(33) 其舌𤉲小乙,王受又。
　　　于妣庚,王受又。
　　　舌妣庚,若酉于祼,王受又。　　　　《屯南》822[無名]

(34) 若酉于祼,受又。　　　　　　　　　《屯南》2393[無名]

(35) 若酉于母敃𢆶①,興于之,受又。　　《屯南》4066[無名]

(36) 即于宗。
　　　弜若酉帝于祖丁祼。　　　　　　　《合集》27313[無名]

(37) 若酉于祼,王受[又]。
　　　弜于祼。　　　　　　　　　　　　《天理》505[無名]

(38) 其[若]酉于[宗。]
　　　[弜]于宗,王受又。　　　　　　　《合補》9698[無名]

(39) 丁酉卜,王其又☐㲋若酉在☐。　　　《合補》10398[無名]

(40) 若酉既蚊入☐。　　　　　　　　　　《合補》13374[無名]

目前,我們對於"若酉"的準確含義還不太瞭解,但仔細觀察上述辭例,可以發現將辭中的"若酉"省去,各條卜辭辭意的完整性似乎並沒有受到多大影響。這在上引例(37)(38)有關祭祀地點的對貞占卜中體現得極爲明顯,將"若酉"省去,卜辭就是貞問"于祼/弜于祼""于宗/弜于宗"。例

---

① 劉釗:《談甲骨文中的"倒書"》,《于省吾教授百年誕辰紀念文集》,第55～59頁;又收入氏著《古文字考釋叢稿》,長沙:嶽麓書社,2005年,第60～70頁。

(20)中的"弜引若亞⨯一牢"亦如此,該辭的辭意相當於"弜引⨯一牢",辭中的"引"我們曾指出可理解爲"用"意。① "用"的對象就是"⨯一牢",但"⨯"與"一牢"並非指不同的兩個對象,"⨯"乃是處置"一牢"的方式或手段。

卜辭中的⨯用作動詞,與㐅同義;作爲名詞,從辭例來看,應是一種祭祀用品,其性質可類比《屯南》2621"惠舊瓚用。五十"中的"瓚"。② 綜合相關因素,使得我們對⨯的理解主要從下面這一角度考慮:該字很可能象某器物之形,表示一種具體的器物,且因這一器物與處置犧牲有關,故又含有處置類動作含義。循此思路,我們認爲⨯就是《周禮·地官·牛人》"凡祭祀,共其牛牲之互與其盆簝以待事"中所說的"互"。

我們之所以將⨯釋爲互,在字形上主要根據它與五之間的關係,甲骨文中的⨯雖與五用法有別,但字形關係密切,學界都認同⨯是在㐅(五)上多一豎筆,"五"可表聲。而關於"五"的字形含義,丁山先生在《數名古誼》曾有過非常精彩的論述:

> 五之本義爲當"收繩器",引申之則曰"交午"。《儀禮·大射禮》"若丹若墨,度尺而午",鄭注:"一縱一橫曰午,謂畫物也"。《史記·項羽本紀》"楚蠭起之將",《集解》引如淳云"衆蠭飛起,交橫若午",《索隱》亦曰,"凡物交橫曰午"。按午古或作丨(松按:字形出處略,下同)或作⫯或作𠂇或作𠂆,皆象"斷木爲杵,所以搗鬱也"之杵,不見一縱一橫相交之意;象縱橫相交者惟古文五字;然則《子華子》曰:"五居中宫,數之所由生,一縱一橫,數之所由成",周禮故書云"壺涿氏若欲殺其神,則以牡橭五貫象齒而沈之",皆五之舊義矣。交橫謂之五,交合亦謂之互。《周禮》"鱉人

---

① 參拙作:《談甲骨文中"姘"字的含義》,《古文字研究》第 31 輯,第 46~53 頁。
② 參拙作:《釋殷墟花園莊東地甲骨中的瓚、祼及相關諸字》,《中原文物》2007 年第 1 期,第 83~87 頁。

以參互考日成",釋文引干寶注,"互,對也";《漢書·劉向傳》"宗族磐互"注,"互或作牙,謂若犬牙相交入之意也",又《谷永傳》"百官盤互"注,"盤結而交互也";慧琳《一切經音義》亦三引考聲《切韻》曰:"互,交互也",是五互古義通也。五,古韻隸魚模部,互亦隸魚模韻;若以聲紐言:五屬喉音疑紐,互屬牙音匣紐,古音牙喉常相互轉,——亘聲爲桓,我聲爲義,午聲爲許,則午聲亦可爲互;是五互古音全同也。《説文》以互爲笠省云:"象形,中象人手所推握也",段氏謂"彐象人手推之持之",愚則謂象糾繚形(彐象糾繚,參下九字義),《文選·鵬鳥賦》"何異糾纏"注引《字林》"糾,兩合繩",《長笛賦》注亦引張晏《漢書》注曰:"二股謂之糾";然則互之从彐,蓋取兩繩相交意。兩繩相交謂之互,縱横相交謂之五;其所以相別者而意終無別,然則謂五互形近音同義通,毋寧謂"X 古文互"之爲近矣。互《説文》云,"可以收繩",故並繩與器而象之;X 則象器之尚未收繩也,故見其交横之輻;《周禮》"牛人,凡祭祀共其牛牲之互",鄭大司農曰,"互謂楅衡之屬",正X 之形謂。蓋自借 X 爲 ≡ 收繩之義失而別造互字,自借 ↑ 爲交交横之義失而有"五行"之説;此古誼失傳後儒皆不得其解者三也。①

概述丁先生之意見,可歸納爲以下幾點:1. 午表交午之意乃是借字,本字爲五。五因其作交錯之形,故有交午之意。2. 五與互音義皆相關,都表受繩之器,"五"象尚未受繩之形,故可見交横之輻;"互"是並繩與器而象之,中間的彐爲繩索糾纏形。3. 五因借爲表數字,故另造新字互來表其本義。

不過,對於數字"五"之來源,于省吾先生有不同看法。于先生認爲"五"之最初形體作×,"凡若干紀數,均可以積畫爲之,惟積至四畫,已覺其

---

① 丁山:《數名古誼》,《中央研究院歷史語言研究所集刊》第1本第1分,1928年,第91～92頁。

繁,勢不得不變繁爲簡,於是五字以×爲之。"① 程邦雄先生在《釋"五"》一文中則贊成丁山意見,認爲"五"之構形乃爲繞綫框之形,並舉出江西貴溪崖墓所出春秋戰國時的紡織工具正有作"✕"之形(參圖二.1)。② 我們認爲丁山與于省吾兩位先生的觀點並不矛盾,"五"作爲數字,其來源正如于先生所説用相交的兩筆畫來表示,屬於記號字。這一字形因是筆畫相交,故也可表交午之意,這一含義典籍多假"午"表之。後在×上增加兩橫筆形成了✕(這種繁化或有避免與其他字形符號相混淆之作用);而作爲收繩之互,其形狀亦作此形,故將✕看作表收繩之器也並無問題(參圖二.2、3)。換言之,表數字的"五"當由"×"繁化爲"✕"時,正好與表收繩之器的"✕"同形,此時"✕"這一符號便有一形多用之特徵,既可以表示數字五(字符義與字義無關,屬於記號字),也可以表示收繩之器互(字符義與字義有關,屬於象形字)。當然,若認爲表數字的"五(✕)"並非由"×"繁化而成,其就是假借表收繩之器的"互(✕)"字來表示,這樣理解也未嘗不可,若此,則寫作✕的"五"屬於假借字。

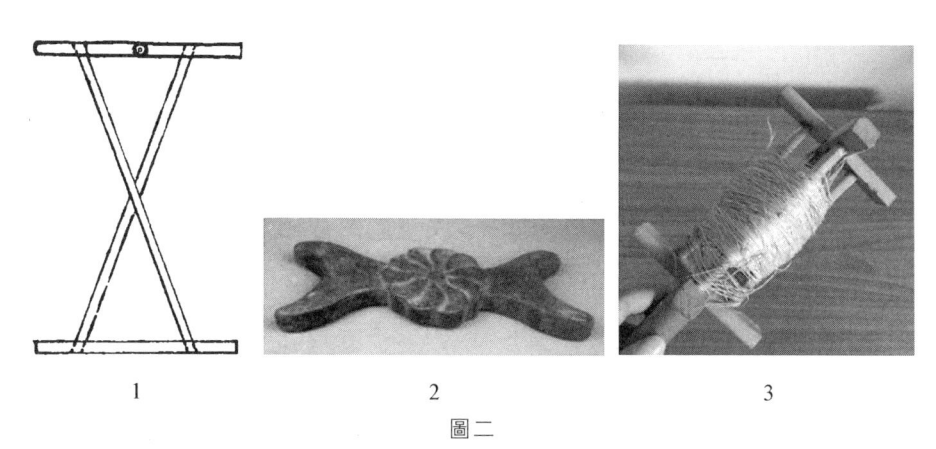

图二
1. 江西貴溪崖墓出土繞綫框(采自《江西貴溪崖墓發掘簡報》,《文物》1980 年第 11 期,第 16 頁)
2、3. 收繩器(采自網絡圖片)

---

① 于省吾:《雙劍誃殷契駢枝三編》三十一頁下"釋一至十之紀數字",1944 年,引自宋鎮豪、段志洪主編:《甲骨文獻集成》第 8 册,成都:四川大學出版社,2001 年,第 258～277 頁。
② 程邦雄:《釋"五"》,《語言研究》2000 年第 4 期,第 112～116 頁。

從詞源角度來説,"五""互"實屬同源,這裏之所以説"詞源"而非"字源",是因爲"互"這一字形並不是由"五"字分化而來。"互"字產生較晚,出土文字材料中未見,《説文》小篆中作爲"𦣝"的或體寫作互。學界或認爲"互"這一字形來源於"牙",①這很可能是正確的。古代字書中从"互"之字常常寫作"牙",牙、互形音義皆相近,馬王堆帛書中的"牙"作牙、彑,②漢代璽印作彑、彑,③與"互"字寫法極爲相似。雖然來源於"牙"的"互"這一字形產生較晚,但作爲詞的{互}④則很早就有了。其早期寫作 X,可看作表"收繩器"之意的"五"字異體,這一字形在西周金文中還可見到,但後來與"五"字合流了,清華簡《芮良夫毖》"互相"(簡 20)之"互"即寫作"五"。也就是説,在"互"這一字形產生之前,{互}這個詞主要是用"五"來表示的,秦以後才從"牙"字中分化出"互"這一字形來記錄{互}這個詞。上引丁山文中對"互"與"五"之間的關係已有説明。此外,從字書中"互"所表示的相關含義,也能看出其與五有關。比如"互"有"交""對"義,有甲介者之物如龜鱉蚌蛤之屬可稱之爲互,這些含義都與五的字形有關:X 中間筆畫相交,故有交互之義;上下相對,故有對義;龜鱉蚌蛤因其上下殼相交,故可稱互。《周禮·秋官·脩閭氏》"掌比國中宿互樓者",孫詒讓《正義》引惠士奇云:"謂之互者,《説文·辵部》:'柧,柧互不得行也。'木如蒺藜,上下相距,形如犬牙,左右相制,所以禁行人。"按照這一描述,此種禁止行人通行的路障大致如 XX 或 XXX,象是多個五相連之形,該形制的路障現在依然使用(參圖三)。

---

① "互"字來源於"牙"之説,最早似爲王國維所提,見劉盼遂所記《説文練習筆記》,文中引王國維説:"説文無互字,竹部有从互之𦣝。實則互即牙字之變。六朝唐寫本牙互作牙。"載清華學校研究院編《國學論叢》第二卷第二號(上海:商務印刷所,1930 年,第 301 頁)。季旭昇《説文新證》"牙"字下亦提及與、互兩字由牙分化而成(臺北:藝文印書館,2014 年,第 139 頁)。
② 陳松長編著:《馬王堆簡帛文字編》,北京:文物出版社,2001 年,第 80 頁。
③ 羅福頤編:《漢印文字徵》,北京:文物出版社,1978 年,第 19 頁。
④ 用{ }來標明語言中詞的方式,參自裘錫圭《文字學概要(修訂本)》(北京:商務印書館,2013 年)凡例。

第一章　祭祀類記事刻辭研究　63

1　　　　　　　　　2
圖三　路障
（采自網絡）

　　那作爲擺放牲體的"互"究竟是何種器物呢？《十三經注疏·周禮注疏》中"凡祭祀，共其牛牲之互與其盆簝以待事"這段話注疏如下：

　　　　鄭司農云："互謂楅衡之屬。盆簝皆器名，盆所以盛血，簝受肉籠也。"玄謂互若今屠家懸肉格。賈公彥疏：先鄭上文楅衡共爲一物，後鄭已不從。今以互與楅衡共一，彌不可。玄謂"互若今屠家懸肉格"，其義可知。但祭祀殺訖，即有薦熓薦孰，何得更以肉懸于互乎？然當是始殺解體未薦之時且懸于互，待解訖乃薦之，故得有互以懸肉也。故《詩》云"或剝或亨，或肆或將"。注云："肆，陳也。"謂陳于互者也。①

　　孫詒讓《周禮正義》對"玄謂互若今屠家懸肉格"這句話作了如下疏解：

　　　　《文選·張衡〈西京賦〉》云："置互擺牲。"薛琮注云："互所以掛肉。"《一切經音義》引《倉頡篇》云："格，橢架也。"《詩·小雅·楚茨》孔疏引此注，格作"架"，蓋以義改之。又《爾雅·釋宮》云："樴謂之杙，長者謂之閣。"格與閣聲同字通。懸肉格即掛肉長杙

----
① 李學勤主編：《十三經注疏（標點本）·周禮注疏》，第 326 頁。

也。《呂氏春秋・過理篇》云"肉圃爲格",即此。①

綜合先賢之意見,《周禮・牛人》中所説的"互"就是可以用來懸掛置放牲體的木架、木格之類物品。甲骨文中的 ✖ 由字形看,正象是由多根木棍交叉組合而成的木架、木格之形,其字形之所以要在五上加一豎筆,一方面是爲了在書寫上區別於五,另一方面也有實際意義。若以圖四.1之形視之,中間加一木頭可增加木格的穩定性;若以圖四.2、3之形視之,五字中間增加的這一豎筆或相當於搭在兩邊木架之間的橫木,即 ✖ 是屬於側視和俯視的結合體,猶如曾、俎、卮②等字形。由此,更能看出我們將 ✖ 釋爲互的合理性。

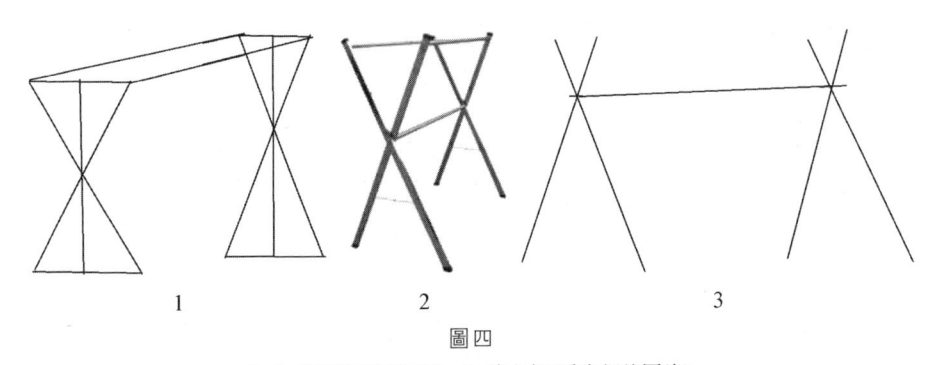

圖四
1、3. "互"形圖(自繪)　2. 晾衣架(采自網絡圖片)

這種用於懸掛牲體的"互"與文獻中的"格"皆屬一類器物。下面我們通過對《呂氏春秋・過理》篇中"糟丘酒池,肉圃爲格"之格的補充説明來幫助大家理解古代的"互"之形體。《呂氏春秋》中的這一記載可與《韓非子・喻老》篇中的"紂爲肉圃,設炮烙,登糟丘,臨酒池"對讀,而所謂"設炮格"之"烙",清代學者早已指出當爲"格"之誤,③"爲格"即"設炮格"。俞樾

---

① (清)孫詒讓撰,王文錦、陳玉霞點校:《周禮正義》第3册,北京:中華書局,1987年,第931頁。
② 陳劍:《據〈清華簡(伍)〉的"古文虞"字説毛公鼎和殷墟甲骨文的有關諸字》附文,載李宗焜主編《古文字與古代史》第5輯,臺北:中研院史語所,2017年,第286頁。
③ 陳榮軍:《傳世文獻與出土文獻研究價值考論——以清人考證"炮格"爲例》,《湖北社會科學》2012年第4期,第123~125頁。

在《諸子平議》中疑"炮格"似有二義：

> 《荀子·議兵》篇'紂剖比干,囚箕子,爲炮格刑',……此則炮格爲淫刑以逞之事,是一義也。若此文(指《韓非子·喻老》)云'紂爲肉圃,設炮格,登糟丘,臨酒池',則似爲飲食奢侈之事,别爲一義。蓋爲銅格,布火其下,欲食者於肉圃取肉,置格上炮而食之也,如此說,方與肉圃糟丘酒池一類。……《吕氏春秋·過理》篇曰'糟丘酒池,肉圃爲格',格即炮格,不言炮格而直言曰爲格,即承肉圃之下,是於肉圃中爲格也,其爲炮肉之格明矣。高注曰：格以銅爲之,布火其下,以人置上,人爛墜火而死。夫糟丘酒池肉圃皆是飲食之地,何故即於其地炮炙人乎。蓋古書說炮格者,本有二義,當各依本書說之,學者但知其有前一義,不知有後一義,古事之失傳久矣。①

俞氏根據古籍中"炮格"的不同使用場合,將"炮格"分爲二義是很合理的,但其實兩者實乃一義,所謂"炮格"就是置格於上,下加碳火,若加牲肉於格上燒烤,則可視爲飲食之法,若是置人於格上,則爲一種刑法。關於商紂王所作刑法之"炮格",上博簡《容城氏》中正好有一段内容與之有關。《容城氏》44號簡内容作"[於]是乎作爲九成之臺,寘盂炭其下,加圜木於其上,思民道之,能遂者遂,不能遂者内而死。不從命者,從而桎梏之"。對此,趙平安先生曾撰文討論過這一問題,趙先生根據簡文記述,指出商紂的"炮格"之刑就是修築高臺,在高臺上架一根圓木,下置銅盂,盂中裝有炭火,人在圓木上走,若摔下來則被燒灼而死。②趙先生文中將"格"與簡文中的"盂"對應,將"盂"看作是"格"的本字。後趙先生又撰文重申了這一觀點,並進一步指出"炮"指"圜木"。③我們贊成趙先生對"炮烙"之刑

---

① (清)俞樾：《諸子平議》,北京：中華書局,1954年,第419~420頁。
② 趙平安：《〈容成氏〉所載"炮烙之刑"考》,收入氏著《新出簡帛與古文字古文獻研究》,北京：商務印書館,2009年,第255~259頁。
③ 趙平安：《清華簡第七輯字詞補釋(五則)》,《出土文獻》第10輯,上海：中西書局,2017年,第138~143頁。

的解釋,但對"烙相對於盂,炮相當於圜木"的觀點不能認同。其實,簡文中的"圜木"才是真正對應"格"的。古代懸鐘之木架可稱爲格(參《故訓匯纂》"格"字條),簡文中的"圜木"和兩邊之高臺組合在一起正與懸鐘之木架結構相似,我們大致作了一高臺圓木示意圖(參圖五.1),架在高臺之間的"圜木"也正如懸掛鐘磬的橫木(參圖五.2)。山東沂南出土的漢代畫像石上有所謂的"履索"表演,即在兩柱之間繫一繩索,人在上面行走或倒立,下豎立有刀劍,其驚險程度似於"炮格"(參圖五.3)。

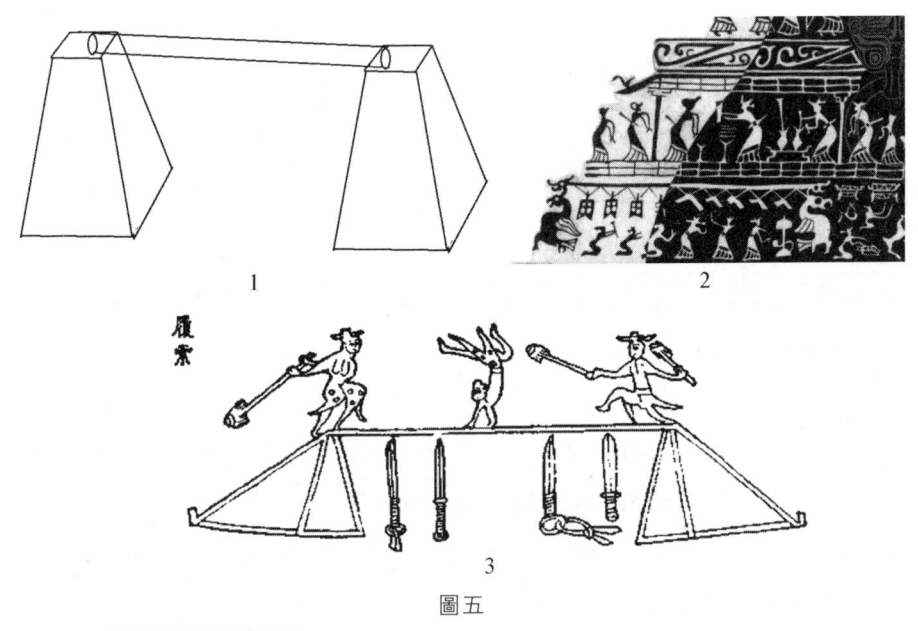

圖五

1. 高臺圓木示意圖(自繪)
2. 燕樂漁獵攻戰圖壺紋飾局部(采自故宮博物院編《故宮青銅器》圖版 281,紫禁城出版社,1999 年,第 283 頁)
3. 畫像石"履索"表演(采自孫機《漢代物質文化資料圖説》,北京:文物出版社,1991 年)

格,《説文》解釋爲"木長皃",《爾雅·釋宮》"樴謂之杙,長者謂之閣",可知單獨的一根長木也可稱之爲格。鄭衆將《周禮·牛人》中的"互"注爲楅衡之屬,其實指的也是一根橫木,不過他是將其理解爲捆縛於牛角上的橫木而已。互爲匣母魚部字,格爲見母鐸部字,聲母相近,韻母陰入對轉,兩者音義皆通。這類可用於置放物品的木架之形可稱之爲互,也可稱之爲格。宋代毛晃《增修互注禮部韻略》云"凡書架食架肉架皆曰格"。明代朱謀瑋《駢雅·釋訓》"迦、互、沮,格也",其中沮應通俎;王念孫《廣雅疏證》卷八釋器"篚謂之枷"下又云"格、枷、竿,一聲之轉",可知這類可懸掛或置放物品的架、格、竿、互音義皆近。我們找了一些畫像石或壁畫中用於懸掛肉的互、格、竿類之物,供讀者參考(參圖六)。

甲骨文中的"𘓐"作爲名詞時,表示置放祭牲的架子。下面我們先對上引甲骨文中用於名詞性的"互"的幾條卜辭作一疏解:其中《屯南》1104和《合集》32331中的"御自上甲……惠父丁互用",意思是因在對自上甲以下的一些先王進行御祭時要使用祭牲,而這些祭牲如何放置呢？這就要使用父丁的互。那爲何要用"父丁互"呢,這是因爲"御自上甲"多在父丁宗舉行。請看下列卜辭:

(41) 丁未貞:其大御王自上甲,盍用白豕九,下示汎牛。在父丁宗卜。
　　丁未貞:惠今日酒御,在父丁宗卜。
　　　　《合集》32330(同文《屯南》2707、《合集》34103)[歷二]

1

2

3

圖六

1. 采自中國農業博物館編《漢代農業畫像磚石》,北京:中國農業出版社,1996年,第123頁
2. 采自林巳奈夫《漢代の飲食》,京都:京都大學人文科學研究所編《東方學報》第48冊,1975年
3. 采自徐州漢畫像石藝術館網頁(http: //hhxs.xz.gov.cn/hhxs/)

由此可知,所謂"父丁互"是指存放於父丁宗裏用於祭祀父丁時所使用的互,《合集》32331中的"七十"一詞説明一次使用的互數量較多,卜辭中的"北互"一辭又告訴我們數量衆多的互在宗廟裏擺放是有方位的。《合集》34122中的"惠北互用"就是將用於祭祀"二十示""下示"及"四戈"的牛、羊、象放置於北面的互上,該辭中的"以四戈象"舊多誤解爲"帶來四戈的象",其實"四戈"爲祭祀對象,《合集》8396有"禱于四戈",《合集》34120中的"四戈"與"四巫(或讀爲四方)"並稱,都是祭祀對象;①"以四戈象"的

---

① 辭中的"四戈",陳夢家先生在《殷虛卜辭綜述》第321頁疑是四或(四域)四國,裘錫圭先生在《評〈殷虛卜辭綜述〉》一文中指出戈屬歌部,國屬職部,無由相通。但若《合集》34120中的"四巫"確如一些學者釋讀爲"四方","四戈"與"四方"相對,"四戈"相當於"四域"的可能性還是存在的,"四域"指土地神,"四方"是四方神。

"以"表示延及之意。① 至於《合集》34123 中的"惠新互用",結合上下文看,應該也是用於置放"伐"之類的祭牲。《合集》32256"互"前一字作[字],或是《合集》31191 中[字]的繁化,後者多釋爲此,若將《合集》32256 中的"互"讀爲"此互",語義也可通。《村中南》484 中的"尸互"或可理解爲來自尸(夷)方的"互",結構等同於卜辭中的"尸牛"(《合集》32374、33709、34401 等),即從夷方俘獲而來的"互";不過,由於卜辭中的"尸"可理解爲來自夷方的人牲,如《屯南》4360 中"升尸"、《合集》32891 中的"酒尸"、《合集》32912 中的"延尸"等辭,②此處的"尸互"或指互上擺放的是來自夷方的人牲。

甲骨文中[字]作爲動詞時與[字]表同一詞。至於從西的[字],其本義爲何,目前我們還没有很好的意見,很可能記録的是語言中另一個詞,因其從互,故與互用法相通(類似於甲骨文中气與氤的關係)。而互之所以會有割解之意,我們認爲與其構形仍是密不可分的:互字字形構造上作幾條交叉之狀,含有將某一區域分隔爲幾部分之義,由此正可引申出分解、分割之含義。此外,從語音角度來看,互與表示肢解牲體的辜、磔等詞在音理上都有相通之可能。"辜"从古聲,而古籍中互可通"觚"(《古字通假會典》860 頁),"觚"亦从古聲,因此,[字]讀爲"辜"在音理上是没有問題的;"磔"爲端母鐸部字,甲骨文中的"毛"學界多讀爲"磔",而"各"與"託"可通假(《古字通假會典》880 頁)。此外,從箍、榹與枑同義,枑與互同義這些來看,"互"與"施"也有意義相通之可能,而"施"也有肢解之意。③ 另外,從"互"的功能角度或也可解釋其爲何可引申出割解之意,《文選·張衡〈西京賦〉》中的"置互擺牲"一語,李善引薛琮注"互,所以掛肉,擺,謂破磔懸之",可見,互上擺放的是肢解後的牲體,由此功用或可引申出割解之動

---

① 王子楊:《談甲骨文"以"的一種用法》,《出土文獻》第 10 輯,第 25~34 頁。
② 沈培:《關於古文字材料中所見古人祭祀用尸的考察》,《古文字與古代史》第 3 輯,臺北:中研院歷史語言研究所,2012 年,第 1~53 頁。
③ 參于省吾:《甲骨文字釋林·釋改》,第 161~167 頁。

作。這一表意方式可與"宜"類比,"互"與"宜"中含有的"且(俎)"都同爲置放牲體之器,"宜"之字形是將切割後的肉置放於俎上,在甲骨文中也常作動詞後接祭牲,表示對祭牲的一種處理方式,且例(17)中的"𢦏丁"可能也類似於花東卜辭中常見的"宜丁"。

總之,我們認爲甲骨文中的 ✕ 表示的是數字五,在五字形基礎上加一豎筆的 ✕ 當釋爲互,作爲名詞可指置放祭牲的格架,作爲動詞與从 ✕ 的 𢦏 可表示割解牲體之意。前面李學勤先生提及的四祀邲其卣中的"鬳"與甲骨文中的"𢦏"確有可能是一詞,相關部分銘文的意思是乙巳那天王祭祀帝乙所使用的宜肉,到了第二天丙午再進一步割解爲小塊(可能表示分胙之意),第三天丁未進行烹煮。此外,下列卜辭中的 𢦏、𢦏,其含義應與鬳、𢦏看作是同一詞。

(42) 戊寅卜,旅貞:王賓父丁𢦏,在正月。   《拼續》389[出二]
(43) 丙子卜,貞:王賓𢦏,亡咎。   《合集》25788[出二]
(44) 庚申卜,貞:王賓𢦏,亡咎。   《合集》38718[黃組]

對於《合集》1117 和《合集》19986 中的"姬",[①]可隸定作姬,前者內容作"辛丑□勿唯□姬用□",後者作"戊申卜:御子圭于帚鼠姬,六月"。從辭意看,姬確應理解爲一種女性祭牲,字形从"互"有兩種理解:一是理解爲單純的聲符,"姬"是表示某類特殊祭牲的專名;另一種認爲其有表意作用,表示的是割解的女性祭牲。

關於金文中的"✕"及相關諸字,謝明文先生曾有所討論,可參看。[②] 不過,對於《集成》5828 中的"商作父丁𢦏尊"中的𢦏,謝先生文中將其看作私名。我們認爲根據這類銘文的文例,位於"尊"前的要麽是類似於"寶"之類表修飾贊美的詞,要麽是屬於"旅"之類交代用途的詞,此處似可依陳夢家先生意見讀爲"胡",含義和謝先生所討論的它簋銘文中的

————————
① 《合集》11015、20706 中的 𢦏 从女从 ✕,✕ 在《合集》28324 中表示五,也可看作是互字的一種異體,不過 𢦏 從辭例看,應爲地名,與 𢦏 似用法有別。
② 謝明文:《商代金文的整理與研究》,第 152~154 頁。

""一樣,都訓爲大義。

最後,我們對本節開頭所列記事刻辭的含義及性質做一説明。"子某揚牡三牝三"這類刻辭的意思是貴族將經過處理的祭牲進獻於商王,這一行爲正與文獻中的"致福""歸胙"性質相當。《周禮·天官·膳夫》"凡祭祀之致福者,受而膳之",鄭玄注:"致福,謂諸臣祭祀,進其餘肉,歸胙與王。"《周禮·夏官·祭僕》"凡祭祀致福者,展而受之",鄭玄注:"臣有祭祀,必致祭肉于君,所謂歸胙也。展謂録視其牲體數。體數者,大牢則以牛左肩臂臑折九個,少牢則以羊左肩七個,特牲則以豕左肩五個。"《左傳·僖公四年》所記載的晉獻公太子申生歸胙於公之事更爲大家所熟知。若上述推測可信,則刻辭中的"牡三牝三"相當於進獻的胙肉,即上引鄭玄注中所提及的太牢、少牢之屬。

第四節 本章餘論

除了上面討論的幾類祭祀性記事刻辭外,甲骨文中還有一些内容上屬於祭祀性的記事文字,如下列這些是和"宜"祭有關的:

(1) □自上甲宜。　　　　　　　　　　《合集》1199[師賓]
(2) □大甲白牝□。　　　　　　　　　《合集》7399 反[典賓]
(3) □伐(?)不三人于中,宜宰。　　　《合集》1064[典賓]
(4) 己卯宜牝,在庐。　　　　　　　　《合集》7814 反[賓一]
(5) □□婦[子廣]入[宜]羌□人□宰□。　《合集》1075[典賓]
(6) 己卯婦子廣入宜羌十。　　　　　　《合集》10405 正[典賓]
(7) □聞矣尊宜十牛,十二月,在□。　　《合集》15856[典賓]

這幾條屬於李學勤先生《論賓組胛骨的幾種記事刻辭》一文所分的第四類,刻寫位置除例(5)(6)外,其他都是刻寫於肩胛骨反面靠近臼角一側。前兩條記載的是"宜"祭祖先,例(3)辭意不清,其中的"不"或當理解爲族地名,例(4)是説在庐這一地點舉行宜祭,用了一頭牝。例(5)與(6)兩版刻寫的位置是在胛骨正面骨扇下部,例(5)內容爲蔣玉斌先生所擬補,① 兩例記錄的很可能是同一件事,説己卯這天"媚子廣"這個人貢納了宜祭所用的羌十人及宰若干。例(7)内容也應與進獻有關,是説"聞矣"這個人進獻上宜的十牛,並交代了時間和地點。後面這三條内容和我們上面討論的"子某𢦓"類的刻辭内容相近。

另外,甲骨文中還有幾條和周祭有關的記事刻辭:

(8) 乙亥肜大乙。　　　　　　　　《合集》1262[師賓]

(9) 乙亥肜大[乙]。　　　　　　　《合集》1263[師賓]

(10) 祖辛翌日。　　　　　　　　　《合集》1770[師賓]

(11) 祖乙劦。　　　　　　　　　　《合集》10410 反[師賓]

(12) 祖乙翌日。　　　　　　　　　《合集》12333 反[師賓]

以上這些爲李學勤先生文中所分的第三類,李先生指出:"翌、肜、劦是周祭的三大祭名,在賓組記事刻辭中都出現了。雖然例子不多,制度和周祭是符合的。前人已指出,周祭在賓組卜辭中也有一些迹象。從這些記事刻辭看,當時確應有成熟到一定程度的這種祭祀存在,可能也只是由於未經常問卜,因而不能充分顯示出來。"

對於本章所討論的所有祭祀性記事刻辭與其所刻寫之卜骨關係,李學勤先生在《論賓組胛骨的幾種記事刻辭》中有過非常精彩的論述:

> 這類刻辭都只見於胛骨,不見於龜甲,刻辭所表達的應專與胛骨有關。這類刻辭凡提到牲名的,只有牛(包括牡、牝)和宰,"宰"與"牢"的分别還無定論,"宰"字在西周即已消失,在甲骨文中,按照散文則通原則,也是與"牢"通用的。《周禮·宰夫》《大行人》注均言三牲牛、羊、豕具爲一牢。其中仍包含有牛。刻辭

---

① 參劉源:《談一則卜辭"刮削重刻例"及一組歷賓同文卜辭》,《南方文物》2015年第3期,第109～112頁。

不記牲名的,如歲祭、周祭,當時陳牲自有定例,比如出組卜辭的歲祭,所記牲數限於一、二、三、五牛或宰,也不離開牛。因此,這些記事刻辭的胛骨就是辭中所用牛的骨骼。這些刻辭,仍是説明卜骨來源的記載。①

李先生認爲刻辭所在的胛骨就是辭中提到的牡、牝之骨骼,這一推論極具合理性。這點除了在"宜于義京"和"子某俎㞢"兩類刻辭内容中體現的極爲明顯外,"㞢升歲"類刻辭也是很好的證據,這類刻辭雖然大多後面並無具體牲名,但在這類刻辭中極少有"㞢升伐"的内容,而在占卜性的刻辭中"㞢升歲"和"㞢升伐"都是較爲常見的,之所以不見"㞢升伐",就是因爲"伐"指向的是人牲,與這類刻辭所在的肩胛骨材質不符。當然,也不排除裏面會有部分刻辭所記内容與胛骨來源無關,純粹屬於記事,如周祭類刻辭。需説明的是雖然此類刻辭與五種記事刻辭都與卜骨來源有關,但五種記事刻辭在内容上屬於記錄占卜材料來源,與龜骨納藏有關;而這類刻辭内容上與祭祀活動有關,並非屬於貢納記録。

---

① 李學勤:《論賓組胛骨的幾種記事刻辭》,第 165~166 頁。

第二章 銘功旌紀類記事刻辭研究

銘功,是指在金石上刻寫文辭,記録功績。《左傳·襄公十九年》記載:

> 季武子以所得於齊之兵作林鐘而銘魯功焉。臧武仲謂季孫曰:"非禮也。夫銘,天子令德,諸侯言時計功,大夫稱伐。今稱伐,則下等也;計功,則借人也;言時,則妨民多矣,何以爲銘?且夫大伐小,取其所得,以作彝器,銘其功烈,以示子孫,昭明德而懲無禮也。今將借人之力以救其死,若之何銘之?小國幸於大國,而昭所獲焉以怒之,亡之道也。"[1]

由此可知,古代有將戰爭中所俘獲之戰利品製作成青銅器,上刻銘辭,以記功績之習俗。旌紀,本指古代喪葬中標誌死者官職和姓名的旗幡,即《魏書》所記"今銘旌紀柩,設重憑神,祭必有屍,神必有廟"。本章所討論之内容雖與金石器物和喪葬無關,但因其刻辭多是刻寫在戰爭或田獵中所擒獲之戰利品上,明顯帶有銘功之特徵。小臣墙刻辭内容學界多認爲相當於古代之獻俘禮,亦與彰顯戰功密切相關。人頭骨刻辭上所刻寫的方伯之名也大致相當於死者之官職及姓名,或可與"銘旌"相比附,只是其性質與喪葬無關,而是將之用於祭祀祖先,以宣揚戰功。獸頭骨刻辭所記載的多是商王將在戰爭歸途之田獵活動中所捕獲之珍奇異獸進獻於

---

[1] 楊伯峻編著:《春秋左傳注(修訂本)》,北京:中華書局,1990年,第1047頁。

祖先,也帶有告廟慶功之特徵。骨柶類刻辭則與金文中的賞賜類内容相仿,都是作器者因得到王之賞賜倍感榮耀,故製作器物以做紀念。正鑒於此,我們將這些刻辭都歸入"銘功旌紀"一類來進行討論。

第一節　小臣墻刻辭研究[①]

著名的小臣墻骨版最初由于省吾先生收藏,後轉讓給清華大學,現藏中國國家博物館,館藏編號 Y0699。該刻辭最早著録於胡厚宣先生 1946 年出版的《戰後平津新獲甲骨集》中的《雙劍誃所藏甲骨文字》212 號,又見於 1955 年出版的《甲骨續存》下 915、916 號,兩書中皆爲摹本,拓片和照片則見於 1956 年出版的陳夢家先生《殷虛卜辭綜述》圖版拾陸;《甲骨文合集》中收録有拓片,編爲 36481 號。胡厚宣先生《中國奴隸社會的人殉和人祭》一文中所附的拓片較爲清晰(見圖七)。2007 年出版的《中國國家

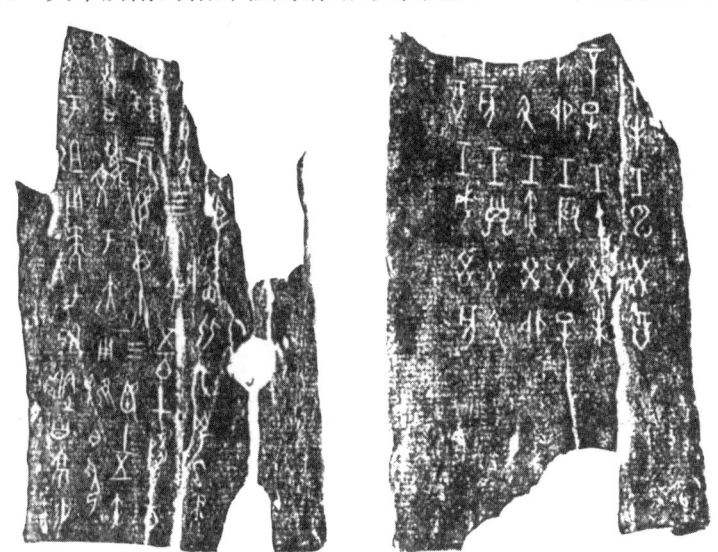

圖七　小臣墻骨版拓片
(采自胡厚宣《中國奴隸社會的人殉和人祭》文後所附,《文物》1974 年第 8 期)

---

① 本章節相關内容曾以《小臣墻骨版刻辭殘缺文字擬補》爲題發表於《故宮博物院院刊》2019 年第 2 期,第 40～48 頁。發表時略有調整刪減。

博物館藏文物研究叢書·甲骨卷》收錄有較清楚的彩色照片（見書前彩圖）。最近，朱鳳瀚先生又提供了更爲清晰的照片，並作了摹本（圖八），①這爲我們的進一步研究創造了十分良好的條件，是特別值得感謝的。

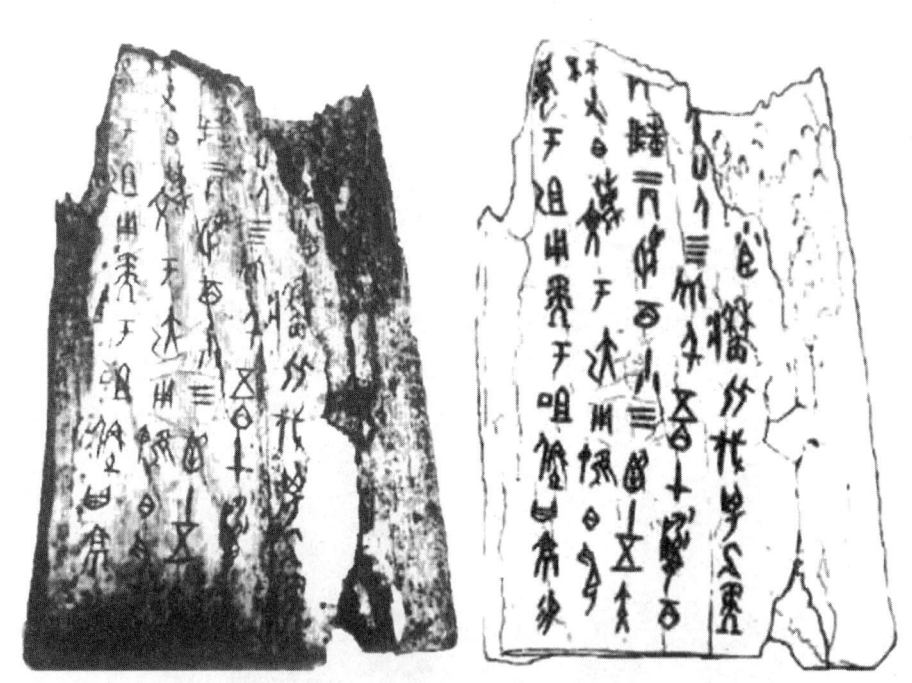

圖八　小臣墻骨版照片及摹本
（采自朱鳳瀚《重讀小臣墻骨版刻辭》）

有關該骨版的情況，李學勤先生在《小臣墻骨牘的幾點思考》一文中有較詳細介紹，我們摘引如下：

　　骨牘呈長方形，殘長 6.9 cm，寬 3.9 cm，是從牛肩胛骨扇部一側切割下來的骨版。字多的一面爲正面，左邊和下邊都是割成的，右邊則爲胛骨原邊，在邊緣反面做過刮治。猜想是自一版

---

① 朱鳳瀚：《重讀小臣牆骨版刻辭》，《古文字研究》第 31 輯，第 4～10 頁。下引朱先生觀點皆出自此文。

左胛骨即白角在左方的胛骨右側靠下處取得的。根據反面干支表的字段長度,預估骨版原長在 17 cm 左右,與商代一尺的長度差不多,應是模仿那時已經存在的木牘而製作,故稱之爲骨牘。並由此推知,當時人們已能撰作相當長篇的文字,如《尚書》的《商書》、《詩經》的《商頌》,都可能有其本源。①

該骨版反面爲干支表,正面是一篇記事文字,②內容如下:

(1) ☐小臣墙比伐,禽危髳③☐廿人四,馘④千五百七十,鹵百☐[馬☐]丙,車二丙,櫓百八十三,函五十,矢☐又白麑于大乙,用🦎白印☐于祖乙,用髳于祖丁,偅甘京,易☐。

《合集》36481[黄組]

下面我們重點從相關文字釋讀和殘缺文字擬補兩方面對骨版正面刻辭內容做一梳理。

一、相關文字釋讀

刻辭中的鹵,舊多誤摹誤識,經朱鳳瀚先生目驗原骨並結合清晰照片,才真正弄清楚該字的結構。朱先生認爲此字上部爲"陶",下部爲"妥",可隸定爲"鹵",並指出其與下列卜辭中的"陶女"指稱的是同

---

① 李學勤:《小臣墙骨牘的幾點思考》,《甲骨學 110 年:回顧與展望》,北京:中國社會科學出版社,2009 年,第 37~40 頁;收入《三代文明研究》,北京:商務印書館,2011 年,第 49~53 頁。下文無特殊説明,所引李先生觀點皆出自此文,不再一一加注。
② 關於該骨版的正反面,筆者在與李愛輝、趙鵬、蔣玉斌、劉影等學者討論時,大家多認爲干支刻辭一面爲正面,小臣牆刻辭爲反面。由於我們未見到實物,對正反面的判定不是很有把握,此處暫按照過去學界的意見將字數多的一面認爲是正面。
③ 該字形,舊多隸定作"美",此從李學勤先生釋爲"髳",參李學勤:《〈古韻通曉〉簡評》,《中國社會科學》1991 年第 3 期;收入《擁篲集》,西安:三秦出版社,2000 年,第 203~206 頁。辭中的"髳",由"危白髳(《合集》28091)、"危方髳(《合集》28088)"等辭可知,"髳"是"危"方首領之私名,同時也可代表其所在部族。
④ 林澐:《新版〈金文編〉正文部分釋字商榷》,中國古文字研究會第八屆年會論文,1990 年。

一種女子，只是"嬶"用了合文形式，"女"上加"又"，示意其被俘獲之身份。

  (2) 五十陶[女]。   《屯南》2154[無名]
  (3) 惠奴。
    惠陶女。
    惠毀羌。   《屯南》2259[無名]

  朱先生的這些意見應該是可信的，不過，"陶女"是否一定要理解爲"陶"族的女子，似還可再討論。小臣墻刻辭中"嬶"緊接於"馘"之後，根據金文及文獻中常見的"折首執訊"的表達順序，"嬶"應屬於"執訊"類，①這從其字形中含有"妥"亦可看出。這裏的"嬶"很可能是某類俘虜的專稱，類似於賓組卜辭常用爲人牲的"反"。甲骨文中的陶從勹（伏之初文）得聲，②伏、反上古音皆並母職部字，故此處的嬶或可直接讀爲反，可看作是表示女性反的專字。若將"嬶"看作合文形式，則相當於"反女"之意，"反女"與卜辭中的"反🈂"結構相類。

  關於🈂，胡厚宣先生在《甲骨續存》的序中指出"該字不識，當爲盾牌之屬"；③姚孝遂先生認爲"象虎士執盾形"，徑釋爲"盾"；④裘錫圭先生認爲字從盾之側面形，從虎聲，即"櫓"之初文，《説文》訓"櫓"爲"大盾也"。⑤李學勤先生隸定爲"虥"，讀爲《説文》訓爲"木弓也"的"弧"；李圃先生《甲骨文選注》中釋爲"弩"，⑥王進鋒先生同意此説，並舉璽印文字🈂爲

---

① 林澐即曾將該字直接釋爲"訊"，見《新版〈金文編〉正文部分釋字商榷》一文。
② 本文此處所説的"陶"，現鄔可晶先生將其改釋爲"覆"，參《説古文字裏舊釋"陶"之字》，《文史》2018年第3期，第5～20頁。
③ 胡厚宣：《甲骨續存》序，上海：羣聯出版社，1955年，第6頁。
④ 于省吾主編：《甲骨文字詁林》第1693號"盾"字下按語，第1635頁。
⑤ 裘錫圭：《説"擔函"——兼釋甲骨文"櫓"字》，收入《裘錫圭學術文集·語言文字與古文獻卷》，第418～422頁。
⑥ 李圃：《甲骨文選注》，上海：上海古籍出版社，1989年，第165頁。

證,認爲"弩"字形本从弓从虍从又,後虍訛變爲女①。我們認爲王說不能成立,戰國文字中的"弩"字形即从奴得聲,與虍無關。況且商代是否有"弩"也還有待考證;即使有,但是像危這類的小方國能否具有多達百件弩的軍事實力也是讓人懷疑的,故釋"弩"之說不可信。大家在該字的解釋方面之所以會存在分歧,主要是因爲對字形左邊所象是盾形還是弓形的理解不同,對此,朱鳳瀚先生做了辨析,認爲此形在寫法上與弓有别,看作盾形爲好,當從裘先生意見釋爲"櫓"。不過,裘先生在考釋該字爲櫓時,曾將該字與𢦏、𢦏類比,認爲後者也應讀爲"虜",但現根據戰國文字材料,後一類字形當釋爲"甲",那是否意味着𢦏也可釋爲"甲"呢？我們認爲𢦏不宜釋爲"甲","甲"爲鎧甲之類,在金文中多作爲賞賜品,在戰利品中只見有冑,未見有甲的記録,且從㦰簋(《集成》4322,見下文所引)的記載順序可知,甲冑等衣服類多放在兵器之後,而小臣墻刻辭中的"𢦏"放於兵器之前,故還是將其釋爲"櫓",列爲盾類合適,這也符合這類銘文中盾多列爲兵器類第一個的順序特點。

　　刻辭中的"白麔",現學界有兩種理解方式:一是將白讀爲伯,麔爲私名,伯麔是方國首領名,此處是作用人牲來祭祀大乙;一是將白如字讀,白麔爲動物白麟。持前一種說法學者較多,後一種主要是近年來李學勤和劉釗兩位先生提出來的。②我們還是傾向於將"白麔"看作人牲,其原因正如學者所說,該篇後面都是在用人牲祭祀祖先,整篇內容並未提到獲獸情況,此處插入動物白麟有些突兀。且現學界多認爲小臣墻刻辭內容反映了商末的獻俘禮,可與西周金文小盂鼎及《逸周書·世俘》對比,③在後面的這類文獻記載中,並未見祭祀時有用珍禽異獸類的記録。另外,王進鋒

---

① 王進鋒:《甲骨金文釋證三則》,《中華文化論壇》2013年第3期,第62～66頁。
② 劉釗:《"小臣墻刻辭"新釋——揭示中國歷史上最早的祥瑞記録》,收入《書馨集——出土文獻與古文字論叢》,上海:上海古籍出版社,2013年,第23～38頁。下無特殊說明,所引劉先生觀點皆出自此文。
③ 張懷通:《小臣墻刻辭與商末獻俘禮——兼論商代典册問題》,《河北師範大學學報(哲學社會科學版)》2013年第6期,第75～80頁。

先生以甲骨文中的"麐"用作地名這一用法來反對將此處的白麐理解爲動物,也有一定説服力。①

"傁甘京"三字,劉釗先生認爲釋讀上有兩種可能:一是三字屬上,讀爲"用髦于祖丁傁甘京",即"祖丁傁"與"甘京"爲同位語,意爲祖丁的傁名爲甘京,卜辭中常見"祖先傁"的結構,這種很可能是因爲某位祖先最先駐蹕過,因此就稱爲"某某傁"。二是"傁甘京"單獨成句,意爲在"甘京"這個地方建"傁",卜辭中有"于某傁""傁于兹丘"之類的説法,其爲動詞,指建"傁"而言。我們傾向於第二種解釋,認爲"傁甘京"應單獨成句,"傁甘京"是指在"甘京"之地建"傁"。關於"傁"的含義,最初郭沫若先生認爲當讀爲城塞之"塞",②裘錫圭先生指出其應該是跟後世行宫相類似的一種建築,③姚孝遂先生亦以爲"傁"當爲行宫離館之類。④劉釗先生認爲似乎是建在高處的一種建築,很可能是一種臺榭;⑤宋華強先生贊成劉説,並進一步指出可讀爲"臺"。⑥我們認爲在以往學者的研究中,鍾柏生先生對"傁"之含義的理解非常值得重視,鍾先生在《釋"𠂤""𠂤"及其相關問題》中指出:"傁"是某類建築物,這類建築可以早先便存在,或是可以因需要短時間作成的,它的用途乃供殷王田遊或是其他任務臨時時住宿,其内可安置外出攜帶之祖先神主;並懷疑可讀爲《周禮》中"壝宫"之"壝",是以"委壝土"方式建造的臨時性居住建築。⑦王恩田先生也提到"傁"是商王旅途中供休息、

---

① 王進鋒:《説甲骨卜辭中的"伯麐"》,《中國歷史地理論叢》2010 年第 2 輯,第 114~115 頁。
② 郭沫若:《卜辭通纂》,《郭沫若全集·考古編》第二卷,第 579 頁。
③ 裘錫圭:《釋殷墟甲骨文裏的"遠""𢽟"(邇)及有關諸字》,收入《裘錫圭學術文集·甲骨文卷》,第 167~176 頁。
④ 于省吾主編:《甲骨文字詁林》,第 3135 頁。
⑤ 劉釗:《安陽殷墟大墓出土骨片文字考釋》,《古文字與古代史》第 2 輯,臺北:中研院史語所,2009 年,第 123~142 頁;收入《書馨集——出土文獻與古文字論叢》,第 1~22 頁。
⑥ 宋華強:《試説甲骨金文中一個可能讀爲"臺"的字》,《中國文字學報》第 4 輯,北京:商務印書館,2012 年,第 19~24 頁。
⑦ 鍾柏生:《釋"𠂤""𠂤"及其相關問題》,《中國文字》新 24 期,臺北:藝文印書館,1998 年,第 7~18 頁。

住宿的臨時設施,將其理解爲"幄",帳篷之類。① 這種"臨時性"應該是"僵"這一建築形式非常重要的特點。"僵甘京"這一表達方式也有助於説明我們在"宜于義京"一節中對"某京"含義的理解:甲骨文中的"京"是屬於行宮別苑性質的宮殿類建築群,並不一定是單一的高臺。"甘京"是在甘地修建的供商王居住的大型宮殿類建築,而"僵"是在"甘京"臨時搭建的簡易建築,"僵甘京"之含義也可轉換成"甘京僵",這種"京"類建築群裏含有其他建築形式的例子,在甲骨文中還可舉出《合集》1074 中的"臺壇"、《屯南》4248 的"[圖]",西周金文中的"王在莽京淫宫"(《集成》2791、9714)也可類比。

二、殘缺文字擬補

　　對於該版正面刻辭的字數問題,學界有不同意見:胡厚宣先生以反面干支表僅存十分之三來推算正面全文約長一百五十至二百字,②李學勤先生則推算在二百字以上。而李棪先生則認爲"反面的干支表殘存一半,當時係自成一組的,未必和正面刻辭對稱,且刻辭每行末一字,比較低出四字,首行第一句,試援卜辭'隹王來征孟方白炎'或'惠王自征人方'之例,試補缺文,則首行字數最多似在十五字至十六字之間,如以五行合計,全文亦似不能超過一百字"。③ 林梅村先生亦認爲這篇刻辭不會有那麼多字,上端是略有殘缺,全文只有五十八字。④ 劉釗先生認爲從骨板上的文字布局和殘存的文辭語句看,殘去的文字應該不多;朱鳳瀚先生亦認爲該篇刻辭上端是否頂頭刻寫難以確定,故全部刻辭字數較難推知。我們通過反復研讀該版刻辭,對其完整一行的大致字數有了一些初步看法,並試

---

① 王恩田:《釋冉、再、冓、禹、僵》,《紀念殷墟甲骨文發現一百周年國際學術研討會論文集》,第 194～200 頁。
② 胡厚宣:《中國奴隸社會的人牲和人殉》(下篇),《文物》1974 年第 8 期,第 56～72 頁。
③ 李棪:《殷墟斫頭坑髑髏與人頭骨刻辭》,《中國語文研究》1986 年第 8 期,第 33～51 頁。
④ 林梅村:《帝辛甲骨所見殷宫秘史》,王元化主編《學術集林》第 14 卷,上海:上海遠東出版社,1998 年,第 184～222 頁。

着對殘缺文字進行了擬補。

我們注意到該版刻辭記錄俘獲戰利品的順序與西周金文中的相關記載極爲相似，如下列銘文：

(4) 執酋三人，獲馘四千八百又二馘，俘人萬三千八十一人，俘馬□□匹，俘車卅兩，俘牛三百五十五牛，羊卅八羊。……執酋一人，獲馘二百卅七馘，俘人□□人，俘馬百四匹，俘車百□兩。
《集成》2839

(5) 阱異其井，師同從，折首執訊，拷車馬五乘，大車廿，羊百挈，用造王羞于毗，拷戎金胄卅、戎鼎廿、鋪五十、劍廿，用鑄茲障鼎，子子孫孫其永寶用。
《集成》2779

(6) 甲申之辰，搏于郯，多友弘折首執訊：凡以公車折首二百又□又五人，執訊廿又三人，俘戎車百乘一十又七乘，卒復筍人俘。或搏于龏，折首卅又六人，執訊二人，俘車十乘，從至。追搏于世，多友或弘折首執訊，乃轢追，至于楊塚，公車折首百又十又五人，執訊三人，唯俘車不克，以衣焚，唯馬驅盡。復奪京師之俘。
《集成》2835

(7) 師袁虔不冢，夙夜卹乃牆事，休既有工，首執訊，無諆徒馭，驅俘士女、羊牛，俘吉金，今余弗叚組，余用作朕後男齁障簋，其萬年子子孫永寶用享。
《集成》4313

(8) 王征南淮夷，伐角津，伐桐遹，翏生從，執訊折首，俘戎器，俘金，用作旅盨。
《集成》4459

(9) 伯㦰父從王伐，親執訊十夫、馘廿，得俘金五十鈞。
《銘圖》5276

(10) 汝執訊獲馘，俘器車馬。
《新收》745

(11) 獲馘百，執訊二夫，俘戎兵；盾、矛、戈、弓、箙、矢、裨、胄，凡百又卅又五敘，拷戎俘人百又十又四人。
《集成》4322

(12) 長榜捷首百，執訊卅，奪俘人四百。
《集成》4323

第二章　銘功旌紀類記事刻辭研究　83

　　上列金文中記録俘獲戰利品的順序大致是"執酋—折首—執訊—車馬—牛羊—兵器",而小臣牆刻辭中的記録順序基本也是這樣,先是首領貴族等身份地位較高的人,其次是馘、訊類,再次是車馬類,最後是兵器類。這説明商周時期這種獻俘禮的描述大致遵循同樣的範式。根據這一情況,我們對第三行的缺字字數有了一定的推算理由。

　　刻辭中"馘"的數量由第二行最後的"百"可推斷第三行開頭應記録有十位數及個位數,這大約占兩個字位。① 在金文中執訊之後是記録車馬情況,而小臣牆刻辭的第三行第一個"丙"前學者多補有"馬□"。這説明小臣牆刻辭中很可能也是執訊和馬車連着刻寫,若此,第三行上端在補完"馘"的十位和個位後,緊接着就是"馬□",也就是説,這一行的殘字數大約是 4 個,總字位數大概是 13 個。有意思的是,第五行上面若緊接第四行可補出"于某祖先(合文)用陶"幾個字,那麽這一行的總字位數爲 14 個,與 13 接近,這或許不是巧合,可能此版完整一行的字位數就是 13 個左右。依照這一標準,第一行的缺字在 6 個左右。②

　　第一行刻辭中的"⚡"或釋"從"或釋"比",若比照上引金文中的"阱畀其井,師同從""王征南淮夷,伐角津,伐桐遹,翏生從""伯父從王伐"等辭例,釋爲"從"也有一定道理。不過,下引《合集》27888"惠小臣牆令呼比"一辭中"比"字形作"⚡",只能釋爲"比",故此處亦當以釋"比"爲是,表示協助配合。③ 此處小臣牆比的對象是誰呢? 學界多因上面内容殘缺而未對這一問題進行討論,或以爲是"王"④。但甲骨文中只有"王比某"的形式,未見"某比王",可知此處小臣牆比的對象不會是王。其實若我們仔細排

---

① 此處用"字位"不用"字數",是考慮到"合文"的問題,大多"合文"算一個字位。
② 李學勤先生曾推測辭首缺有記録戰事的干支,王怎樣出師征伐,所伐對象有哪些方國。
③ 李宗焜:《卜辭中的"望乘"——兼釋"比"的辭意》,《古文字與古代史》第 1 輯,臺北:中研院歷史語言研究所,2007 年,第 117~138 頁;劉源:《殷墟"比某"卜辭補説》,《古文字研究》第 27 輯,北京:中華書局,2008 年,第 111~116 頁。
④ 李學勤先生因將"比"讀爲"從",故認爲刻辭記録的戰事爲商王親自出征。上引李棪先生文在推測首行字數時,也反映其認爲開頭應是"王征"等内容,這可能也代表了學界多數人的看法。

比甲骨文中的相關卜辭,或可大致推測出小臣墻所比的人物。學界多已指出該版刻辭中的"小臣墻"亦見於下列無名類卜辭中:

(13) ☐小臣墻又來告☐。　　　　　　　《合集》27886[無名]

(14) 惠小臣墻令呼比,王受又。

　　 弜令。

　　 惠嫠令。

　　 弜令。

　　 惠璞令。(其中璞亦稱"小臣璞"《合集》27887)

　　 弜令。　　　　　《合集》27888+《合集》31964①[無名]

黃天樹師曾將見於無名類和黃組卜辭中的這幾個人物繫聯在一起,並指出"結合人名來看這批所記征伐以及用危方祭祀之事的卜辭,無疑是一個時期內圍繞同一件事而占卜的"。② 上面第二條卜辭中"小臣墻"與"嫠"同版,而"嫠"又稱"獻侯嫠",見於下列卜辭:

(15) ☐丑王卜貞:舍巫九备,作余障徝告獻侯嫠冊☐。

　　　　　　　　　　　　　　　　　　《合集》36345③[黃組]

(16) [干支王]卜貞:舍巫[九靁屯(蠢④)]夷方[眔某方]率刜[☐☐,殷]獻侯嫠[冊☐☐]🐾,余[令某]比侯☐。

　　　　　　　　　　　　　　　　　　《合集》36508[黃組]

其中例(16)中的内容值得重視,該版刻辭雖有殘缺,但根據殘缺字數及類似卜辭的辭例,大致可擬補出殘缺的内容。辭中的"刜"即"剢"字,

---

① 劉義峰:《無名組新綴一則》,先秦史研究室網站,2010年4月20日。

② 黃天樹:《殷墟王卜辭的分類與斷代》,北京:科學出版社,2007年,第287頁。

③ 該版卜辭缺刻橫畫,字體上學者或認為是習刻,但内容應有所本,相似内容可參《合集》36528反,兩版刻辭中的"作余障徝告"與《合集》36359、36482、38507中的"作余酒朕禱"性質相似。

④ 蔣玉斌:《釋甲骨金文的"蠢"兼論相關問題》,《復旦學報(社會科學版)》2018年第5期,第118~130頁。

"剢"在甲骨文中多用爲方國名，但此處"率剢"比照下引《合補》11242 等辭中的"率伐"可知，"剢"當理解爲動詞，郭永秉、鄔可晶先生曾將"剢"釋爲"割"，①可從。《尚書·湯誓》有"夏王率遏眾力，率割夏邑"，《史記·殷本紀》作"率奪夏國"，"割"與"奪"義近。該條卜辭中的 ☒，一般釋作"印"，字形右邊作"令"而非"卩"，可能是受"黎"字右邊的"令"字影響。不過我們懷疑也可能是故意在"印"字右邊的"卩"上加刻筆畫，形成"令"字。若此，則"余"後面並不需要補"令"字，直接是某個人的名字。若此處的"印"與小臣墙刻辭中的"㕟白印"爲同一人名，則"印"上所缺的兩字可補爲"㕟白"，那前面夷方眔某方的某方可能就是㕟方。若此，則該版卜辭與小臣牆刻辭關係極爲密切，辭中"余令某比"的"某"不排除就是"小臣牆"。而小臣牆刻辭中的危方與夷方都位於商的東邊，相距不遠。② 退一步説，即使我們將例(16)與小臣牆刻辭繫聯不可信，但根據下列黃組的相關戰爭卜辭，仍可確定小臣牆刻辭中"小臣牆"所比的應是某侯類的人物。

(17) 乙巳王卜貞：𢡀③䲜侯[弜，晉]眔白(伯)㕟眔二姪，余其比
　　 弜晉戔，亡左自上下于敗，余受又又，不冓捷。王占曰：

―――――――
① 郭永秉、鄔可晶：《説"索"、"剢"》，《出土文獻》第 3 輯，上海：中西書局，2013 年，第 99~118 頁；又收入郭永秉著《古文字與古文獻論集續編》，上海：上海古籍出版社，2015 年，第 60~84 頁。該文未提及《合集》36508 一辭，高江濤、龐小霞《索氏銅器銘文中"索"字考辨及相關問題》(《南方文物》2009 年第 4 期，第 92~96 頁)將該辭中的剢理解爲地名，不可信。
② 參孫亞冰、林歡：《商代地理與方國》，北京：中國社會科學出版社，2010 年，第 396~400 頁；張宇衛：《甲骨卜辭戰爭刻辭研究——以賓組、出組、歷組爲例》，臺灣大學博士學位論文，指導教師：徐富昌，2013 年，第 88~100 頁。
③ 這一字形舊多釋"典"，實當釋"册"，參謝明文《𢡀、晉等字補釋》，《中國文字》新 36 期，2011 年，第 99~110 頁。關於這類刻辭中"𢡀"與"晉"的含義，學界多有討論，這裏簡單交代一下我們的看法：前一個"𢡀"確如多數學者所説，表示"再册""舉册"之意，"某再册""某𢡀"或"𢡀某"句式中的"某"就是由王册命作爲戰爭中的主要統帥，而後一個"晉"則表示册伐之意。黃組中的這類戰爭卜辭，大多都是由王册命某侯或田(甸)作爲戰爭統帥，而王本人或派小臣等人配合作戰。

"吉"。在二月,在尋彝。

　　　　　　《合集》36347+《合集》36355+《合集》36747①[黃組]

(18) 丁丑王卜貞:會巫九备,叡鬢侯弖,[曾嘗白(伯)㐄罙二姓,余其比[弖甾]戋,亡左自上下[于㽿,余]受又又,不覲捷。肩[告于大]邑商,亡害在囗。　　《合集》36344[黃組]

(19) 乙丑王卜貞:會巫九备,余其尊受告侯、田册樝方、羌方、羞方、礬方,余其比侯、田甾戋四邦方。　《合集》36528[黃組]

(20) 戊戌王卜貞:會巫九靋,屯(純)盂方率伐西或(國),叡西田册盂方,妥(綏)余一人,余其比多田甾正盂方,亡左自上下于囗。　　　　　　　　《合補》11242[黃組]

(21) 丁巳王卜貞:會巫九备,屯(純)夷方率伐東或(國),東叡東侯曾夷方,妥(綏)余一人,其比多侯,亡左自上下于㽿示,余受又又。王占曰:"大吉。"囗肜,王彝在囗宗。

　　　　　　　　　　　　　　　　《綴彙》609[黃組]

　　參照上述辭例,我們認爲小臣牆刻辭中第一行所缺的六個字可擬補出"干支叡某侯某"。"某侯某"才是這次征伐危方等方國的統帥,而"小臣牆"從其"小臣"身份來看,應是王的近臣,這裏作爲王派出的代表來配合征伐,並在戰爭中立下了功勞,該版卜辭最後"賜"的對象很可能就是"小臣牆"。

　　上面我們將第一行補爲6個字是通過確定第三行的字數來推定的。若不考慮第三行,單純看第一行,根據上面戰爭類卜辭辭例,其開頭的內容也可能是"干支,叡某侯某册危方(其伯爲髳)某方(其伯爲慶)⿰方(其伯爲印)陶方(此處暫將罂中的陶看作族名)",這樣的話,第一行的總字位數大概在22個,按此標準,則第五行空缺的大概有12個字,而這一行根據前後內容推斷應也是有關"用某于祖先"的記錄,但目前骨版上已經有

---

① 殷德昭:《黃組卜辭綴合一則》,先秦史研究室網站,2015年11月13日。陳劍先生亦有同樣綴合,見網站跟帖。

第二章　銘功旌紀類記事刻辭研究　87

"髟""慶""印""嬰"四個人牲了,若想補足所缺 12 個字,還要補出兩個不同的人牲,而這些人牲來自哪個方國實成問題。或以爲可在第一行再增加方國數,但目前黄組卜辭最多也就看到有"王戔四邦方"(《合集》36528反),前面出現太多方國不甚合理,而且會造成字數的繼續增加;或以爲在骨版有關"嬰"的内容之後有類似"危女""🐎女"等之類的記録,後面祭祀時用的是這類人,但這種將同一方國的首領和一般族衆分用於不同祖先的情況也未曾見到。綜合考慮上述因素,我們認爲將每行長度擬補在 13 個字位左右應該是最合理的。

　　刻辭第二行"廿人四"的釋讀,劉釗先生文中認爲應斷句爲"囗廿,人四",認爲舊將"廿人四"連讀不合商代語法和行文習慣,並推測"廿"前應該有表明危方大臣或渠帥的字眼,其記録擒獲的順序是先首領、後渠帥,接下來是活着的族衆,然後才是被殺的人(馘)。其實,"廿人四"這種"數+名+數"的結構在甲骨文中是存在的,喻遂生和沈培兩位先生都曾舉過甲骨文中的這類句式,如"十月一"(《合集》36846、37966)、"十月二"(《合集》35413、35695、37972 等)、"三十牛三"(《合集》22600)、"十牢九"(《合集》7526)等。① 若點斷爲"人四",其中的"人"指何種人反而不好理解了。"廿"前一殘字大家多認爲是"人",若確爲"人"字,則此處"囗人廿人四"的結構和性質都與《逸周書·世俘》中的"惡臣人百人"相當,"百人"前的"人"舊多以爲衍文,刻辭中的第一個"人"與"臣"相當。對於"囗人廿人四"前面所缺的内容,有學者據後面祭祀時使用有"髟"之外的方國首腦,認爲在"危髟"之後應有擒獲其他方國首領的記録,如王進鋒先生就擬補有"慶、🐎囗"。② 而劉釗先生認爲此次主要是征伐危方的戰爭掠獲,其他的枝節事件未一一交待,並非殘掉,不必擬補這些人名。我們認爲從刻辭

---

① 喻遂生:《甲金語法劄記三則》《甲骨文語序問題二則》,皆收入氏著《甲金語言文字研究論集》,重慶:巴蜀書社,2002 年,第 41~53、159~166 頁;沈培:《殷墟甲骨卜辭語序研究》,第 196 頁。
② 王進鋒:《小臣墻刻辭與小臣墻身份》,《中國國家博物館館刊》2013 年第 9 期,第 54~61 頁。

中記録獲馘數量多達1570,可知這次戰爭規模很大,黄組卜辭中常見"王戔四邦方"(《合集》36528反)、"王戔三邦方"(《合集》36529)、"王征三邦方"(《合集》36530、36531)之類的内容,且《合集》36535中就有"危"與"某方"聯合之辭例,可惜因殘缺而不知其爲哪些方國。因此,小臣墙刻辭中也應是多個方國聯合一起與商作戰,故此處記録有多個方國首領名的可能性是存在的。

在擬補過程中,我們對第四行"又白瞏"前缺字内容頗費斟酌。舊多在"又白瞏于大乙"前補一"用"字,認爲是"用又伯瞏于大乙","又"作爲國族名,但從殘字筆畫看補爲"用"並不合適;陳夢家先生在《殷虚卜辭綜述》中補爲"用林又白瞏",①"又"前補"林"倒是和殘畫相合,但"林又白"連用則難以解釋。其實,此處"又"應如多數學者所說,當爲用牲法動詞,人頭骨刻辭"☐又姓☐"(《合集》38761)中的"又"與此用法相同,"白瞏"乃是"某伯瞏"之簡稱。② 那"又"前所缺究竟何字呢? 首先可考慮"又"前的缺字是否與"又"連讀,若缺字與"又"連讀,那要麽是"又"的修飾語,要麽是"又"的動作發出者,若是動作發出者,則祭祀商先祖的只能是商王,但上面殘畫可排除不會是"王"字;若是修飾"又",卜辭中一般見到的爲"其",但此處也不合適。若此,則可排除缺字與"又"連讀的可能性。我們也曾考慮"又"前有一對干支,刻辭在説完戰利品之後,接着在另一天來進行祭祀,但可惜並没找到符合殘畫的地支用字,這一可能性也排除了。因此,綜合考慮,此處"又白瞏于大乙"應就是祭祀文字的開篇。在"又"前所缺的四個字中第一個肯定是説明"矢"的數量,第二是否數字不好判斷,第三、第四應都不是數字,究竟爲何字實在不易確定。我們這裏提出一個可能性,即所缺第一個字是"矢"的數量,後面我們暫補爲"王在🐾",其中🐾完全是根據殘畫猜測的,並無多少直接證據。這

---

① 陳夢家:《殷虚卜辭綜述》,第326頁。
② 關於"某伯某"可省稱爲"伯某"的結構類型,參趙鵬:《殷墟甲骨文人名與斷代的初步研究》,北京:綫裝書局,2007年,第63頁。

裏需稍作解釋的是，在此處補一個地點名，和後面提到的地點名稱"甘京"並不矛盾。祭祀祖先及後面"賜"的場合可能是在"偉"中，前面的"王在🐾"則可理解爲戰爭發生時王所在的地點，黃組卜辭常見"王在🐾"的占卜記錄。

最後，按照我們對小臣墻刻辭的擬補意見，將整版內容分行釋寫如下（我們運用電腦切割相應字形，大致作了一個擬補，見圖九。裏面涉及的干支、數字、祖先等僅是示意）：

圖九　小臣墻刻辭擬補示意圖

第一行：［干支，毁獻侯𣴎，］小臣墙比伐，擒危髦，（14 字）

第二行：慶、印，囗人廿人四，馘千五百七十，罃百（15 字）

第三行：［囗十丨，馬囗］丙，車二丙，楯百八十三，函五十，矢（18 字）

第四行：［囗，王在𡈼。］又白慶于大乙，用𠂤白印（14 字）

第五行：［于祖囗，用］罃于祖乙，用髦于祖丁，俾甘京，易（17 字）

第六行：［小臣墙囗］。（最多 7 字）

以此計算，則整版刻辭字數不到 90 個字（85 字左右，含合文），其殘缺文字正如劉釗先生所説並不是很多，刻辭刻寫也並非從頂端刻寫。過去將該版刻辭看作甲骨文中字數最多的記録並不正確，《合集》137 中"癸丑卜争貞"一條卜辭正反兩面共有 94 個，[①]已超過了該版刻辭字數。

第二節 人頭骨刻辭研究[②]

1932 年，吴其昌先生在《殷代人祭考》一文中依據甲骨卜辭裏所記載的内容，指出殷代使用人祭這一史實。[③] 其後學者注意到在殷墟出土的甲骨材料中有一類"人頭骨刻辭"，所謂"人頭骨刻辭"是指"商人把俘獲的異族酋長當作人牲斬首致祭祖先以後，在其頭蓋骨上刻上記事的文字，作爲戰勝的紀念。"[④]這類材料正是商代使用人祭的直接實物性證據。胡厚宣先生在 1953 年所寫的《戰後京津新獲甲骨集》的序要中，提到書中收録的《京津》5281、5282"兩片人頭骨刻辭，所記皆殺用戰俘以祭祖之事。……

---

① 黄天樹：《論字數最長的一篇甲骨卜辭》，《古文字研究》第 31 輯，第 18～22 頁。
② 本章節内容曾以《殷墟人頭骨刻辭再研究》爲題發表於宋鎮豪主編《甲骨文與殷商史》新 9 輯，第 351～364 頁。許子瀟先生亦曾對人頭骨刻辭進行過整理研究，參所著《商周時期顱骨刻辭材料整理》，《出土文獻》2020 年第 2 期，第 1～15 頁。
③ 吴其昌：《殷代人祭考》，《清華周刊》37 卷 9、10 期，1932 年；收入吴令華主編《吴其昌文集·史學論叢上》，太原：三晋出版社，2009 年，第 300～307 頁。
④ 黄天樹：《甲骨文有關獵首風俗的記載》，《中國文化研究》2005 年夏之卷，總 48 期；收入《黄天樹古文字論集》，北京：學苑出版社，2006 年，第 412～421 頁。

第二章　銘功旌紀類記事刻辭研究　91

此種人頭骨刻辭,曩聞加拿大明義士曾獲有一片,合此已共有三版"。1955年,胡先生在《甲骨續存》中又輯錄一版,序中介紹到"原物經吳定良教授鑒別,定爲人的右顱骨"。1954年,陳夢家先生在《解放後甲骨的新資料和整理研究》一文中公布有三塊人頭骨刻辭,其中有兩塊爲劉體智所收藏,一塊爲陳先生自己所藏。後在1956年出版的《殷虚卜辭綜述》中又增加四片,共輯錄有七片。① 1974年,胡厚宣先生在《中國奴隸社會的人殉和人祭》(下篇)一文中列舉有11片:《續補》②9067、《京津》5281、《續補》9068、《京津》5282、《續補》10572、《續存上》2358、《續補》9069、《續補》10573、《掇二》87、《日彙》180、《續補》9070。③ 1986年,李棪先生在《殷墟斫頭坑髑髏與人頭骨刻辭》一文在胡先生所輯11片基礎上又增加一片,並謂:

　　此片舊爲英國劍橋大學葉慈教授所藏,我既得之後,嘗攜至美國哈佛大學請教於洪煨蓮教授。他找了幾位人類學者鑒定,均認爲是人類近上半中央部分的人頭枕骨。1965年,我復攜之至臺灣,出示李濟博士及石璋如、屈萬里、李孝定、張秉權、楊希枚諸公,亦皆以爲然。④

1994年,荒木日吕子先生在《東京國立博物館保管的甲骨片——有關人頭骨刻字的考察》一文中對人頭骨刻辭也有輯錄,共列有13片,增補的是日本東京大學東洋文化研究所藏的一版,並提供了《日彙》180的照片,對原來的釋文作了校訂。⑤ 1998年,李學勤先生在《殷墟人頭骨刻辭研究》一文的正文中也增加了東京大學東洋文化研究所所藏的一片,在文後的後記中

---

① 陳夢家:《殷虚卜辭綜述》正文第326~327頁列有六片,後面附圖中有"方白用"(圖2)一版,加在一起共七片。
② 胡先生這裏所說的《續補》應就是後來王宏、胡振宇先生所的整理《甲骨續存補編》之底本,只是後來編輯出版時編排有所改動。
③ 胡厚宣:《中國奴隸社會的人殉和人祭(下篇)》。
④ 李棪:《殷墟斫頭坑髑髏與人頭骨刻辭》。
⑤ 荒木日吕子:《東京國立博物館保管的甲骨片——有關人頭骨刻字的考察》,《南方文物》1994年第1期,第69~73頁。

又提到張秉權先生《甲骨文與甲骨學》中所提及殷墟考古發掘出土所得一片,這樣,人頭骨刻辭達到 14 片。① 1999 年出版的《甲骨學一百年》在對人頭骨刻辭進行統計時,計有 15 片,②增加的一片爲《龜》2.26.5(《珠》298＝《合集》38763),文中提到此片爲日本河井荃廬舊藏。河井荃廬原藏 2 片,一片歸東京大學東洋文化研究所,另一片下落不明,可能毁於 1945 年的戰火中。《甲骨文合集》編撰時已將此版與其他人頭骨刻辭放在一起,說明已辨認出該版爲人頭骨刻辭。這從字體書寫來看,應是可信的。2015 年出版的《殷墟甲骨拾遺》中又公布有一版人頭骨刻辭,宋鎮豪先生在書前序言中提及:加上新出這版,迄今爲止,人頭骨刻辭共發現有 16 版。③ 這 16 版中胡厚宣先生提到的《續補》9069,9070 一直未見到圖片,④其他 14 片都有拓片(參圖一〇.1～14)。

1.《合集》38758　　　2.《合集》38759　　　3.《合集》38760

---

① 李學勤:《殷墟人頭骨刻辭研究》,李學勤、吳中傑、祝敏申主編《海上論叢(二)》,上海:復旦大學出版社,1998 年,第 1～7 頁。下引李先生觀點皆出自此文。
② 王宇信、楊升南主編:《甲骨學一百年》,北京:社會科學文獻出版社,1999 年。書中此部分章節由宋鎮豪先生撰寫,後宋先生在《中國風俗通史·夏商卷》(上海文藝出版社,2001 年)和《商代社會生活禮俗》《商代史》第七卷,北京:中國社會科學出版社,2010 年)亦有同樣的內容,後《商代社會生活禮俗》一書中數字誤爲 14,但實際片數爲 15。
③ 宋鎮豪、焦智勤、孫亞冰編著:《殷墟甲骨拾遺》,中國社會科學出版社,2015 年。宋鎮豪先生《夏商風俗》一書對目前所見的 16 版甲骨重新作了梳理,上海文藝出版社,2018 年,第765～768 頁。本文寫作時未留意到宋先生新著,後蒙宋先生告知,謹致謝忱。
④ 從釋文看,《續補》9069 與《合集》38760 內容相同,不知兩者是否有重片之可能,因未能見到圖片,不敢確定,此處暫按不同兩片來計。

第二章　銘功旌紀類記事刻辭研究　93

4.《合集》38761 　　　　　5.《合集》38762

6.《合集》38763 　　　　　7.《合集》38764

8.《合補》11099
(照片及摹本采自《大隱于朝——故宮博物院藏品三年清理核對成果展》圖 20)

9.《甲》3739 　　　　　　10.《懷特》1914

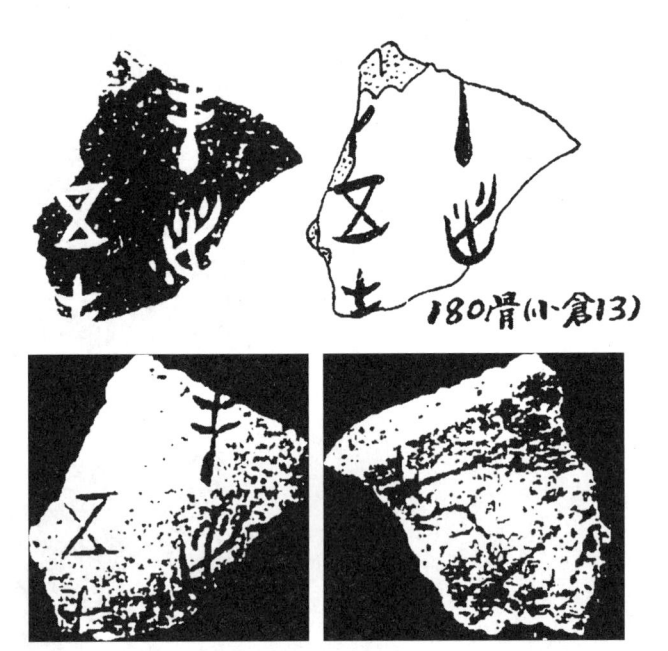

11.《合集》40701

（圖片采自荒木日呂子《東京國立博物館保管的甲骨片——有關人頭骨刻字的考察》）

B. 0972b
（反面の3字は近人の仿刻）

12.《東文研》972

13.《綜述》13.2　陳夢家舊藏

14.《拾遺》646

圖一〇

一、收藏情况

　　我們首先對這批人頭骨刻辭的收藏情況做一介紹。《甲骨學一百年》中曾對《殷墟甲骨拾遺》之外的其他 15 版人頭骨刻辭的收藏情況做過統計：國家圖書館藏 4 片，故宫博物院 1 片，中國社會科學院歷史所 1 片，臺灣中研院史語所 1 片，日本河井荃廬藏 2 片（其中一片歸東京大學東洋文化研究所，一片下落不明），東京國立博物館藏小倉武之助 1 片，加拿大安大略博物館藏 1 片，原骨不知何處 3 片。

　　經我們核查，《甲骨學一百年》一書中對有關國圖藏的幾片信息記載有誤：其中第 8 片有關"白垔"的那版，因文章中誤將該片片號看成是《合集》3435（《善齋》23929），以爲是劉體智的善齋藏物，故認爲藏國圖。其實該片來源爲《文捃》304（《合補》11099），實物現藏故宫博物院，宋鎮豪先生新著《夏商風俗》一書已將該版收藏地修正爲故宫所藏，但片號仍誤爲《善齋》23929、《合集》3435。故宫博物院在 2017 年 3 月舉辦的"大隱于朝——故宫博物院藏品三年清理核對成果展"曾展出過該版，收錄在其後出版的《大隱于朝——故宫博物院藏品三年清理核對成果展》一書中，[1]書中對該版的收藏信息介紹説是"明義士舊藏"。但《文捃》中編號 282～356 這部分甲骨實爲馬衡先生舊藏，[2]這其中究竟是有誤記還是説該片曾由明義士先生轉贈馬衡先生，目前我們還不太清楚。因爲若據下引胡厚宣先生文章，故宫所藏明義士先生甲骨中是有兩片人頭骨刻辭的，若胡先生所説可信，不排除上面這片確是明義士舊藏之可能性，馬衡先生只是收錄其拓本。故宫所藏的明義士另一版人頭骨即《合集》38758。對於《合集》38758 的收藏地點在此需多費筆墨特别説明一下，該版在上引李棪先生的文章中曾提及收藏情況：

---

① 故宫博物院編：《大隱于朝——故宫博物院藏品三年清理核對成果展》圖 20，北京：故宫出版社，2017 年。
② 邰麗梅：《〈甲骨文捃〉的初步復原》，《南方文物》2015 年第 3 期，第 94～98 頁。

　　　　此片今藏臺灣中研院史語所。1956 年,高去尋先生出示此片及第六片(松按:即《合集》38762,圖一〇.5),云已不記事誰人所贈,但決非考古發掘之所得。

上引荒木日吕子和李學勤兩位先生的文章都采用了李棪觀點,認爲現藏臺灣史語所。且我們注意到中研院史語所考古資料數位典藏資料庫在人頭骨刻辭《甲》3739 的形制描述中有這樣一段話:

　　　　除本件外,本所原藏有兩片人頭骨,一件已佚,刻辭爲"□方伯□且乙伐"(《甲骨文合集》38758),記錄"以某方首領伐祭祖乙"之事;另一件爲購藏品,PR09326,刻辭爲"□丑用□義友"(《甲骨文合集》38762),具體意義不詳。

其中也提到《合集》38758 曾藏在史語所,但現在已佚。但《甲骨文合集材料來源表》說這版現藏故宮,故宮編號 286。上引《大隱于朝——故宮博物院藏品三年清理核對成果展》也介紹說其收藏有兩片人頭骨刻辭,可見,這件現確是藏在故宮博物院。那是否存在先藏在臺灣,後回到大陸的可能性呢? 我們認爲這種可能性是不存在的。

陳夢家先生在《殷虛卜辭綜述》中明確說明該版是明義士所藏人頭骨刻辭,李學勤先生文中指出該片最早著錄於《齊大季刊》2 卷 2 期。而明義士有一部分藏品正是收藏在故宮博物院裏。對此,胡厚宣先生曾有過介紹,爲將這一問題說清楚,此處不憚其煩,將胡先生的介紹詳細引用如下:

　　　　明氏舊藏甲骨,現留在國內的第二批,是北京故宮博物院所藏。故宮博物院所藏又分爲兩部分,一部分爲故宮博物院原藏,3 匣 17 屜,除一屜爲陶丸陶餅小螺貝殼等 164 件之外,甲骨共計 870 片。1965 年,爲編輯《甲骨文合集》,我們去故宮博物院選拓甲骨,見明義士甲骨中,混有 1924 年 2 月 18 日發自天津寄往北京明義士的信封一個,封面寫:

　　　　J. M. Menzies B. D.

N. C. U. Language School
PeKing

知那時明義士曾在北京華語學校教書，所以甲骨就存在華語學校內。

故宮博物院所藏明義士舊藏甲骨的第二部分是 1974 年在故宮倉庫中清出，計 10 匣 25 屜又 167 包共 19 494 片。箱子上邊都有明義士親筆寫的封條。這部分甲骨，原來也是有在華語學校圖書館內，由中央文化部文物局清出，交由故宮博物院保存。

這兩部分甲骨，原來都存在華語學校，應該是一批東西。870 加 19 494，合共 20 364 片。①

胡先生的文中還特意提到"這批甲骨有兩片極重要的人頭骨刻辭"。② 2014 年，國家社科基金重大項目"故宮博物院藏殷墟甲骨文整理與研究"立項，王素先生對故宮博物院的甲骨收藏情況進行了詳細介紹，他指出"故宮博物院藏殷墟甲骨來源有三：一是公家調撥，二是私人捐贈，三是院方收購(含没收)。公家調撥主要爲明義士舊藏於北平華北聯合語言學校(簡稱華語學校)的甲骨，私人捐贈包括馬衡、李紹白、夏錫忠和薛貴笙等捐獻的甲骨，院方收購(含没收)包括收購上海謝伯殳舊藏甲骨和没收倪玉書、陳鑒塘文物中的甲骨。其中，明義士舊藏甲骨有 2 萬多片，構成本院的主要收藏"。③

由上面胡先生和王先生的介紹可知，故宮博物院收藏的明義士甲骨原是藏在華語學校的，這部分甲骨由國家撥給故宮博物院，其流出外面的可能性極小，況且未曾見到明義士甲骨流傳到臺灣那邊的記録。因此，有

---

① 胡厚宣：《關於劉體智、羅振玉、明義士三家舊藏甲骨現狀的説明》，《殷都學刊》1985 年第 1 期，第 1～8 頁。
② 這兩片應就是本文所提到的《合補》11099 和《合集》38758。
③ 王素：《故宮博物院藏殷墟甲骨文整理與研究項目緣起》，《故宮博物院院刊》2016 年第 3 期，第 6～10 頁。

關臺灣史語所曾收藏該片的信息有誤。

對於第 5 版即《合集》38762 的收藏地,各家説明也有不同。宋鎮豪先生原認爲藏在國圖,新著《夏商風俗》一書中認爲藏清華大學,但注明"未落實";而李棪等先生認爲藏在臺灣史語所。這中間究竟怎麽回事?原物究竟在何處?也是需要説清楚的。

此片最早著録於胡厚宣先生的《戰後京津新獲甲骨集》中,該書收有兩片人頭骨刻辭,即《京津》5281、5282,本片爲《京津》5282。胡先生在《我這麽蒐集的這一批材料》(1946 年 4 月 20 日成都新中國日報專刊)和《五十年甲骨文發現的總結》中都介紹有《京津》一書所藏甲骨的經過。我們查閱《五十年甲骨文發現的總結》,裏面提到"慶雲堂碑帖鋪有一千多片甲骨,假的占一多半,索價奇昂。我因其中有一片'人頭骨刻辭',一片'牛肋骨刻辭',相當重要。又有半塊骨版,記四方風名,和我所作《甲骨文四方風名考證》一文有關,思之再三,終不願把機會放過。請趙斐雲、謝剛主、陳濟川幾位先生同他商談多次,結果是出高價錢,許我選擇五百片。"[1]由此可知,《京津》所收録的兩片人頭骨刻辭中有一片即來自慶雲堂,但胡先生並未説明慶雲堂的這塊究竟是《京津》兩片中的哪一片。《京津》5282 後又著録於郭若愚先生 1955 年出版的《殷契拾掇二編》中,郭先生在書前的自序中根據胡先生前面的那段話認爲該片就是慶雲堂的那片,並提到這批材料後歸北京圖書館(即現在的國家圖書館)保存,故郭先生文中是將這片列爲北京圖書館收藏。但他在文中提到"1950 的十月裏,我到北京圖書館參觀時,却找不到這片東西,大概當時不知被分售到那裏去了"。[2] 而宋鎮豪先生在《中國社會科學院歷史研究所藏甲骨集》的前言中又認爲目前社科院歷史所藏的《合集》38760(即《甲骨續存》那版,圖一〇.3)是來自

---

[1] 胡厚宣:《五十年甲骨文發現的總結》,上海:商務印書館,1951 年,第 48~49 頁;又收入胡厚宣《古代研究的史料問題、五十年甲骨文發現的總結、五十年甲骨學論著目、殷墟發掘》,上海:復旦大學出版社,2015 年,第 81~82 頁。

[2] 郭若愚:《殷契拾掇》,上海:上海古籍出版社,2005 年,第 113 頁。

慶雲堂。① 慶雲堂的那片人頭骨刻辭究竟是哪版呢？我們認爲宋先生的理解可能有誤。其實胡厚宣先生在《大陸現藏之甲骨文字》一文"甲骨拓本要目"下的"中國社會科學院歷史研究所所集甲骨拓片"中有兩處提到人頭骨刻辭：一處是"胡厚宣捐贈甲骨文字拓片，185片"條目下的說明："大片係在上海所購，小片爲鐵云舊藏，另有一片人頭骨刻辭，比較重要，皆在上海所購，贈歷史所。"另一處是"甲骨留影拓本，三冊，798片"條目下的說明："此乃從慶雲堂所購，乃早期所得，僞片較多。但有人頭骨刻辭，比較重要。"②由這兩處記錄可知，現藏在社科院歷史所的是從上海所購，與慶雲堂的沒有關係。其實，胡先生所說的慶雲堂那版應是指收藏在《京津》中的兩版中的一版。我們若根據上引陳夢家先生《解放後甲骨的新資料和整理研究》一文，也可推出慶雲堂的那版確如郭若愚先生所說爲《京津》5282，因爲《京津》5281爲劉體智舊藏。不過，郭若愚先生對慶雲堂這版的收藏情況也弄錯了，郭先生之所以在國圖未能找到這版，實際上是因爲該版根本不在國圖，而是在臺灣史語所，張秉權先生在《甲骨文與甲骨學》一書中引到此條刻辭時注有"胡厚宣贈史語所藏"。③ 前所引"臺灣歷史語言研究所考古資料數位典藏資料庫"網站那段話中亦明確説明該版現藏史語所，還注明了編號 PR09326。趙鵬先生給我們提供了這一版的彩色照片，其背面有"李濟之先生轉來胡厚宣先生所贈人頭骨刻辭一片"，落款時間爲 1946 年 12 月 19 日，這更能確認該版現藏臺灣史語所了。至此，慶雲堂的這片人頭骨刻辭的真相才算水落石出，原來胡先生早在 1946 年就將這版轉贈給了中研院史語所，在其轉給國家圖書館的那批慶雲堂材料中並不包括這版，所以郭若愚先生未能見到實物。

綜合上述信息，可知目前藏在國家圖書館的人頭骨刻辭有《合集》

---

① 宋鎮豪、趙鵬、馬季凡編著：《中國社會科學院歷史研究所藏甲骨集》前言，上海：上海古籍出版社，2011年，第5頁。
② 胡厚宣：《大陸現藏之甲骨文字》，《中研院歷史語言研究所集刊》第 67 本 4 分，1996 年，第 853、855 頁。
③ 張秉權：《甲骨文與甲骨學》，臺北："國立"編譯館，1988 年，第 196 頁。

38759、《合集》38761 兩版，①其中《合集》38759(《京津》5281)在 2015 年國家圖書館國家典籍博物館舉辦的"甲骨文記憶展"中展出，筆者曾目驗過。

關於加拿大安大略博物館所藏的那片人頭骨刻辭，根據前引李棪先生文，該片曾由英國劍橋大學葉慈(W. P. Yetts)教授所藏，後歸李棪，1966 年曾在香港展出，饒宗頤先生曾在《歐美亞所見甲骨録存》所附《李棪齋所藏甲骨簡介》中介紹有此片："此爲男性人頭枕骨，近上半中央部分，鎸有先公'大甲'之名，可能即俘虜頭骨。傳世頭骨上刻邦方君長之名，致祭於先公先王，若此類可考知者，寥寥無幾，此即其中之一。"1980 年，許進雄先生編撰的《懷特氏等收藏甲骨文字》一書收録此版，説明這時該版已歸加拿大安大略博物館，博物館官方網頁上公布有該版照片。這中間具體的收藏過程則不太清楚。

下面我們將目前所見 16 版人頭骨刻辭收藏情況整理列表如下(表三)：

表三

編號	著録情況	刻辭内容	現藏地及來源
1	《合集》38758(《綜述》圖版 13 下，《存補》1.26.1，《續補》9068)	☐尸方白☐祖乙伐	故宫博物院(明義士舊藏)
2	《合集》38759(《京津》5281)	☐方白用☐	國家圖書館(劉體智舊藏)
3	《合集》38760(《續存》上 2358，《存補》5.3，《历拓》1507，《中歷藏》1904)	☐白☐	中國社會科學院歷史研究所(胡厚宣購自上海)
4	《合集》38761(《綜述》14 上)	☐又姘☐	國家圖書館(劉體智舊藏)

---

① 宋鎮豪先生在 2010 年的《商代社會生活禮俗》中將原不知何處的三片也列在國家圖書館的收藏中，2018 年的《夏商風俗》一書中認爲原骨下落不明。其中《綜述》13.2 爲陳夢家先生收藏，根據陳先生文後附録這部分甲骨今歸考古所(見《殷虚卜辭綜述》，第 673 頁)，其他兩片是否藏國圖也存疑。

续　表

编号	著　录　情　况	刻　辞　内　容	现藏地及来源
5	《合集》38762(《京津》5282,《掇二》49)	□丑用于□义友□	台湾中研院史语所(胡厚宣赠史语所)
6	《合集》38763(《龟》2.26.5,《珠》298)	□卢□伐□	下落不明(河井荃庐旧藏)
7	《合集》38764(《掇二》87,《上博》2426.341)	佳□	上海博物馆(原孔德研究所藏)
8	《合补》11099(《文捃》304)	□白囟□	故宫博物院(马衡旧藏)
9	《甲》3739	□武□	台湾中研院史语所(1933年12月14日小屯出土)
10	《怀特》1914	□大甲□	加拿大安大略博物馆
11	《合集》40701(《日汇》180)	□邦嵩□五邦	东京国立博物馆(小仓武之助旧藏)
12	《合补》13169(《东文研》972)	□中□	东京大学东洋文化研究所(河井荃庐旧藏)
13	《综述》13.2	□用□	中国社会科学院考古研究所(陈梦家旧藏)
14	《拾遗》646	□武乙祼	安阳民间所藏
15	《续补》9069	□白□	不详
16	《续补》9070	□囟□	不详

二、内容及时代

　　在讨论完人头骨刻辞的收藏情况后,下面我们再来谈人头骨刻辞的内容。因这些人头骨都是残片,上面的文辞也都残缺不完整。内容较多的就是《合集》38758和《合集》38762两版,这两版残存的刻辞分两行书写,对于《合集》38762的释文,有学者是从左往右读,释为"□义友□□丑用于□",有学者是从右往左读,作"□丑用于□义友□"。我们认为当从右往左读,因为这是古代书写的正常顺序,甲骨文中的记事性文字除虎骨刻辭外基本都是遵循這一刻寫順序,且干支詞放在句首也符合甲骨文的文例。但大家之所以會從左往右讀,應是受同類刻辭中的"方伯用"及卜辭中常見的"三羌用于祖乙"這類"祭牲＋用于＋祖先"辭例的影響,但是甲骨文中"V＋于＋O$_{神}$＋O$_{牲}$"的句式也是極爲常見的,故此處的"義友"作爲人牲出現在祭祀對象後也是很正常的。"義友"可以理解爲"義"方的首領名"友",也可能是指"義"的僚友,因文辭殘缺,不易確定。

《合集》38758 中的"☒尸方白☒祖乙伐",其中的"伐"字作"![字]",寫成了"戍",李宗焜先生《甲骨文字編》和劉釗先生的《新甲骨文編》都將該字放在"戍"字頭下,但研究人頭骨刻辭的學者基本都將該字釋爲"伐"。從辭意看,此處的"![字]"確應理解爲"伐",應看作是"伐"之訛,類似例子還有西周金文蠡簋(《集成》3732)中的"![字]",其辭例作"蠡從王![字]荆",學者已指出"![字]"是"伐"之訛。①同爲人頭骨刻辭的《合集》38763 中的"![字]",應也是"伐"(舊或隸定爲"戔",不確),中間一橫隱約可見。不過,對於這類刻辭中的"伐"怎麽理解其含義,也不好把握。李學勤先生在解釋該刻辭時提出:第一,是頭骨屬於夷方伯;第二,是夷方伯被"伐"即斬首,用於祭祀;第三,是祭祀的對象是商王祖乙。李先生對文意的理解可能是對的,不過,這類句子的結構關係值得關注。卜辭中常見"祭祀動詞＋祖先＋伐"或"祭祀動詞＋伐＋(于)＋祖先"這樣的辭例,如"又于祖乙五伐"(《合集》923)、"又伐于上甲羌一"(《合集》32113)。這裏的"伐"學者已指出當理解爲名詞,②特別是"又伐于上甲羌一"這一句子結構,其中的"伐"亦爲名詞,"羌一"是補充説明"伐"的類型和數量。人頭刻辭中的"祖乙伐"亦當理解爲名詞,若"伐"的對象就是"夷方伯",則此處的"夷方伯"與"祖乙伐"似爲同位語關係,這使得我們猜想這類人頭骨上面刻寫的不一定是完整的句子,

---

① 田煒:《西周金文字詞關係研究》,上海:上海古籍出版社,2016 年,第 97 頁。
② 沈培:《殷墟甲骨卜辭語序研究》,第 110～11 頁;劉海琴:《殷墟甲骨祭祀卜辭中"伐"之詞性考》。

可能就是一種摘要性的記録。如此處就是"夷方伯"與"祖乙伐"兩個短語，則很難連讀在一起。其他人頭骨刻辭可能也存在這一現象，有時上面就單獨刻寫一方伯名或祭祀對象名，不一定都要連讀成句。像"義友"那條，也可能右邊的"干支用于祖先"是單獨一句話，左邊的"義友"是單獨一短語，兩者不一定要連讀。

《合集》38761中的"□又姪□"一辭，其中"又"的用法與小臣墙刻辭中的"又白麑"之"又"用法相同，表用牲動詞，一般讀作"侑"。"姪"是商代晚期征伐的一個對象，參上節所舉例(17)(18)。

東京國立博物館所藏的"□封嵩□五封□"，最早著録於松丸道雄先生的《日本散見甲骨文字蒐彙(二)》中，①但爲摹本。荒木日呂子先生的文章提供了拓本與照片，文中已指出其中的"封"表示方國之意，《合集》32287"甲申貞：其執三封白于父丁"，其中的"三封白"與"三方白"相同。其實，這裏的"封"我們可直接讀爲"邦"，"五封"就是"五邦"。左邊"邦"下殘字" "看作"嵩"之殘文亦可信，甲骨文"嵩"字作 、 ，②見下列卜辭：

(1) 貞：嵩邑受□。　　　　　　　　　　《合集》8266[師賓]
(2) 癸卯卜：王曰"嵩其 "，貞：余弓呼延韜。由曰：其呼韜。
　　　　　　　　　　　　　　　　　　　《合集》20070[師小]
(3) 癸卯卜，王曰"嵩其 "，余呼延。九月。不。
　　　　　　　　　　　　　　　　　　　《合集》21386[師小]
(4) 甲申卜，王貞：侯其捷嵩。
(5) □戎大敦嵩。　　　　　　　　　　　《合集》6843[師賓]
(6) 貞：伐嵩。　　　　　　　　　　　　《合集》6844[師賓]

---

① 松丸道雄：《日本散見甲骨文字蒐彙(二)》，《甲骨學》第8號，1960年；又見《散見於日本各地的甲骨文字》，《古文字研究》第3輯，北京：中華書局，1980年，第215~228頁。
② 關於本文所說"嵩"字字形，近來謝明文先生撰文指出舊釋"嵩"之說實不可信，古文字中的"嵩"乃另有其字。謝說可從，參謝明文《說嵩及相關之字》，《文史》2020年第3期，第5~18頁。

上面卜辭中的"㞢其𢦔"是説㞢是否投降一事,①屬於整條卜辭中特殊的敘辭。② 後面幾條卜辭都是説伐㞢之事,可知㞢是商的一敵對方國。

關於《合補》11099"伯冎"和《合集》38763"☐盧☐伐☐"中的"冎"和"盧"都可作國族名,"伯冎"又見《合集》3418;"盧"爲方國名,卜辭中有"盧伯㷼"(《屯南》667、《合集》28095)。《合補》13169 中的"中"下一字舊多釋爲"凡",字形與"凡"有别,辭意不清。

《拾遺》646 上"武乙祼","祼"爲宗廟類的建築,内容應是在武乙的祼裏祭祀武乙。

至於這些人頭骨刻辭的時代,前引李學勤先生文中已下了很好的結論,文中説到:"由於人頭骨刻辭都是殘文,字數較少,根據字體判斷時期不很容易,但從能够看到的因素來説,應該都屬商末"。

第三節　獸頭骨刻辭研究

目前殷墟出土的獸頭骨刻辭共有三件,一件爲兕頭骨刻辭,另外兩件爲鹿頭骨刻辭。下面分别敘述。

一、兕頭骨刻辭

此骨爲殷墟第三次發掘所得(圖一一.1),據石璋如先生《遺址的發現與發掘:丁編》記載,該骨於 1929 年 11 月 25 日在小屯村北大連坑横十三.五丙中出土。③ 1930 年 3 月,董作賓先生撰有《"獲白麟"解》一文,專門

---

① 𢦔表投降義,参伍士謙:《甲骨文考釋六則》,《古文字研究論文集》,《四川大學學報》叢刊第 10 輯,1982 年;廣瀨薰雄:《説俞玉戈銘文中的"才林田俞䚨"》,《出土文獻與古文字研究》第 6 輯,第 426~442 頁。
② 蒋玉斌:《説殷墟卜辭的特殊敘辭》,《出土文獻與古文字研究》第 4 輯,上海:上海古籍出版社,2011 年,第 1~13 頁。
③ 石璋如:《遺址的發現與發掘:丁編》,臺北:中研院史語所,1985 年,第 73 頁。

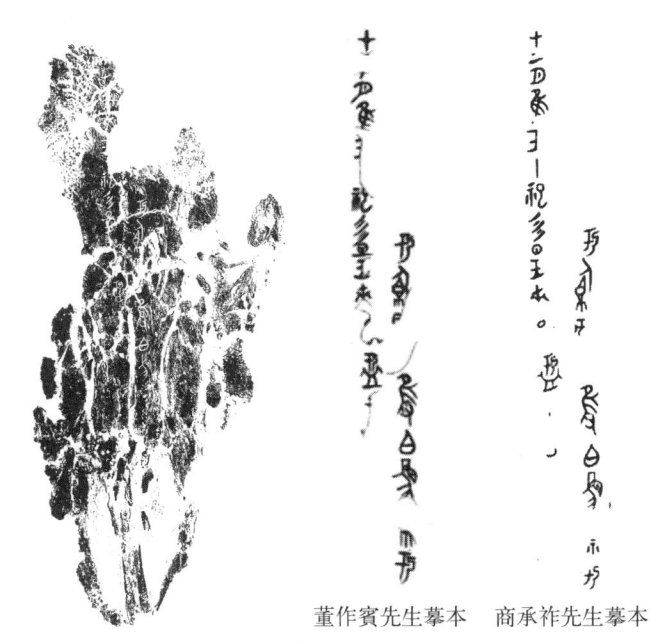

图——.1 《甲》3949 拓片及摹本
董作賓先生摹本　　商承祚先生摹本

對該版刻辭進行了研究。① 董先生認爲這種獸骨刻辭的發現十分重要，"除了貞卜刻辭和彝器款識之外，這要算殷商時代惟一的記事文字"。文中指出刻辭中的"𠂤"就是這一大獸的名字，並猜想該字爲"麟"，而法國古生物學家德日進鑒定頭骨內排的牙齒爲牛牙，爲彌合麟和牛的矛盾，董先生依據古代兩河流域稱呼野牛類的獨角獸爲"里姆(Rimu)"材料，將"麟"與"里姆""野牛"聯繫到一起，認爲當爲一類。這一意見發表後，即有學者提出了疑義，方國瑜先生於 1931 年在北師大《國學叢刊》第二期上發表有《〈"獲白麟"解〉質疑》，文中主要從這兩面對釋麟說提出了質疑：一是古書中記載"麟"爲麕身鹿屬，與經生物學家判定爲牛族的𠂤有別；二甲骨文中有關𠂤的記載頗多，若將此與西方屬於牛族的"里姆"比附，難以讓人相信會有那麼

---

① 董作賓：《"獲白麟"解》，原載《安陽發掘報告》第 2 期，1930 年；收入《董作賓先生全集甲編》第 2 冊，第 549～598 頁。

多的"馴獸從流沙萬里外跑到中國"。① 之後,唐蘭先生在《獲白兕考》一文中也提出了差不多同樣的疑問,唐文中肯定了舊釋☒爲"麟"的意見,故☒不當釋爲"麟",唐先生認爲該字當釋爲"兕",即《説文》之"兕"。② 唐先生的釋兕之説現已得到學界的廣泛認同。不過,對於兕究竟爲何種動物,學界還存有爭議。《説文》解釋兕爲"如野牛而青色",《山海經·海内南經》:"兕其狀如牛,蒼黑一角。"《爾雅》"兕似牛",郭璞注:"一角,青色,重千斤。"《左傳》疏引劉欣期《交州記》曰:"兕出九德,有一角,角長三尺餘,形如馬鞭柄。"據這些記載,舊多將兕理解爲一角之獸,類似於犀牛之類,現學界很多學者仍相信此説,認爲兕是獨角類的犀牛。③ 但1934年,裴文中先生在《跋董作賓〈獲白麟解〉》一文中根據牙齒和頭骨形狀斷定大獸頭爲牛屬的野生動物(上引唐蘭先生文中也曾提及董作賓謂獸頭爲兩角之牛,或與刻辭所記一角之獸無關)。目前,對殷墟卜辭中兕的問題,研究最爲全面的當屬法國的雷焕章先生。雷先生在《商代晚期黄河以北地區的犀牛和水牛——從甲骨文中的☒和兕談起》一文中對學界有關☒的釋讀作了較爲全面的總結,並通過卜辭中的相關記載否定了兕爲犀牛的可能性;文中通過對文獻的梳理指出謂兕爲一角的觀點乃是受《山海經》的影響,從先秦到東晉的絶大多數文獻並無兕只有一角的記録;文章還根據法國古生物學家對該頭骨的最新鑒定意見指出兕爲野生聖水牛。④ 這一意見也得到了考古學家的贊同,劉莉、楊東亞、陳星燦先生即贊成兕爲聖水牛的意見,⑤陳星燦先

---

① 方國瑜:《〈"獲白麟"解〉質疑》,北師大《國學叢刊》第2期,1931年;收入《方國瑜文集》第5輯之"論學存稿",昆明:雲南教育出版社,2003年,第28~33頁。
② 唐蘭:《獲白兕考》,《史學年報》第一卷第四期,1932年;收入《唐蘭全集》第1册,上海:上海古籍出版社,2015年,第275~280頁。
③ 王暉:《宰丰骨栖刻辭與功能考釋》,《中國國家博物館館刊》2011年第12期;又見氏著《古文字與中國早期文化論集》中編第四節《宰丰骨刻辭"戠兕"、"稰"考釋及其器名與功用考》,北京:科學出版社,2017年,第206~214頁。
④ 雷焕章著,葛人譯:《商代晚期黄河以北地區的犀牛和水牛——從甲骨文中的☒和兕談起》,《南方文物》2007年第4期,第150~160頁。
⑤ 劉莉、楊東亞、陳星燦:《中國家養水牛起源初探》,《考古學報》2006年第2期,第141~178頁。

生專門論證了商周時代的水牛爲野生而非家養。① 綜上可知,該獸骨乃爲一野生聖水牛之頭骨。

對獸骨上的刻辭,董作賓先生《獲白麟解》一文釋文作:

(1) ……于倞田,獲白麟,[祭]于□,在[九]月,唯王[十]祀彡旦,王[來自]盂□□。

商承祚先生在《殷契佚存》中糾正了釋文中的一些錯誤,如"𦉰"所從並非京,董先生隸定爲倞不確;其下一字商先生據"宰丰"骨類刻辭改正爲"彔",讀爲"麓";釋"麟"之字改從唐蘭先生釋爲"兕";"兕"下一字,董先生文以爲"祭",商先生文疑是叙;"彡"下一字爲"日"非"旦";"來"下一字商先生改釋爲"正","盂"下補出"方"字。商先生的釋文作:

(2) □□王田于𦉰彔(麓),獲白兕,叙于☒,在二月,隹王十祀,彡日,王來正(征)盂方☒。②

郭沫若先生在《卜辭通纂》中亦指出"王來"下一字當是"正","盂"下一字當爲"方",又其下一字乃是"白"之殘文。③ 但對於刻辭中所涉及的時間,學界頗有爭議,其中月份,董作賓先生最初以爲是"九月",商承祚先生文中改爲"二月",郭沫若先生也認爲是"二月",後董先生在《殷曆譜》中也改釋爲"二月",但陳夢家先生《殷虛卜辭綜述》中則認爲是"九月"。查現有工具書,《甲編釋文》《合集釋文》《甲骨文校釋總集》《殷墟甲骨文摹釋全編》《漢達文庫》史語所《考古資料數位典藏數據庫》網站釋文都釋爲"二月",而《摹釋總集》《先秦甲骨金文簡牘詞彙資料庫》則釋爲"九月"。從下面所引鹿頭骨刻辭《合集》37743 中的"九"字寫法看☒,若"九"字左邊斜筆筆畫不清的話,"九"與"二"確存在一定相似度。關於年份,大家多認爲是十祀,陳夢家先生

---

① 陳星燦:《聖水牛是家養水牛嗎——考古學與圖像學的考察》,李永迪主編:《紀念殷墟發掘八十周年學術研討會論文集》,臺北:中研院歷史語言研究所,2015 年,第 189~210 頁。
② 商承祚:《殷契佚存考釋·自序》。
③ 郭沫若:《卜辭通纂》,第 465~466 頁。

釋爲"六祀",陳煒湛先生則根據目驗甲骨實物認爲:"辭中原釋'十祀'之'十'適當殘斷處,細觀之,中間尚有一小橫,則當是'七'字,如是,此乃七祀而非十祀物矣。"① 由於刻辭中有關月份年份的數字正處於骨版破損處,各家多據殘畫來猜測具體數字。唯常玉芝先生在《商代周祭制度》一書中另闢蹊徑,通過對相關"征盂方"甲骨刻辭祀譜的排列來確定該版時間。常先生通過排譜得出獸骨刻辭中的年份應爲十祀,月份是九月,屬於帝乙時期。② 我們認爲利用商末有規律的周祭祀譜來推定年月確實是非常有說服力的方法,不過,對於常先生的排譜也有學者提出異議。徐明波先生在其博士論文中認爲常先生所排定的十祀祀譜是由不確定的九祀祀譜推定的,故常先生對獸骨刻辭中月祀推定的可靠性存疑;而陳煒湛先生改釋的"七祀"也不合祀譜。故徐先生認爲該版刻辭年月爲何仍然不好確定。③

近日,臺灣中研院史語所歷史文物陳列館網站上公布了該骨版的清晰照片,且可放大觀看。④ 我們仔細觀察了月份位置的幾個字,從刻畫的痕迹看,月份字確應是"二"字,不會是"九",因爲一方面看不出"九"字左邊的斜畫痕迹,另外,根據上下兩橫筆之間的距離也容不下"九"字中間的彎筆(圖一一.2)。至於年祀,應該還是"十",陳煒湛先生所說的中間一小橫應是骨頭上的泐痕,非筆畫。

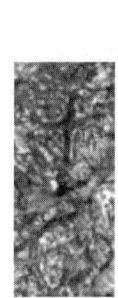

圖一一.2 骨版細節

現將該版刻辭重新隸寫如下:

(3) □□王田于𩰫蘿(麓)隻(獲)白兕,叙⑤于□,在二月隹王十祀

---

① 陳煒湛:《臺北讀甲骨記》,《甲骨文論集》,上海:上海古籍出版社,2003年,第293頁。
② 常玉芝:《商代周祭制度》(增訂本),北京:綫裝書局,2009年,255~260頁。
③ 徐明波:《殷墟黃組卜辭斷代研究》,四川大學博士學位論文,指導教師:彭裕商,2007年,第60~62頁。
④ http://museum.sinica.edu.tw/exhibition/75/item/774/。
⑤ 該字當從于省吾先生意見讀爲"塞",指報塞鬼神之賜福。参于省吾《甲骨文字釋林·釋叙》,第35~37頁。

彡日。王來正(征)盂方白☐。

《合集》37398(《甲》3939,《通》577)[黃組]

整個刻辭大意是：在十年二月的某一天，商王在𢀛地山麓下田獵，捕獲到一頭白色的水牛，[用這頭牛]對某祖先進行了叙祭，這正處於王征伐盂方的歸途中。

二、鹿頭骨刻辭

目前所見鹿頭骨刻辭共有兩塊(圖一二、一三)：其中一塊與上面兕頭骨刻辭都爲殷墟第三次發掘所得，出土情況據石璋如先生《遺址的發現與發掘：丁編》記載，爲 1929 年 11 月 26 日在小屯村北橫十三丙北支二北支坑中出土。另一塊爲殷墟第四次發掘所得，1931 年 4 月 8 日於小屯村北 E10 坑中出土。① 兩頭骨皆不完整，後一塊保存有部分鹿角，具體尺寸據史語所網站記載，前一塊長 10.5 cm，寬 12.5 cm；後一塊長 22.7 cm，寬 20.2 cm。

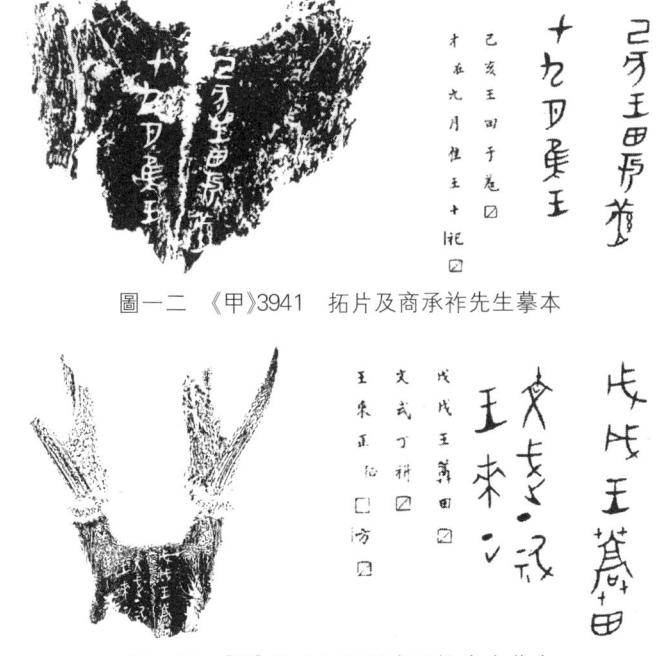

圖一二　《甲》3941　拓片及商承祚先生摹本

圖一三　《甲》3940 拓片及商承祚先生摹本

---

① 石璋如：《遺址的發現與發掘：丁編》，第 112 頁。

(4) 己亥王田于羌□在九月隹王□。

《合集》37743(《甲》3941,《通》578)[黄組]

(5) 戊戌王蒿田□文武丁祼□王來正□。

《合集》36534(《甲》3940,《通》579)[黄組]

其中第一版是王在羌地田獵所獲,"羌"是黄組卜辭中常見的田獵地,門藝先生在其博士論文中指出田獵卜辭中於羌地捕獲的獵物中多以鹿爲主,①可見此地盛産鹿。月份是九月,年祀學界或釋爲十祀,不過因下面殘缺,不太敢確定。若確爲十祀,則該版與上面我們所定的兕頭骨刻辭時間一致,而兩版是同時同地所出,說明這兩版可能屬於同一時期。

第二版中的"蒿",學界受同類刻辭影響,多看作是地名。唯見朱歧祥先生在《殷周甲骨文字通釋稿》中認爲此字非地名,實屬動詞,卜辭"蒿田","或借爲膏,肥也;澤也。施肥以增地力也"。② 或許因朱先生對其文意的理解與卜辭用法不符,學界甚少措意(我們也是在稿成後無意翻檢得知)。後李學勤先生將甲骨文中的"蒿"釋爲"郊",謂"蒿田"疑當讀爲"郊田",即在郊行獵,郊義爲郊外。③ 現學界多從此說。其實,若仔細研讀相關辭例,可知將"蒿"看作地名並不確。甲骨文田獵卜辭中涉及田獵地點的多作"田某""田于某"或"于(惠、在)某田"等結構,而有關"蒿"的幾條辭例,皆作"蒿田",未見"田于蒿"之例,如:

(6) □酉卜,王曰貞:其蒿(⿱艹⿱合口)田。　　　《合集》29375[何組]

(7) □貞:今日既□日,王其蒿(⿱艹⿰合亯)□雨,不雨,□。

《合集》38152[黄組]

此外,《合集》28132中的▨應是"蒿"之異體,其辭例爲"□蒿宕□王其

---

① 門藝:《殷墟黄組甲骨刻辭的整理與研究》,鄭州大學博士學位論文,指導教師:王藴智,2008年,第132頁。
② 朱歧祥:《殷墟甲骨文字通釋稿》,臺北:文史哲出版社,1989年,第262頁。
③ 李學勤:《釋郊》,《綴古集》,上海:上海古籍出版社,1999年,第189~194頁;又收入《李學勤文集》,上海:上海辭書出版社,2005年,第162~166頁。

酒",而無名組的"宕"是作爲地名的,如《合集》29256"田于宕,其用兹卜"。綜合上述辭例,我們認爲卜辭中的"蒿"確如朱歧祥先生所説,應理解爲動詞,其含義應與"焚田"意近。由此,我們想到楚簡中的下列辭例:

(8) 王之北子各塚豕、酒食,蒿之。　　　　　　《望山》簡 1.117
(9) 舉禱東陵連囂子發冢豕、酒食,蒿之。　　　　《包山》簡 243
(10) 舉禱于殤東陵連囂子發肥冢,蒿祭之。　　　《包山》簡 225

對於這裏的"蒿",學界多有不同理解,其中李家浩先生讀爲"犒"之説影響較大,但正如范常喜先生所説"犒多用於軍隊,用於祭祀則相當罕見",故范先生將"蒿"理解爲"燃蒿草以祭祀"。① 我們認爲這種"蒿"似可直接理解爲"焚燎"義,屬於詞義的轉喻現象,即由材料工具引申爲動作,類似甲骨文中的"獸"表"狩"。而"蒿"表"焚燎"義與其可讀爲"郊"也是有關係的,"郊"可指"祭天之祭",而祭天主要的方式就是焚燎。《合集》28140 有"其高又至🀫,王受有又"之辭,其中的"高"也是作爲動詞的,不知與我們討論的"蒿"是否表一詞,暫記於此,以待後考。

第二版中🀫的含義,表示的乃是一種宗廟建築。以往學界多讀爲祼,②近年來,何景成先生則提出甲骨文中表宗廟建築類含義的🀫、🀫當讀爲廟,③這一觀點也頗具影響力。此處的🀫與🀫明顯爲同一詞。若從對應文獻和語言中詞的角度説,何先生將甲骨文中的這些字形讀爲"廟"確是非常好的意見。但我們認爲甲骨文中作爲建築名的🀫、🀫、🀫與🀫、🀫、🀫應是表同一詞,這幾個字形都含有用器物酓酒澆灌義(不同字形中的器物形狀可能有所不同),且當字形中帶有示旁時,器物之口總是對向示,表向祖先澆灌鬯酒之意極爲明顯。而🀫、🀫、🀫這一字形中"厂"下所從部分,現大家多公認爲"祼",整個字形也多隸定爲"廙",故🀫、🀫、🀫這類字形究竟能否讀爲"廟"也還需要有更多的證據,除非我們舊讀爲"祼"

---

① 范常喜:《戰國楚祭禱簡"蒿之"、"百之"補議》,《中國歷史文物》2006 年第 5 期,第 67～71 頁。
② 賈連敏:《古文字中的"祼"和"瓚"及相關問題》,《華夏考古》1998 年第 3 期,第 96～112 頁。
③ 何景成:《試釋甲骨文中讀爲"廟"的"勺"字》,《文史》2015 年第 1 期,第 249～270 頁。

的字形含有澆、酹之類的音。①

該版"王來征"後的内容，董作賓先生在1932年撰寫的《甲骨文斷代研究例》中有專門一節討論此版，他根據同坑出土的有"王來征人方"（即《甲》3356，《合集》36505）的一條卜辭，並結合相關"征人方"刻辭的字體，推斷此版亦是"征人方"之内容。②郭沫若先生在《卜辭通纂》中則認為所缺字當是"盂方"，三版獸頭骨皆同出一人之手筆，均為帝乙初年之物。③

第四節　骨柶類骨器刻辭研究

前面兩節討論的人頭骨和獸頭骨，其用途主要是祭祀，是用作祭祀時的貢品，刻辭内容也主要與祭祀有關。本節我們重點研究的是在既具有一定實用功能又可看作是工藝品的骨器上的刻辭，其中包括著名的宰丰骨、虎骨等骨柶刻辭，也包括用於遊戲的牛距骨類刻辭等。刻辭内容記録的是這類骨器的來源，主要是由田獵中所獲得的一些珍奇異獸或祭祀中所使用的祭品製作而成，且作為賞賜品由商王賜給下屬。

一、骨柶刻辭

1. 兕骨骨柶刻辭

1933年，商承祚先生在《殷契佚存》中著録有三件骨柶刻辭，其中編號518和426的即為著名的宰丰骨刻辭（圖一四、一五）。商先生考釋中提到"由古生物學家定為獸肋骨"，因其形狀為匕柶之形，學界統稱為"骨柶"或"骨柶刻辭"。兩版刻辭内容相同，其中《佚存》518完整，長27.3 cm，寬3.9 cm；佚存426殘缺，長12.2 cm，寬3.9 cm。後者拓片來自黃濬，也見於

---

① 有關這幾個字形之間關係的詳細論述，參筆者在《傳承中華基因》一書中為何景成先生《試釋甲骨文中讀為"廟"的"勺"字》一文所撰寫的提要部分。
② 董作賓：《甲骨文斷代研究例》，《董作賓先生全集甲編》，第408～409頁。
③ 郭沫若：《卜辭通纂》，第467頁。

第二章 銘功旌紀類記事刻辭研究　113

圖一四　《佚存》518 拓片及商承祚先生摹本

由黄濬本人編著的《鄴中片羽初集》和《衡齋金石識小録》二書中,該版實物不知是否尚存,收藏情況不詳。前者現藏國家博物館,徵集自故宫博物院原顧鰲(1879～1956)藏品。① 據《中國國家博物館藏文物研究叢書·甲

---

① 彩色照片見《中國歷史博物館藏法書大觀·甲骨文、金文》,上海:上海教育出版社,2001年;又見《中國國家博物館藏文物研究叢書·甲骨卷》,上海:上海古籍出版社,2007年;其來源據胡厚宣先生《大陸現藏之甲骨文字》一文介紹,《中研院歷史語言研究所集刊》第67本4分,1996年,第815～876頁。

骨卷》一書中介紹,該骨背面雕刻有紋飾。紋飾分四層,由上至下爲:(1) 上卷尾龍紋,龍首在骨之頂端;(2) 倒置的饕餮紋,以骨端爲正方向;(3) 勾連雲紋;(4) 倒三角雲紋。紋飾嵌綠松石,但多已脱落,僅少量殘留於紋飾中。骨正面下端削薄,厚、薄交接處做成明顯的合階狀。正面共有28字,内容完整。

(1) 壬午王田于麥彔(麓),隻(獲)商戠兕,王易(賜)宰丰,寑小兄(貺),在五月。隹王六祀肜日。

《合補》11299(《佚存》518,《存補》7.32,《掇三》4)[黄組]

(2) 壬午王田于麥彔(麓),隻(獲)☐宰丰寑小兄(貺)☐。

《合補》11300(《佚存》426,《衡齋》45,《鄴初》下 47.7)[黄組]

圖一五 《佚存》426 拓片及照片

第二章　銘功旌紀類記事刻辭研究　115

[字]，商承祚先生《殷契佚存考釋》中指出當爲"麥"之異體，甲骨文中的"麥"多從來，此處從禾，這種從禾的"麥"又見《合集》27459(《甲》3918)"庚申卜，貞：王惠麥麋逐"。

[字]，商先生認爲是"商"字繁體，各家多無異議。① 但對其含義理解則有不同，商先生認爲於此當讀爲"賞"，嚴一萍先生《甲骨學》從之；郭沫若先生《宰丰骨刻辭》一文認爲是地名，殆即商河之名所由得；②李孝定先生《甲骨文字集釋》及丁驌先生《骨柶刻辭釋》亦認爲是地名。③ 對於讀爲"賞"之不妥，丁驌先生文及白玉崢先生《殷契佚存五一八號骨柶試釋》文都已指出"獲賞"一句主語是王，而何者能賞賜王？這令人費解，不合常理。④ 但對於地名之説，白玉崢先生文中指出前面已交代田獵地點是麥麓，此處不宜再出現其他地名，且同類的其他獸骨刻辭在動物名前都未見地名，故地名之説亦不合理。白先生將"商"讀爲"降"，降伏之意，以强調所獲的是活的兕。我們贊成白先生對地名説的批駁，但將其讀爲"降"的看法也難以令人信服。丁驌先生文中曾提出"商"亦可以指倉色，如商庚亦曰倉庚，但他以後面"哉牛"已是黄牛之意，再多加一商黄之商似無必要，而未采用這一説法。其實，丁先生所提"商"指倉色之説，其合理性更强，此處的"商"正可讀爲"蒼"，是顏色詞。

"哉"，過去學界多理解爲指顏色，最近劉釗先生提出此處"哉"可讀爲"異"，"異兕"就是"奇異的兕"。⑤ 我們認爲將此處的"哉"理解爲"異"不合適，"哉兕"與卜辭中常見的"哉牛"之"哉"用法相同，而卜辭中的"哉牛"明

---

① 葛亮先生在《甲骨文名品》該片注釋中認爲此處的"商"，從晶(星)，商聲，是商星之"商"專字，此説可從，上海：上海書畫出版社，2015年，第83頁。
② 郭沫若：《宰丰骨刻辭》，見《殷契餘論》，收入《古代銘刻匯考》，東京：文求堂書店，1933年；又收入《郭沫若全集·考古編》第一卷，第405～410頁。
③ 丁驌：《骨柶刻辭釋》，《中國文字》新2期，臺北：藝文印書館，1980年，第61～63頁。
④ 白玉崢：《殷契佚存五一八號骨柶試釋》，《中國文字》新10期，臺北：藝文印書館，1985年，第93～104頁。
⑤ 劉釗：《安陽殷墟大墓出土骨片文字考釋》，《古文字與古代史》第2輯，第123～142頁；收入氏著《書馨集——出土文獻與古文字論叢》，第1～22頁。

顯與"白牛""黃牛""物牛""羊"等當爲一類,"戠牛"中的"戠"絕不是一般的奇異之意,學者將這種用法的"戠"理解爲顏色詞還是有道理的。不過,對於"戠"該理解爲何種顏色,則有不同意見,或認爲是黃色,①或認爲是赤黃色,②或以爲是赭紅色。③ 因爲顏色在認知上存有模糊性,不同國家不同族群的人對色彩的感知和對光譜的切分、不同語言對色彩的命名以及對色彩明暗深淺的表達手段都會存在差異,④故我們也很難坐實古代的"戠"究竟是何種顏色。這裏需説明的是我們將"商戠兕"中的商、戠都看作顏色詞是否有重複之嫌,其實這並不矛盾,即使按照多數學者意見將"戠"看作黃色,將商讀爲蒼,蒼與黃之間也並非完全等同。《爾雅》在對不同顏色的馬命名時既有"黃白雜毛爲駓"之説,又有"蒼白雜毛爲騅"之説,可見,蒼、黃有別,早期文獻中的蒼多與青顏色相近。總之,所謂"商戠兕"可能是一種雜色的、與多數兕顏色有別的聖水牛類型。⑤

"宰丰寢小牰兕"幾字,商承祚先生《殷契佚存》中以爲"丰寢爲宰官名,小牰爲祝官名",即斷句爲"宰丰寢、小牰兕"。唐蘭先生《卜辭時代的文學和卜辭文學》、董作賓先生《殷曆譜》、郭沫若先生《宰丰骨刻辭》、陳夢家先生《古文字中之商周祭祀》等都認爲"宰丰"爲人名,現這一説法已得到公認。"宰"爲職官名,"丰"爲其私名。後面的"寢小牰𠘨"一句中"𠘨"的含義則衆説紛紜,該字各家多隸定爲"兄",商承祚先生讀爲"祝";郭沫若先生認爲通"貺",並將"牰兄"理解爲聯語,認爲是"兕貺"之假借;丁驌先生則認爲字形表拜謝義。釋"祝"之説是在早期將甲骨文中的"𠘨""𠘨""𠘨""𠘨"視爲一字的情況下所作的釋讀,1983年,姚孝遂先生《古文字的符號化

---

① 商承祚《殷契佚存》即持此觀點,學界從此説者較多,或理解爲土黃色、黃褐色。
② 王宇信、楊升南主編:《甲骨學一百年》,第251頁。
③ 王暉:《宰丰骨柶刻辭與功能考釋》。
④ 參趙曉馳:《上古—中古漢語顏色詞研究》,北京:中國社會科學出版社,2016年,第4頁。
⑤ 侯乃峰先生《宰丰骨匕獵獲物"商戠兕"小考》一文認爲辭中"戠"當讀爲"犆""特",指牡牛,文載《第七屆中國文字發展論壇論文集》,安陽,2019年,第1~7頁。我們認爲甲骨文中"戠牛"之"戠"應與顏色有關。

問題》一文指出卜辭中"㇛""㇛"與"㇛"有別,前者爲"祝",後者爲"兄",區分嚴格,並不相混。① 這一觀點現已得到學界的普遍認同。不過,對於甲骨文中的"㇛",姚先生則因將《佚存》166 中的㇛看作是㇛,認爲其與"㇛"相同,都爲祝字,字形以突出手掌形以區別於"兄",② 此説得到裘錫圭先生認同。③ 對此,沈培先生在《説古文字裏的"祝"及相關之字》一文中仔細做了辨析,指出《佚存》166 中的字形下部豎筆乃爲泐痕,其字形實作㇛形,即爲普通的"祝",並非"㇛",姚先生將"㇛"與"㇛"看作一字的觀點並不正確。④ 也就是説,目前甲骨文中的"祝"皆作"㇛""㇛"等跪踞人形,站立人形的"㇛""㇛"不能釋爲"祝",故釋"㇛"爲"祝"之説不可信。沈先生指出宰丰骨中的"㇛"與金文中的"㇛"一樣當讀爲"貺"。⑤ 其用法含義可對比下列金文辭例:

(3) 唯八月初吉,王姜錫旂田三于待劃,師榶酤貺,用對王休,子子孫孫其永寶。　　　　　　　　　　　《集成》2704

(4) 王大省公族于唐,振旅,王錫中馬自隝侯四騅,南宮貺,王曰:用先,中執王休,用作父乙寶尊彝。　　　　　　　《集成》6514

(5) 唯王于伐楚伯,在炎,唯九月既死霸丁丑,作册夨令尊宜于王姜,姜賞令貝十朋、臣十家、鬲百人,公尹伯丁父貺于戍。

　　　　　　　　　　　　　　　　　　　　　　　《集成》4300

---

① 姚孝遂:《古文字的符號化問題》,《古文字學論集初編》,香港中文大學中國文化研究所吳多泰中國語文研究中心,1983 年,收入《姚孝遂古文字論集》,北京:中華書局,2010 年。松按:甲骨文中的㇛、㇛,學界多讀爲鳳凰之"鳳",這是建立在將所从的㇛讀爲"兄"看作是"鳳"之聲符基礎上得來的。董蓮池先生《談談大龜七版中的"觀"》一文則明確指出該字形从"祝"。《中國文字研究》第 24 輯,上海:上海書店出版社,2016 年,第 1~5 頁。

② 參《甲骨文字詁林》"㇛"字頭下按語,第 349 頁。

③ 裘錫圭:《商銅黿銘補釋》,《中國歷史文物》2005 年第 6 期,收入《裘錫圭學術文集·金文及其他古文卷》,第 173~175 頁。

④ 沈培:《説古文字裏的"祝"及相關之字》,《簡帛》第 2 輯,上海:上海古籍出版社,2007 年,第 1~30 頁。

⑤ 沈培先生文中提到最早將金文中的㇛讀爲"貺"的學者大概是楊樹達先生,參楊樹達:《眉鼎跋》,《楊樹達文集·積微居金文説》,上海:上海古籍出版社,2007 年,第 61 頁。

(6) 唯十又三月庚寅,王在寒次,王令太史貺福土,王曰:中,兹
　　福人入事,錫于武王作臣,今貺畀汝福土,作乃采。

《集成》2785

(7) 乙卯,王令保及殷東國五侯,誕貺六品,蔑曆于保,錫賓,用作
　　父癸宗寶尊彝。　　　　　　　　　　　　《集成》6003

(8) 丙辰,王令姏其貺𢍜于夆田渴。賓貝五朋。　《集成》5412

(9) 王令般貺米于鑄𠂤[圖],[圖]用賓父己。　　《集成》9299

(10) 唯五月,王在斥,戊子,令作册折貺望土于相侯,錫金錫臣,
　　 揚王休,唯王十有九祀,用作父乙尊,其永寶。《集成》9895

(11) 丙申,王遊于洹,獲。王一射,贊射三,率無廢矢。王命寢馗
　　 貺于作册般。　　　　　　　　　　　　《銘圖》19344

　　上引例(3)～(5)都先提及王等人先賞賜什麼,然後由某某貺之語,這與宰丰骨表達方式完全一致。關於貺與賜的區別,彭裕商先生指出"貺主要是轉交賜物,而賜則是指上對下的賜與",①董珊先生認爲"貺"的主要意思是給予,賞賜意思較弱。② 這些都是非常合理的意見。例(11)銅黿中的"王命寢馗貺于作册般"一語,李學勤先生在《作册般銅黿考釋》一文中已將其與宰丰骨作了對照。李先生文中説道:"商王在麥麓田獵獲兕,即野牛,命寢小耤貺賜給宰丰,和黿銘王在洹水獲黿,命寢馗貺賜予作册般,情況彼此相似。"③作册般銅黿的發現對理解宰丰骨有極大的幫助,只要將"寢馗貺"與"寢小耤貺"一對讀,即可知郭沫若先生將"耤貺"讀爲"兕觥"、"寢"釋爲"飲",白玉崢先生將"小"釋爲"八十"、"貺"理解爲拜謝,王暉先生將"耤貺"讀爲"柶觥"等種種皆爲誤説。這裏的"寢"亦爲職官名,李學勤先生認爲其職能近於《周禮》中的宫伯,是管理宫

---

① 彭裕商:《保卣新解》,《考古與文物》1998年第4期,第68～72頁。
② 董珊:《從作册般銅黿漫説"庸器"》,《古代文明研究通訊》第24輯,2005年,第26～29頁。
③ 李學勤:《作册般銅黿考釋》,《中國歷史文物》2005年第1期;收入氏著《文物中的古文明》,第216～219頁。

寢的近臣，①"小㠯"乃是私名。

宰丰骨刻辭含義就是王六年五月的壬午這天，王在麥麓田獵，獲得的一頭青黃色的野牛，王將其一部分賜給了宰丰，禮物是由名爲小㠯的寢官轉交的，這天正值肜祭某祖先。

2004年，安陽出土了一塊鑲嵌綠松石的骨片，②其上面的內容正好與宰丰骨刻辭有關，我們放在這裏一並討論。劉釗先生對該骨版刻辭進行了很好的研究，並做有摹本（圖一六），③刻辭內容爲：

(12) 壬午，王遊于礜厴，延田于麥彔（麓），隻（獲）兕，亞易（賜）☐。

劉先生文中指出該刻辭中的干支、田獵地點、捕獲到的獵物與宰丰骨完全一樣，兩者説的很可能是同一件事，這一觀點可信。刻辭對事情的敘述與宰丰骨相比有詳有略，前面有關王田獵背景的敘述比宰丰骨詳細一點，指出王是到礜地田遊，駐扎安頓好後，到麥麓來打獵，麥麓很可能是屬於礜地下面的一個田獵地點。辭中對"兕"的性狀未做描述，"亞賜"中的"亞"爲賜的對象，"賜"用爲被動式，對此，劉先生舉出何尊的"何賜貝三十朋"、麥方尊的"麥賜赤金"等證據。結合上面宰丰骨來看，當時王應是將獵獲的野牛賜予了多

圖一六

---

① 李學勤：《考古發現與古代姓氏制度》，《考古》1978年第3期；收入《當代名家學術思想文庫·李學勤卷》，瀋陽：萬卷出版公司，2010年，第380～390頁；關於甲骨文中的"寢某"，可參看魏慈德《甲骨文中的寢官》，臺灣嘉義大學中文系《嘉大中文學報》第5期，2011年，第181～206頁。

② 劉忠伏、孔德銘：《安陽殷墟殷代大墓及車馬坑》，《2005年中國重要考古發現》，北京：文物出版社，2006年。

③ 劉釗：《安陽殷墟大墓出土骨片文字考釋》，《古文字與古代史》第2輯；收入氏著《書馨集——出土文獻與古文字論叢》。

人,宰丰和這裏的亞官都得到了王的賞賜,兩人都以此爲榮耀,在享用完野牛肉後,又將牛骨加工爲骨器,並在上面刻下了文字以示紀念。這與西周金文中常見的作器者因得到上級賞賜而製作青銅器來作爲紀念是同一個道理。

《佚存》427 也是一版骨柶刻辭(圖一七),拓片來自黄濬所藏,亦收入《鄴中片羽初集》中,實物情況不詳,骨版殘斷不完整,内容如下:

(13) 辛巳,王剞武丁㝬☐彔(麓),獲白兕。丁酉☐。

《合補》11301(《佚存》427,《鄴初》下 47.9)[黄組]

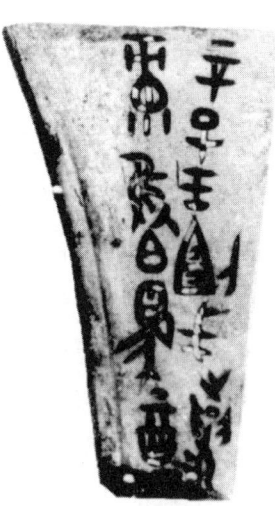

圖一七 《佚存》427

刻辭中"剞武丁㝬"類結構,又見於下面將提及的牛距骨刻辭中,另外甲骨卜辭中亦有一些例子:

(14) 乙酉卜:其剞父甲㝬在兹逸,成。
　　　于卣剞父甲㝬。　　　　　　　　　《合集》27465[歷無]
(15) 丁酉貞:其剞祖乙㝬☐
　　　弜剞。
　　　甲辰貞:惠壬子剞祖乙☐。　　　　《合集》32547[歷二]

(16) 癸巳貞：其曩祖乙罘父丁。
　　　弜罘父丁剮。　　　　　　　　　　　　《屯南》1128[歷無]
(17) 壬午卜：其剮毓父丁曩。　　　　　　　《屯南》647[歷無]
(18) □丑卜，貞：王旬亡𡆥。在四月，甲寅彡日戔甲。曰剮祖乙。
　　　　　　　　　　　　　　　　　　　　《合集》35657[黃組]

對這類刻辭的含義，陳劍先生曾有過精彩的論述，現轉引如下：

殷墟甲骨文"劚/剮"和"則"字多與祭祀有關。《合集》307"剮羌百"，《合集》308"剮百羌"，"剮"作爲用牲法，可能即其字形所表現的"分割牲體"之義。《殷契佚存》427雕花骨柶記事刻辭："辛巳，王剮武丁曩(其中"隹"形原倒寫，下同)□彔(麓)，獲白兕。丁酉□。"《合集》35501記事刻辭云"王曰則大乙曩于白菉(麓)"；《合集》27465"剮父甲曩"兩見，《合集》32547"剮祖乙曩"兩見，《合集》35657亦有"剮祖乙曩"，《屯南》647云"剮毓父丁曩"。卜辭或貞卜"取唐曩"、"取祖乙曩"(看《類纂》第664頁"曩"字下"取曩"條)，上舉"剮某某曩"與之結構相同，當即"爲對某人的曩祭而舉行或進行'剮'"之意。《屯南》1128："己巳貞：其曩祖乙，罘父丁。○弜罘父丁，剮。"當理解爲將對祖乙舉行曩祭，貞卜是否對父丁也一併舉行，或是不要對父丁舉行曩祭，但爲對祖乙的曩祭而舉行或進行"剮"。"曩"字雖尚不能確釋，但其當爲以田獵所得、戰爭所俘獲的禽獸向祖先獻祭，這一點是可以肯定的。"剮某某曩"的祭祀，可能也跟將所獻祭的犧牲加以分解有關。卜辭有"生曩"之貞(看《類纂》第664頁"曩"字下"生曩"條)，如"生曩自唐"(《合集》1332)、"生曩于唐"(《合集》1977)、"祖乙其生曩"(《合集》32545)等，應即將田獵所得、戰爭所俘獲的禽獸活着獻祭之意，似可與"剮某某曩"相印證。《合集》29405："王其剮敝鹿。大吉。擒。"此"剮"字似用爲田獵手段。楊樹達、李孝定先生均讀爲"徂"訓爲"往"，不可信。《英藏》

2356：" ☐ 卜：王其剼禱，惠☐ "，" 剼 "亦用爲祭祀動詞。①

上面那條刻辭的意思就是辛巳那天王在某麓來分割用於祭祀武丁的祭牲，這些祭牲就是在某麓田獵時所擒獲的，其中捕獲到一頭白色的野牛，丁酉那天賜給了某人（很可能也是一位宰官，其用這頭兕牛骨做成了一件骨柶以作紀念）。

2. 虎骨骨柶刻辭

(19) 辛酉王田于雞泉（麓），隻（獲）大霝虎，在十月，隹（唯）王三祀叠日。　《合集》37848(《懷特》1915,《掇三》3)[黃組]

這版雕花骨柶刻辭爲加拿大懷履光（Willam Charles White，即懷特）舊藏，現藏加拿大多倫多皇家安大略博物館（圖一八）。博物館網頁公布有該骨版的彩色照片，并對其尺寸和著錄情況進行了介紹，骨柶長18.5 cm，寬3.2 cm，厚3.3 cm。該骨版最早著錄於懷特的《中國古代的骨文化》，文中稱該骨版來自安陽，于1935年購於倫敦盧氏公司。胡厚宣先生在1955年出版的《殷墟發掘》一書中對此作了釋文，並從字體上判斷爲殷紂王時的東西。刻辭大意胡先生翻譯爲："殷紂王三年十月辛酉這一天，紂王在雞麓這個地方打獵，捕住了一隻大的老虎，這時正遇著紂王舉行劦日的祭禮。"②

1961年，凌純聲先生在《匕鬯與醴柶考》一文對該骨柶的介紹如下：

本件爲匕器中刻字最多者。現長220 mm，上端殘缺，中寬23 mm，下寬40 mm。器之刻文分兩面：左，正面凸出，匕柄之厚的一端，刻一龍紋，懷特氏謂類似西醫動物展肢而臥。龍紋兩旁各刻夔龍，左一，因骨碎不易看出，右一係夔龍的側形甚爲清楚。

---

① 陳劍：《甲骨金文舊釋"蠢"之字及相關諸字新釋》，《出土文獻與古文字研究》第2輯，上海：復旦大學出版社，2008年，第42～43頁。
② 胡厚宣：《殷墟發掘》，上海：學習生活出版社，1955年，第35頁；收入胡厚宣《古代研究的史料問題、五十年甲骨文發現的總結、五十年甲骨學論著目、殷墟發掘》，第291～292頁。

圖一八

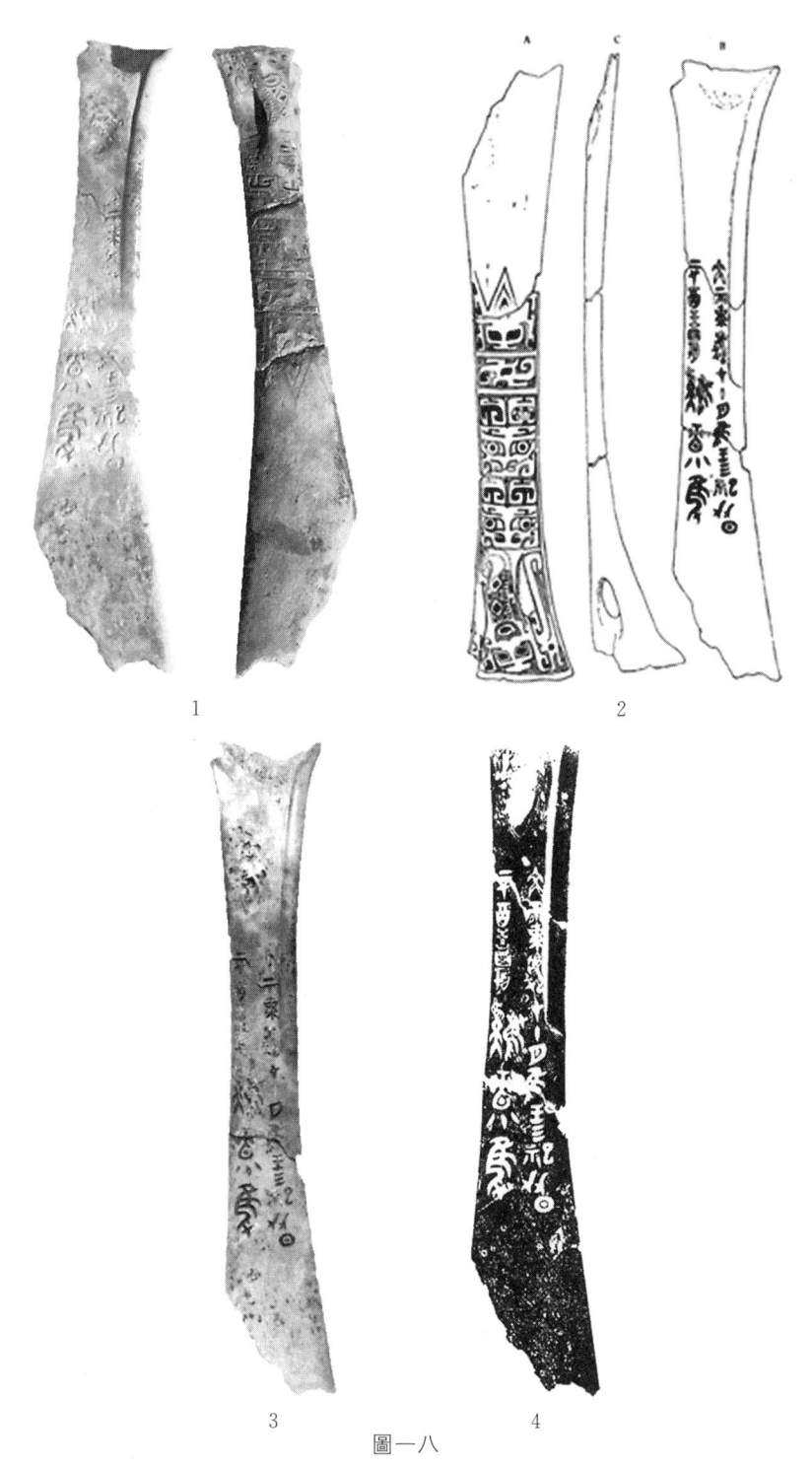

1、2.《中國古代的骨文化》附照片及摹本　3.《歐美亞所見甲骨錄存》69
4.《懷特》1915

柄之上端再刻兩饕餮紋。匕腰刻一夔龍側形，中有一眼。葉下邊刻蟬紋，餘均空白。右，反面凹入，刻有文字，董彥堂先生譯爲今文："大䘸虎。在十月，隻王三祀，劦日。辛酉，王田于雞彔（麓）隻（獲）"。懷特氏斷定此骨匕的年代，帝辛三年，西元前1172年。此匕係用未能確定何種獸之肋骨所製，柄之下端有一孔，正反兩面雕刻的花紋文字中均嵌松綠石，製作甚爲精美。①

1967年，金祥恒先生在《加拿大多侖多博物館所藏一片骨柶銘文的考釋》一文中首次指出該刻辭乃因獲大虎而銘刻，以旌田獵之功，故此骨當爲虎骨。② 後經專家鑒定，該骨爲虎的右上膊骨，金先生的意見得到證實。

金先生認爲"虎"上一字，董作賓先生釋"䘸"乃沿用懷特"大示東虎"之誤，字形上乃從雨，當隸定爲霐。關於該字形，還曾見於殷墟出土的另外一件骨器上。③《1969—1977年殷墟西區墓葬發掘報告》一文曾有過介紹："長條薄片，上刻花紋，嵌綠松石，長9.6釐米。"文中未提及上面刻有文字。2018年，葛亮先生參觀殷墟博物館時曾拍攝有較清晰的照片，但他當時也未曾注意上面刻有文字，時隔一年再次參觀時經牛世山先生告知，才注意到上面刻有文字，字形作，上面的"雨"字頭處於殘斷處，可能不完整，字形上鑲嵌有綠松石。該骨器形狀及文字風格皆與上面的虎骨相似，圖案紋飾與虎骨有別，可惜該骨器材質未經鑒定，不知是否亦爲虎骨。（圖一九）

對於該字，上引金先生文認爲霐雖不見於甲骨金文，然東即束字，疑霐爲《集韻》中訓小雨貌的霚。現學界多將該字看作是霸字所從的"䨣"，《説文》："䨣，雨濡革也，讀若脯。"甲骨文中還有一個用作地名的（《屯南》873），學界也多釋爲霸。④ 其左邊所從明顯與、中所從爲同一字形。

---

① 凌純聲：《匕鬯與醴柶考》，《中研院民族學研究所集刊》第12期，1961年，第179~216頁。
② 金祥恒：《加拿大多倫多博物館所藏一片骨柶銘文的考釋》，《華岡學報》第4期，1967年；此處引自《甲骨文獻集成》第6册，成都：四川大學出版社，2001年，第150~151頁。
③ 此點承葛亮先生告知，下所述相關信息及資料圖片皆蒙葛先生惠賜，在此謹致謝忱。
④ 黃德寬主編：《古文字譜系疏證》，北京：商務印書館，2007年，第1655頁。

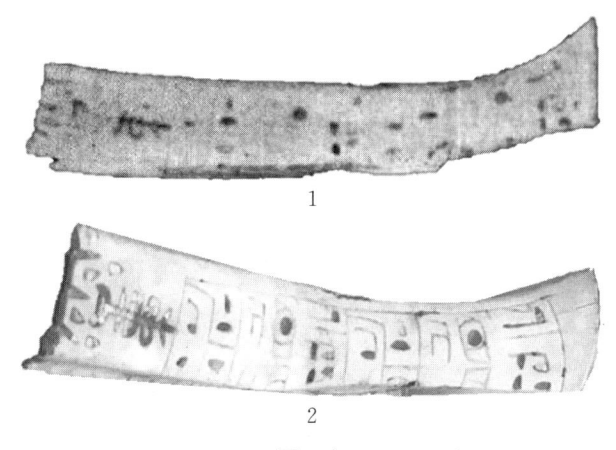

第二章　銘功旌紀類記事刻辭研究　　125

1

2

圖一九
1.《1969—1977年殷墟西區墓葬發掘報告》所附圖片
2. 葛亮拍攝照片

將這些字形與西周文字中的"霸"相對比,可知學界釋讀爲"霸"的意見完全正確。西周甲骨中的"霸"作☒。金文中的"霸"字形,黃錦前、張新俊先生曾做過梳理,歸納有下列四種字形:①

Ⅰ　☒令簋　☒作册大鼎　☒周乎卣　☒豆閉簋　☒遹曹鼎
　　☒揚簋　☒大簋
Ⅱ　☒呂鼎　☒衛簋　☒守簋
Ⅲ　☒師奎父鼎
Ⅳ　☒、☒曾仲大夫螽簋

我們通過金文通鑒也檢索了一下"霸"字字形,發現西周早期及西周中期前段的霸字多作☒(令簋,《集成》4300)、☒(作册大鼎,《集成》2759)、☒(榮仲鼎,《銘圖》2412)、☒(韓伯豐鼎,《銘圖》2426)、☒(霸姞鼎,《集成》2184)、☒(霸仲簋,《銘圖》30323)、☒(周乎卣,《集成》5406)。這類字形

---

① 黃錦前、張新俊:《說西周金文中的"霸"與"格"——兼論兩周時期霸的地望》,《考古與文物》2015年第5期,第105~111頁。

中所從的"霍"與甲骨文可謂一脈相承。"霍"字中"雨"下所從字形異體較多，其中字形寫法最爲完整的當屬殷墟西區墓葬中出土骨器上的文字，作 ◰，其他多在此基礎上或省去最上面的口形，或無口下一橫筆；西周甲骨中的 ◰，其中所從字形上面無口形，口下橫筆寫成分叉狀，橫筆變分叉也是字形演化中的常見現象。上面這些字形中間的豎筆上多有兩圈形，若少寫一圈便成爲 ◰ （霸簋，《銘圖》4610）、◰ （作册大鼎，《集成》2760）、◰ （作册大鼎，《集成》2761）。西周中期以後慢慢形成了以 ◰ （揚簋，《集成》4295）、◰ （大鼎，《集成》2808）、◰ （大簋，《集成》4298）、◰ （頌鼎，《集成》2827）等爲主的字形。後一類可謂是現所寫"霸"的直接來源，字形中除去"雨"和"月"後的字形即爲西周金文中的標準"革"字形，這點只要對比西周金文中單獨的革字及從革的勒、鞭等字即可得知。

我們一開始曾懷疑過"霸"字並非從"革"，因爲甲骨文中的"革"作 ◰，象展開的動物皮革之形，象形程度極爲明顯；而甲骨文中 ◰、◰、◰ 字所從的字形與"革"字寫法並不一樣。① 但從上列霸字的演化看，後世革字形確由 ◰ 演化而來；且西周中期金文中的"勒"也可寫作 ◰ （《集成》2830）、◰ （《集成》4341），"鞭"字又可作 ◰ （《集成》4273）。可見，將 ◰ 看作"革"可能還是最爲合理的解釋。整個字形與象形的 ◰ 相似程度還是比較高，且兩者存在時代早晚之别，◰ 主要出現於花東卜辭中，屬於早期字形寫法，而 ◰ 這一字形主要出現在晚期。並且，若仔細觀察虎骨刻辭中 ◰ 字形中間的兩個圈形筆畫，與 ◰ 中間所從相似度頗高，並非普通的○或口形。另外，字形上加口形的字在構形上多數也是與人或動物之口有關，如 ◰、◰、◰、◰ 等字。特别是 ◰、◰，裘錫圭先生認爲是"求"字異體，表多足蟲；裘先生文中還提及甲骨文中的 ◰ 與 ◰ 應爲一字異體。② 這幾個異體字形中，一個較爲彎曲，一個刻寫較直，正好可與 ◰、◰ 之間的差異相類比。

對於虎骨刻辭中"霍"含義，裘錫圭先生曾提出讀爲"膊"的意見，"大

---

① 黃天樹師曾告訴過筆者虎骨刻辭中"霍"字所從即由 ◰ 演化而來，作者當初還有些懷疑，現來看黃師説可信。
② 裘錫圭：《釋"求"》，《裘錫圭學術文集・甲骨文卷》，第274～284頁。

膊虎"是指膊骨很大的老虎,這正好與虎骨的部位爲膊骨相合,類似於器物"自名";①而劉釗先生認爲或可讀爲"白",辭例可比勘"商戠兕""白兕"之類獸骨刻辭。② 不論是將"霏"讀爲"膊"還是讀爲"白",兩者在語音通假上都毫無問題。若從辭意角度來說,劉釗先生讀爲"白"的意見似乎更爲合理,因爲若依裘先生之説,則"大膊骨"屬於動物骨骼方面的特徵,這似乎只有在將虎捕殺肢解之後才能看出,而這類刻辭描述的多是動物外在整體特徵。但將其讀爲"白"也並非就完全没有問題,因爲從用字習慣來看,甲骨文表顔色含義的"白",其用字一直很固定,"白"作爲一個極常見及簡單的字形,此處爲何不直接用"白",而要用一個假借字"霏"? 這也難免令人生疑。當然,對於這一疑問,我們可舉出戰國文字中"一"寫作"罷"的用例來反駁,但畢竟戰國時代用字情況複雜,且數字詞有其特殊性。故讀"霏"爲"白"一説也有待更多的證據。白玉崢先生在《殷契佚存五一八號骨柶試釋》一文中曾指出"大霏虎"是狀所獲之虎之形態與猛悍,這一理解或許更合理。上引劉釗先生文中也曾提到"霸"可訓强悍。我們在未見到殷墟博物館收藏的那件骨器材料前,曾懷疑"霏"或可讀爲"猛",猛是明母陽部字,與霸韻母陽入對轉,聲母同爲脣音,戰國文字中的"猛"可寫作🈂(《郭店·老甲》33),從丙得聲,丙即爲幫母字。但殷墟博物館骨器上"霏"下並無"虎"或其他動物字,且從形制看也不像刻寫有兩行文字,故將其讀爲"白"或"猛"可能皆不可靠,裘先生的讀"膊"之説反倒存在一定合理性,屬於交待器物之材質。不過,因該器物殘缺且材質未做鑒定,究竟這類刻辭中的"霏"該理解爲什麽意思還有待進一步研究。

至於虎骨刻辭之時代,學界多據"唯王三祀"之祀譜,定爲帝辛之祀。

3. 牛骨骨柶刻辭

1934 年至 1935 年所發掘的侯家莊 1001 號大墓中,出土的很多雕紋

---

① 裘先生意見爲其講課時所提,筆者聽聞於黄天樹師課堂講授。下引劉釗先生《安陽殷墟大墓出土骨片文字考釋》一文亦提及陳劍先生轉述裘先生意見。
② 劉釗:《安陽殷墟大墓出土骨片文字考釋》,《古文字與古代史》第 2 輯,收入氏著《書馨集:出土文獻與古文字論叢》,第 10 頁注 1。

骨柶上也有一些文字，梁思永、高去尋先生的《侯家莊·1001號大墓》（下簡稱《侯家莊》）書中介紹道：

骨柶之各邊，面皆不見使用痕。偶有首段具圓穿著。摺邊常刻有文字或符號，計有：(1)一(2)二(3)三(4)☒(5)×(6)Z(7)✕(8)☒(9)二(10)☒(11)☒(12)♀。(1)—(6)共見二百四十餘次；Z與×似爲☒之省筆或未刻完備者。✕僅一見。☒與二，☒與☒在雕花骨柶上偶見，且上下二字有相當之距離。"大牛"二字見於雕紋骨柶中。此外兩件第1式骨柶尾端之背面上，似各有相同之三個文字(?)，上下行，硃書因磨滅殆盡，不能辨認。①

其中有關"大牛"的四版見下圖（圖二〇），文字與花紋的方向皆相反。

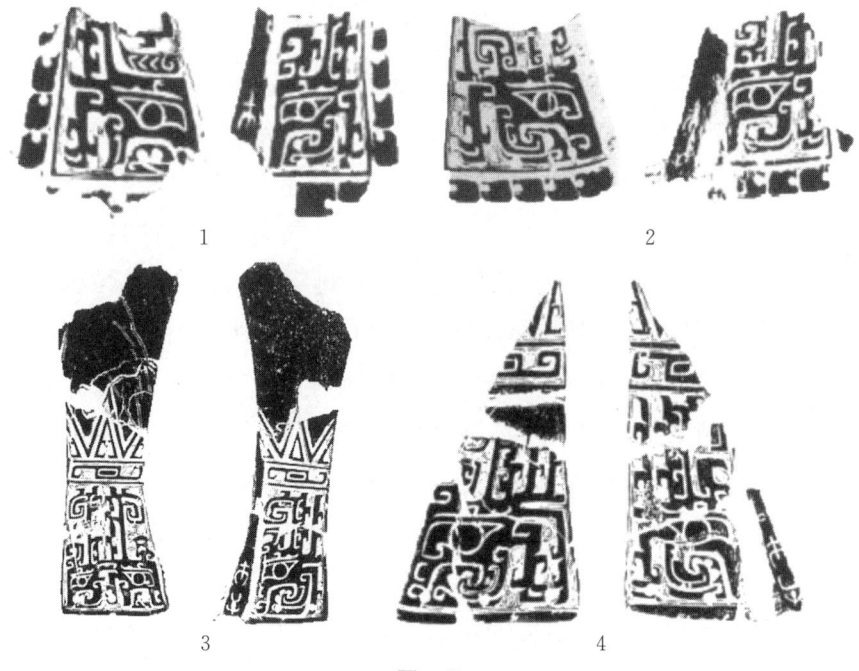

圖二〇
1.《侯家莊》圖版貳壹壹之10　2.《侯家莊》圖版貳壹壹之9
3.《侯家莊》圖版貳壹伍之5　4.《侯家莊》圖版貳壹叁之4

---

① 梁思永、高去尋：《侯家莊·1001號大墓》，臺北：中研院歷史語言研究所，1962年，第281頁。

刻寫數字的這類骨器數量很多,《虛》685 著錄的所謂"骨刀刻辭"應就是這類骨器(圖二一)。

圖二一
1.《侯家莊》圖版貳壹貳之 1　2.《侯家莊》圖版貳零玖之 1　3.《虛》685

1999 年 10 月—12 月,中國社科院考古所安陽工作隊在洹北花園莊東地的考古發掘中,發現有一件刻有"戈亞"二字的骨匕殘片(圖二二),亦可歸入此類。①

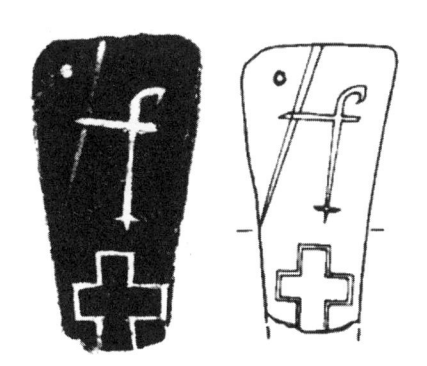

圖二二　洹北商城出土"戈亞"骨匕

---

① 中國社會科學院考古研究所安陽工作隊:《1998 年—1999 年安陽洹北商城花園莊東地發掘報告》,《考古學集刊》第 15 集,北京:文物出版社,2004 年,第 337~339 頁。

二、牛距骨刻辭研究

目前所見商代牛距骨刻辭共有兩件,一件爲解放前殷墟考古發掘所得,另一件爲近年來公布。

1936 年,殷墟第三十次發掘時,在小屯村北的 YH0006 號南井中出土了一塊獸骨,經古生物學家楊鍾健先生鑒定爲牛的一塊左距骨,這種牛與稱爲"兕"的聖水牛非一類。高去尋先生《殷墟出土的牛距骨刻辭》一文對此進行了全面的研究,據高先生介紹:該骨外長 69 mm,内長 73 mm,寬 55 mm。刻辭刻在後下面的一片小凸面上,第一行末一字的右下角,伸入了骨骼原有的一個小凹穴裏面,刻辭由上而下,由右而左分行排列,刻辭内塗有朱砂。① (圖二三)

圖二三 《甲》8688

此版刻辭内容作:

(20) 王曰㽙大乙繇于白菉(麓)。☒宰丰。《合集》35501[黄組]

辭中的"曰"表命令之意,"㽙大乙繇"與前面骨柶刻辭"㽙武丁繇"(《佚存》427)句式結構含義一樣,参前文所述。該刻辭中詞義較難理解的就是☒,對於該字的結構拆分有兩種認識:一是認爲該字从厂从有,高去尋先生即如此認爲,隸定爲"厬",李宗焜先生《甲骨文字編》隸定爲"砳";二是認爲該字从肉从反,隸定爲"肢",劉釗先生持此説。對其在句子中的含義,高去尋先生認爲可能是宥字的另一種寫法,在這裏表示侑助義,是説王在舉行祭祀的時候,宰丰助王祭祀。高先生將☒單獨點斷,認爲後面"宰丰"是

---

① 高去尋:《殷墟出土的牛距骨刻辭》,《中國考古學報》第 4 册,北京:商務印書館,1949 年,第 155～184 頁。

記事者的簽名。劉釗先生即認爲此處表示的是"致胙"之意,將該字讀爲"膰",認爲古漢語中祭肉稱"膰",將祭肉賜人也稱"膰"。① 此可備一説。從這類刻辭的文例來看,"肙宰丰"應含有賞賜宰丰之類含義,我們傾向於將 肙 看作從"有"得聲,② 讀爲"賄",理解爲贈送之意,用法如同以下金文中的賄:

(21) 唯九月既生霸癸酉,公命鼄從禹(?)友(賄)聖炎土。

《集成》6005

(22) 唯十又六年七月既生霸乙未,伯太師錫伯克僕卅夫,伯克敢對揚天佑王伯友(賄),用作朕穆考後仲尊壺。《集成》9725

(23) 復友(賄)瓚比其田,其邑復歈、言二邑。　《集成》4466

整個刻辭的意思應是王命令在白麓來分割用於祭祀大乙的祭牲,並將祭肉分賜給宰丰。這塊牛距骨就是屬於商王所賞賜的祭肉裏的骨頭。宰丰以得到商王的賞賜而十分地榮耀,於是對這塊牛距骨進行了加工,並在上面記錄下了來源。

近年來新見的另一件牛距骨最早見於宋鎮豪先生所著的《商代社會生活與禮俗》一書中,③ 後焦智勤先生在《殷墟甲骨拾遺·續六》中也公布了這一資料,④ 上引劉釗先生《談新公布的牛距骨刻辭》一文根據前面兩位學者提供的材料對其作了全面的研究。2015 年出版的《殷墟甲骨拾遺》著

---

① 劉釗:《談新公布的牛距骨刻辭》,《中國國家博物館館刊》2013 年第 7 期,第 38～47 頁;收入氏著《書馨集——出土文獻與古文字論叢》,第 58～78 頁。
② 謝明文先生提示筆者說甲骨文中似未見有明確的"有"字,該字能否看作"有"聲也還有疑問。謝先生的這一提示還是很有道理的,目前古文字明確的"有"字主要見於西周早期金文,多作 , ,肉形多與手指相連,表手持肉義。而此處牛距骨刻辭中的 ,肉形與手臂相連,是否看作"有"確非一定。不過,我們也不贊成將該字看作從肉從反,畢竟字形上"肉"和"又"書寫得更爲緊密,即使此處字形不能釋爲"有",但也可以理解爲從"又"得聲,故讀爲"賄"仍有其可能性。
③ 宋鎮豪主編:《商代社會生活與禮俗》,《商代史》第七卷。
④ 焦智勤:《殷墟甲骨拾遺·續六》,《甲骨文與殷商史》新 2 輯,第 257～291 頁。

録了該骨版的正反側面彩照,並附有拓本和摹本(圖二四)。① 據焦智勤先生介紹,刻辭字口中鑲嵌有綠松石。

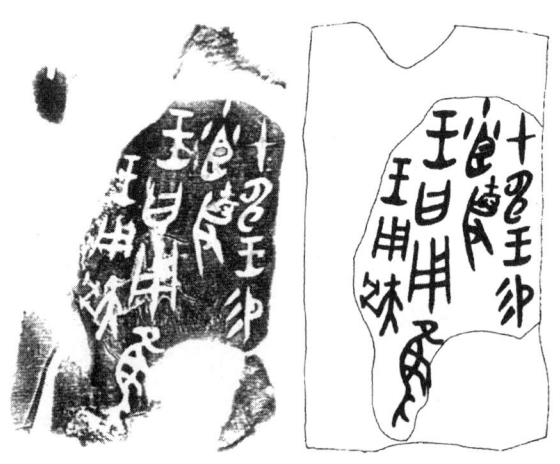

圖二四 《拾遺》647 拓片及摹本

其内容作:

(24) 甲申王易小臣󱀀。王曰用,隹王用󱀁。　《拾遺》647[黄組]

刻辭中出現兩個疑難字󱀀、󱀁。前一個字應爲小臣的名字,宋鎮豪先生文中隸定爲𢻸;劉釗先生認爲從"丮"从"丰",可視爲"奉"字的一種繁複寫法。我們在上面一章裏曾指出該字可讀爲"揚",謝明文先生亦有專文論述,並對我們的説法有所補正。②

󱀁字形从骨从夫,宋鎮豪先生隸定爲"骬",正確可從。宋先生認爲當讀如"髆"若"膊",但《説文》訓"髆"爲肩甲,是指肩胛骨,而此骨是一塊整治光溜的關節骨,形狀不合(宋先生文中又提出"骬"可讀爲《釋名》中訓爲"膝頭"的膊,那是誤將"膊"看成了"髆",劉釗先生文中已指出其誤)。劉

---

① 宋鎮豪、焦智勤、孫亞冰編著《殷墟甲骨拾遺》。
② 謝明文:《試論"揚"的一種異體——兼説"圭"字》,《甲骨文與殷商史》新 9 輯,上海:上海古籍出版社,2019 年,第 234～246 頁。謝先生文中指出󱀀乃表雙手奉圭形,字形中的󱀂是"圭"字演變而來,非由"王"演變。

釗先生指出該骨應爲牛距骨,正確可從。① 對於"肰"的釋讀,劉先生認爲可讀爲"距",其文中又介紹了陳劍和董珊兩位先生的意見,認爲可讀爲"博",該骨可能是作爲占卜或遊戲用的博具。我們認爲陳劍和董珊先生的觀點更合理,該刻辭含義應是王將自己所用的博具賜給了小臣✦,讓其使用。由此我們可以知道上面提到的第一塊牛距骨,其功能應與第二件類似,應該也是作爲當時占卜或遊戲的一種博具使用的。

三、其他骨角器刻辭

在殷墟出土的骨角器中,也有一些上面刻有記事性的文字,如安陽侯家莊西北崗出土的一件鹿角器上刻有"亞雀"二字,收入《甲》3942(圖二五)。

此外,侯家莊 1001 號大墓中還出土一件象牙"卡子"狀頂飾,上也有文字(圖二六)。現將《侯家莊‧一〇〇一號大墓》中所記錄的情況摘引如下:

> 翻葬坑中 10.0 m 深出土,保存情形不完好:由兩破片接合後尚缺下端之小半頂面亦稍有傷殘。形制與"骨卡子"大致相近,爲一橫斷面腰圓形之梯形片,頂端較底端稍長,一寬側面縱中凸,相對之另一寬側面縱中凹,底面平,中央有一平底之圓穴,現因下端之殘缺,穴壁之上部僅存少半。表面打磨光平,色棕黃。
>
> 頂面平,刻有陰文之銘文"昌入二"三字,"入""二"兩字間有一傷殘之小溝。

圖二五 《甲》3942

---

① 宋鎮豪先生在《殷墟甲骨拾遺》一書的序言中也接受了該骨爲牛距骨的觀點。

圖二六

1.《侯家莊》圖版壹柒伍之 19　2.《侯家莊》圖版壹柒柒之 12

用途：當爲某種器物之頂端之裝飾，或以爲乃筓頂蓋之一種，似有可能。

高 21.3 mm，寬：上端 29.5 mm，下端約 23.5 mm，厚 14.9 mm，穴口徑不詳，底徑 7.8 mm，深 7.5 mm。[①]

其中的"昌入二"意思是名爲昌的人貢納了兩個這類骨器。

除上述殷墟發掘外，在懷履光所著的《Bone Culture of Ancient China（中國古代的骨文化）》一書中，還有一件刻字小雕骨（圖二七）。

李學勤先生對此專門進行過介紹和研究：

小雕骨的正面，刻有綫條構成的兩個夔紋，夔首朝向骨的下端。細辨兩夔，形象並不一致。前一夔有直伸的鼻和卷舌，目作填實的"臣"字形，首後有橫 S 形軀體，背部有很長的羽翼。後一夔有下鈎的卷鼻，下卷尾的橫 C 形軀體，尾後附加兩道弦紋。這種夔紋和常見的殷商青銅器、骨器、雕骨及象牙器等上面的都不

---

① 梁思永、高去尋：《侯家莊・1001 號大墓》，第 225 頁。

相同。

　　骨的反面經過較大程度的加工，兩側都有突起的邊緣，而右側的緣更高。面上刻有文字，分爲上部和中下部兩段，今試加以隸定，寫在下面。

上部 2 行，共 5 字：

戊午，五月，

奚。

中下部 3 行，共 18 字：

癸酉，万入，畋。余女曰：

"宜。"黄昃雨自東，休

敝大寢。①

　　李先生釋文乃據所目驗該雕骨之照片而做，與上面的摹本文字比較，可知摹本中的"宜""敝""寢"等字摹寫不够準確。對這段文字的含義，李先生指出文字簡質，不易確釋，嘗試性作出如下解釋：辭中的"奚"，讀爲"豯"，是幼豬；"万"即萬舞之"萬"；"畋"指田獵，"女"字讀爲"如"，意爲"乃"。"宜"爲獻肴。"黄昃"是時段之名，"敝"爲田獵地點，"大寢"是商王在敝所居的宮寢。雕骨的上部文字是說五月戊午，當爲幼豬上交到王臣處所之日。中下部這段文字，是說在癸酉這一天，舉行萬舞，繼而田獵。商王於是說："獻肴。"傍晚，從東方來了風雨，王便在敝地的宮室歇息。

　　對於李先生的解釋，個別地方我們有不同的意見。其中"奚"是否要讀爲"豯"，也不一定，甲骨文中未見這一用法，可能就是其本義，爲抓獲的奚奴，身份屬於下面的"万"人，甲骨文中有"万 "（《合集》3028）、"万

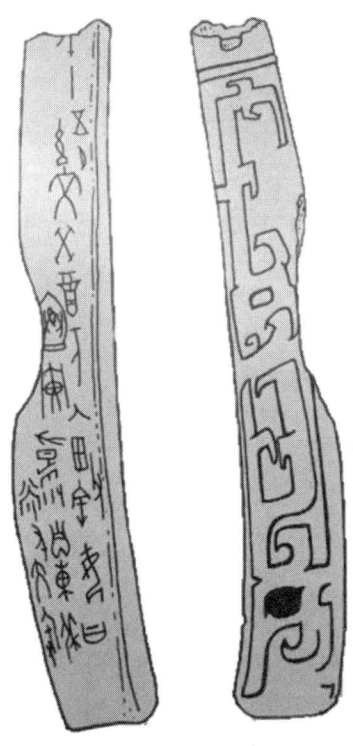

圖二七
《中國古代的骨文化》
第 65 頁附刻字雕骨摹本

---

①　李學勤：《論〈骨的文化〉的一件刻字小雕骨》，收入《四海尋珍》，北京：清華大學出版社，1998 年，第 237～238 頁。

(《合集》21052)"等。辭中的"休",李先生將其翻譯爲歇息義,恐不可信。甲骨金文中似未見"休"明確表休息之意,①我們認爲此處應是表休賜之意。癸酉那條刻辭應是讓万人在田地上舞蹈來求雨,爲此舉行了宜祭。傍晚果然從東面來了雨,王於是便進行賞賜活動。"休敝大寢"中的"敝大寢"如李先生所說是敝地的大寢,是賞賜地點;"休"的對象可能就是前面的"万"(當然也可能辭中的"敝"爲人名,屬賞賜對象),所賞賜的東西應該是"宜"祭中所使用的肴肉,該雕骨就是肴肉中的一塊。《花東》53 有如下之内容:

(25) 戊卜:子其益瘦舞,册二牛妣庚。

戊卜:于翌日己延休于丁。

辭意也是因子舉行了舞蹈活動而被丁賞賜,與雕花小骨内容相似。李先生將該刻辭的字體定爲師組刻辭,並指出這件小雕骨是已知殷墟雕骨中較早的一例,就刻字雕骨而言,大約是最早的。這些意見都正確可從。

另,現藏英國劍橋圖書館的《英藏》2573 亦爲一骨器刻辭,骨版殘斷,不知具體爲何形狀之骨器(圖二八)。上面殘存内容如下:

圖二八 《英藏》2673

(26) ☐[田于]☐王☐射☐四祀☐。

刻辭大意應是王在某次田獵活動中有所擒獲,故製作骨器以資紀念。

上面我們所討論的骨器刻辭,上面刻寫的内容都能反映出骨器的來源,但在殷墟甲骨文中,也有刻寫内容與器物不相關的記載,如裘錫圭先生曾指出在黃組占卜所用的龜甲上也刻有類似於上面賞賜性的記事文字。即下列兩條(圖二九):

---

① 黄天樹師審稿時指出《英藏》353 中的"不其休"與扇部最左一行"癸未卜,亘貞:有來自古"相應,"有來"即"不其休"。辭中"休"可訓爲"息"義。

第二章　銘功旌紀類記事刻辭研究　　137

1.《合集》35673　　　　　　　2.《合集》36389

圖二九

(27) 乙丑,寢強易🐚,在宴,遘祖乙翌日,在八月。

《合集》35673[黃組]

(28) 乙丑,王訊🐚,在宴。　　　　《合集》36389[黃組]

裘先生文中對此解釋到:上引兩辭是同時的刻辭,所記之事密切相關。由此可知在商代晚期某年八月乙丑,正值對祖乙舉行翌日祭的日子,商王在側室詢問了🐚族俘虜或名的罪人,訊問後就把他或他們賞賜給了任寢官的強當奴隸。①

2020 年,劉釗先生又公布了一版新發現的帶有刻辭的鹿角骨(圖三〇)。骨頭爲私人藏家所收藏,來源及時代皆不明,不知是否出自殷墟。整個鹿角骨經過整治,上下鋸斷磨平,兩個面經過打磨抛光。在鹿角骨正面偏左偏下位置,刻寫有一個"魚"字。"魚"字加注有"午"聲。劉先生推測該骨器之用途或是作爲紀念品或吉祥物,或是作爲遊戲或賭博的工具。②

---

① 裘錫圭:《評〈殷虚卜辭綜述〉》,收入《裘錫圭學術文集·雜著卷》,第 85～96 頁。
② 劉釗:《談新發現的鹿角骨刻辭》,《出土文獻》2020 年第 1 期,第 37～43 頁。

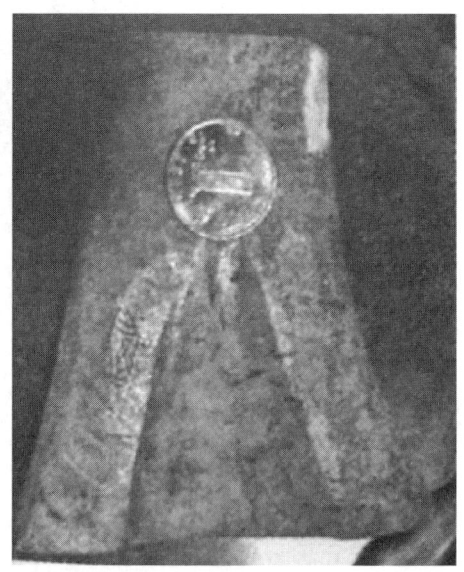

图三〇　鹿角骨刻辞拓片与照片
（采自刘钊《谈新发现的鹿角骨刻辞》）

最後我們談談有關"骨符"刻辭的問題。所謂骨符刻辭，是指藏在上海博物館的一版經過整治形態特殊的牛肩胛骨刻辭（圖三一）。

骨版上的内容作：

(29) 庚戌，王令伐旅帚。五月。《合集》2050

濮茅左先生將其稱爲"骨符"，他在《商代的骨符》一文中對此骨進行了專門的介紹：

骨符呈矩形，長40毫米，寬24毫米，骨三邊被鋸，另一面是鑿的垂直斷面，骨背鑿經鑽灼。骨面正面左側，上下二角各有一個直徑爲5毫米的圓孔。骨符被鋸的三個斷面、及二個圓柱孔側面胎色、狀態與骨版正反二面的胎色、狀態相一致。所鋸、鑽斷面完好，絕非後人所爲。……

本版卜辭就是從牛胛骨上截取的。原

圖三一　《合集》20505

第二章　銘功旌紀類記事刻辭研究　139

物應還有右邊一半，所缺的右半尺寸應與本骨符相同，也是長 40 毫米，寬 24 毫米，上面有相應刻辭。截取時是以鑿爲對稱軸，截取後以鑿中縫人爲斷裂，裂紋自然，右、左各占半個鑿。骨版上的小孔是用作繫繩佩帶用的。臨陣分持，受命者與王各執半，這是迄今爲至所發現的最早骨符，後世符節之鼻祖。①

根據濮先生文中的介紹，該骨版背面有鑽鑿，且還灼過，由此來看，該骨版的刻辭也可能是屬於占卜用辭，不過後來將這一占卜用的骨版拿來進行了重新加工，做成了這種矩形性狀。也就是説骨版的用途和上面的文字不一定有關係。濮先生根據上面的內容而判斷爲軍事上骨符，這一説法是否可靠可能還需要更多的證據。辭中的"帚"當讀爲"歸"，②刻辭辭意大概是王命令執行攻伐任務的師旅回歸。

---

① 濮茅左：《商代的骨符》，《第三届國際中國古文字學研討會論文集》，香港：香港中文大學，1997 年，第 187～192 頁。
② 胡光煒：《讀契劄記》，《江海學刊》第 1、2 期，1958 年；收入《胡小石論文集三編》，上海：上海古籍出版社，1995 年，第 98～142 頁。

第三章　干支表刻辭研究

　　干支紀日是中國古代一項十分重要的發明，利用十天干和十二地支互相搭配，組成 60 個干支單位，將此 60 個干支循環使用便可日復一日記錄每一天。這一紀日方法自有文字記載的商代開始一直延續數千年。

　　在殷墟出土的甲骨卜辭中，幾乎每一版上都可見干支紀日，作爲卜辭組成部分的前辭即多爲"干支卜""干支卜某貞"等形式。正因干支這類文字搭配的特殊性及其所使用的普遍性，最早被認出的一批甲骨文字中即包括有干支一類。劉鶚在第一部甲骨著録書《鐵雲藏龜》自序中即已認出了全部的 10 個天干和除子巳午申外的 8 個地支；[1]孫詒讓在第一部甲骨研究專著《契文舉例》中則正確指出了《鐵》5.3（即《合集》13753）中的𠂤和《鐵》250.1（即《合集》6226）中的𠂤爲申，不過孫氏仍延劉鶚之誤將𠂤、𠂤等字亦當作申；孫氏亦認出了《鐵》256.1（即《合集》38765）中的𠂤爲子，但仍誤將地支中用爲巳的𠂤、𠂤認爲是子，並謂十二地支中唯"巳午"兩字未見，不知其故。[2] 就劉、孫當時所見材料來言，午、子、巳幾字確實較爲難認，特別是子、巳兩字。甲骨中大量寫作𠂤的子字，因其刻畫過於簡略，難以和繁體𠂤建立關係，故多被誤認。而將𠂤、𠂤認爲是子，從釋字角度説完全正確，有宋以來，金石學家皆將干支中的這一字形認

---

[1] 參甘露：《〈鐵雲藏龜〉劉序所釋甲骨文正誤小考》，《黔西南民族師專學報》2000 年第 4 期，第 16~18 頁；楊澤生：《甲骨文字研究的開端——劉鶚〈鐵雲藏龜〉自序略論》，《漢字研究》第 1 輯，北京：學苑出版社，2005 年，第 383~390 頁。

[2] 孫詒讓撰，程邦雄、戴家祥點校：《契文舉例　名原》，北京：中華書局，2016 年，第 11~16 頁。

作子字。其在表干支時記錄的是"巳"這一詞,直到羅振玉利用甲骨文中的"干支表"刻辭才悟出這一點。羅振玉在其所著《殷商貞卜文字考》中論述道:

> 其有金文習見不可識,賴卜辭知之者,若金文中所記干支,有乙子、丁子、己子、辛子、癸子等,亦屢見卜辭中。從來金文家皆無確解,紛如聚訟。予近於獸骨刻辭中見有連書干支列如表式者,首行爲甲子乙丑、丙寅、丁卯、戊辰、己子、庚午、辛未、壬申、癸酉,次行爲甲戌、乙亥、丙子、丁丑、戊寅、己卯、庚辰、辛子、壬午、癸未以下類推。由是始知所謂乙子、丁子、己子、辛子、癸子者,即乙巳、丁巳、己巳、辛巳、癸巳。有宋至今數百年間懷疑不能決者,一旦渙然得確解,其愉快爲何如耶!刻辭中文字之有功於考釋古金文如此。[①]

羅振玉文中所提到的"獸骨刻辭中有連書干支列如表式者",即爲我們所稱的干支表刻辭。不過需強調的是,並非甲骨文中干支相連的刻辭都屬於干支表刻辭,如《英藏》970+《合補》3412[②](圖三二)。

該版左邊由下至上、從內而外干支依次相連,但每個干支都是刻寫在卜兆旁,且中甲位置的兩個"甲子"旁還刻有兆序,因此,這類干支明顯是屬於省略的卜辭,而非干支表刻辭。與此屬於同類現象的還有《合集》22093+《乙》4944

圖三二 《英藏》970+《合補》3412

---

① 羅振玉:《殷商貞卜文字考(外五種)》,上海:上海古籍出版社,2013年,第9~10頁。
② 蔣玉斌:《〈甲骨文合集〉綴合拾遺(第八十五、八十六組)》,先秦史研究室網站,2010年11月15日。

(圖三三），①該版亦存在相連的干支刻辭，但都獨立刻寫在卜兆旁，説明這些干支代表的也都是簡省的卜辭。

圖三三　《合集》22093

　　我們所説的干支表刻辭，其特點是將干支連續刻寫，與僅刻寫一個干支或者是不連續的干支不同。這類刻辭一般刻寫在無鑽鑿卜兆位置，屬於非占卜性内容。不過，像《合集》24440 上雖也刻有完整的 60 甲子（圖三四），符合連續刻寫和非占卜性文字之特徵，但因其上面以月份爲界三

---

① 蔣玉斌：《殷墟子卜辭的整理與研究》附録三《子卜辭新綴 80 組》第 23 組，第 224、235 頁。

旬三旬相連,上有正月和二月等字樣,有明顯的曆譜特點,這與我們本章要討論的干支表刻辭性質也有不同。①

圖三四 《合集》24440

---

① 該版上文字多缺刻橫畫,個別文字倒刻(如所有的"子"字及"戊申"之"戊"),整版文字可能亦屬於習刻作品。其中的"子"字不僅倒書,且原表嬰兒之腿形全做雙畫,與甲骨文中的 ⃝ 、⃝ 等字上部構形相似,容易讓人誤認為是角形裝飾,極為特殊,似乎刻寫者已不知該字構形之含義。

另外，像《合集》11734一般也多認爲是干支習刻（圖三五），與干支表刻辭列在一起。該版上面雖刻有多個干支，但干支之間順序並不相連，且干支與干支中間還刻有"气"字，似可讀爲"丙寅气壬申气☐戊子气丁酉气辛☐"，意思是從某個干支到另一個干支，與"干支表"刻辭也有所區別。

干支表刻辭在不同時期的甲骨文中皆有發現，存在於多個組類中，涵蓋了王與非王不同占卜主體。就目前我們所收集整理的材料而言，數量有近500版（參書後附表）；不過，組類分布上並不平衡，晚期黃組就占了絕大多數，黃組之外的干支表數量相對有限。下面我們將所有干支表刻辭分爲黃組外和黃組兩大類分別進行整理。

圖三五
《合集》11734

第一節　黃組外干支表刻辭整理與研究

對於黃組外的干支表刻辭，我們大體按照甲骨分期兩系說的體系進行分組討論。不過，因干支表刻辭難以像卜辭那樣進行非常細緻的組類劃分，所以我們這裏主要從"組"的角度來進行劃分，能確定到"類"的就按類的名稱。其中因占卜主體屬於非王的僅有兩三版，我們將其放前面，占卜主體爲王的刻辭在後。因目前所見黃組外的干支表刻辭數量不多，我們儘量做窮盡式羅列説明。

一、子組干支表刻辭

1.《合集》21783（圖三六）

該骨版由多版拼合而成，從形制看，應爲左肩胛骨。骨版上目前可見

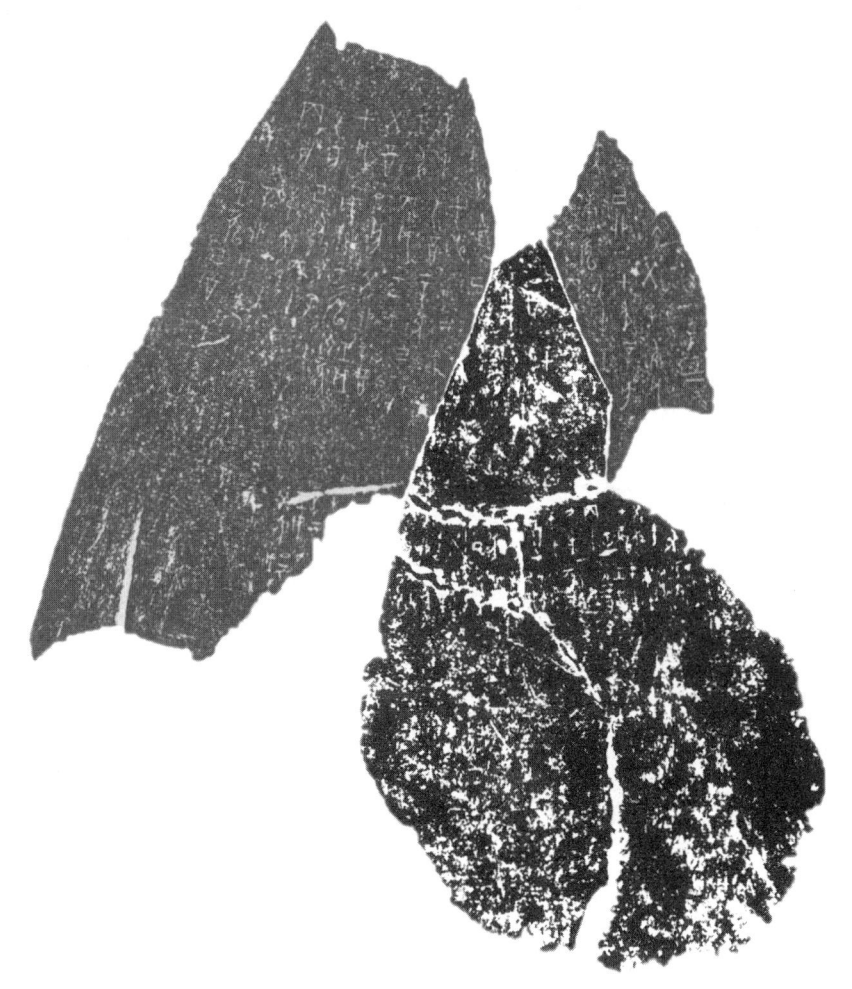

圖三六 《合集》21783

有兩組較爲完整的 60 干支：上面字體較大者從右往左、自上而下分四行橫向刻寫甲子到癸亥 60 個干支，下面字體較小者則是從右往左、自下而上分兩行橫向刻寫甲子到癸亥 60 干支。兩組干支除大小有差異外，字體風格保持一致，如有代表性的"子""辰""未"等字的刻法都完全一樣。整版文字刻寫成熟老練，應有一定經驗之刻手完成。骨版最右邊可見數字"二"，似爲兆序，説明骨版右邊骨條部分曾用於占卜，這些干支刻辭應是利用骨版空餘的骨扇部分刻寫而成。

2.《合集》21784（圖三七）

該版亦爲左肩胛骨。上面骨頸位置刻有賓一類的王卜辭，骨扇位置有未刻寫完的子組干支表，屬於非王刻辭與王刻辭共版例。該干支表從右往左、自上而下橫向刻寫，從殘存干支來看，該干支表亦是從甲子起刻，上面一行右邊缺甲子、乙丑、丙寅、丁卯、戊辰5個干支，下面一行右邊缺戊寅、己卯、庚辰、辛巳、壬午5個干支，甲申之"申"未刻寫完整。

目前，較爲明確的子組刻辭干支表共有以上兩版，都刻寫在肩胛骨上，干支皆從右往左作橫向排列，從甲子旬起刻，旬與旬之間連排不分列。對於這兩版子組卜辭的干支表刻辭字體，蔣玉斌先生曾指出《合集》21783上的字體是典型的子組卜辭字體；而《合集》21784中的"子"與"未"寫法接近賓組卜辭，應是受到賓組卜辭影響所致。①

圖三七 《合集》21784

二、師組干支表刻辭

此處所介紹的幾版干支表刻辭，其字體嚴格來說大多屬於黄天樹師所劃分的𡙇類。不過，因𡙇類和師肥筆類關係密切，只是𡙇類字體較爲潦草，其中的"𡙇"寫法極具代表性而已。而各個組類中干支表刻辭的字體大多也都並不嚴謹，我們在對干支表刻辭進行組類劃分時所依據的標準並不是字體的潦草與嚴謹程度，而是其整體書寫風格。由於侑類中干支

---

① 蔣玉斌：《殷墟子卜辭的整理與研究》，第105頁。

字的寫法都符合師組刻辭之特徵,我們在對這幾版干支表刻辭進行分類時根據其整體風格特徵籠統地將其歸入師組這一大類中。

1.《合集》20792(圖三八)

該版現藏美國卡內基博物館,爲右肩胛骨,爲照顧文字方向,骨版倒置。周忠兵先生《卡內基博物館所藏甲骨研究》一書對此骨版有詳細介紹,書中指出該骨版反面未見任何鑽鑿,可能不是用於占卜的卜骨;上面的干支刻辭字體成熟,非習刻者所爲,可能是一種示範性作品。① 骨版上的干支沿臼邊刻寫,自上而下,從左往右,因左邊已是骨邊,猜測干支是從 60 干支中的第 41 個"甲辰"起刻。

2.《合補》6954 正反(圖三九)

此版應爲右肩胛骨,可見部分臼邊,正反面皆有鑽鑿。其正面文字倒刻,反面文字正刻。爲照顧正面文字,《甲》及《合集》在著錄時均將其正面倒置,這與上面《合集》20792 一樣。反面刻辭內容《甲編考釋》釋爲"甲午卜:今夕又雨",認爲亦屬習刻。② 我們懷疑所謂的"今夕"二字可能爲"令"字,"有雨"二字亦當存疑,與正面的"癸亥令疋"內容或相關。正面文字中自上而下有兩行相同的干支刻辭,但字體上有一定差異,從中或可看出字體的傳承與變遷。其中左邊這條字體近師組,圓筆較多;右邊則近賓組,偏用折筆。如右邊"甲子"之"子"刻寫較爲簡省,與賓組中常見的"子"字寫法相近,"丁""巳"兩字中有圈形方折,而左邊那條字形則偏圓。兩條中的"寅"字都是後補,其中右邊補刻的"寅"

圖三八
《合集》20792

---

① 周忠兵:《卡內基博物館所藏甲骨研究》,上海:上海人民出版社,2015 年,第 402 頁。
② 屈萬里:《殷虛文字甲編考釋》,臺北:中研院歷史語言研究所,1961 年,第 372 頁。

148 　殷墟甲骨文五種外記事刻辭研究

圖三九　《合補》6954 正反

字形偏小,應是受刻寫位置所限而致,可知其補刻時間是在左右兩邊刻寫完之後。該版上的這兩條干支刻辭刻寫都較爲成熟,學者或認爲屬於習刻中的範刻。① 從殘存的這些干支可知,這一版上的干支起刻順序也並非從"甲子"開始。

3.《合集》21900 乙(圖四〇)

該版从形制看應是龜右背甲最下面的尻甲部位,背面雖有鑽鑿,但並未使用。此版上的干支刻寫行款較爲特殊,從丙寅開始,大致以 2 (反 s 形)旋轉着讀至癸酉(酉字殘),然後再轉至上面甲戌、乙亥、丙子。

---

① 陳逸文:《中研院歷史語言研究所殷墟第一到九次發掘所得甲骨之整理與研究》,臺灣中山大學博士學位論文,指導教師:蔡哲茂、劉文强,2013 年,第 481 頁。

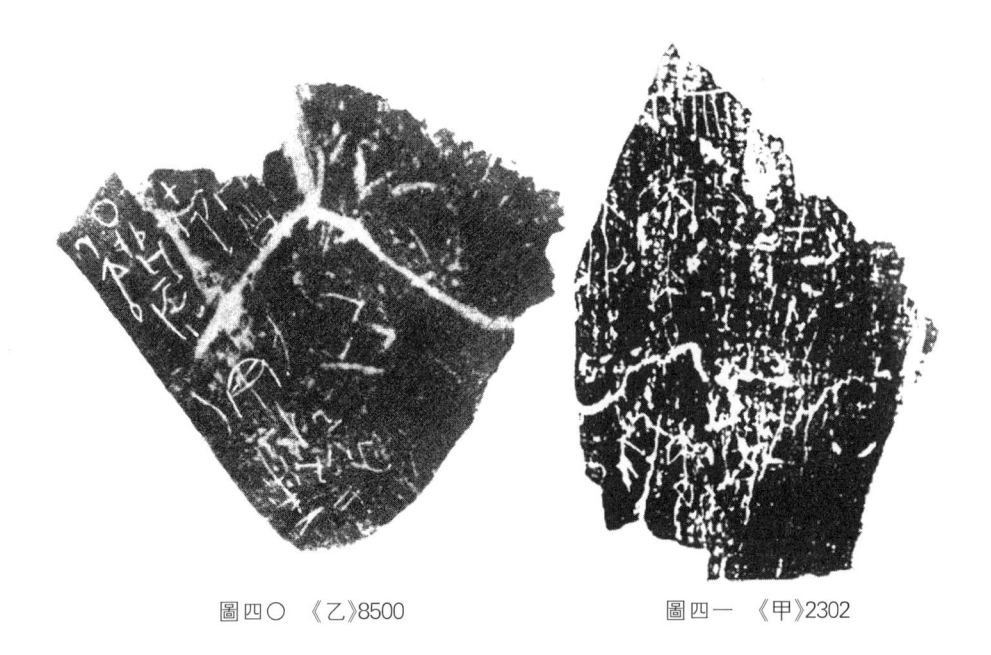

圖四〇　《乙》8500　　　　　圖四一　《甲》2302

4.《合集》22378（圖四一）

該版亦爲牛肩胛骨殘骨，中間橫排從右往左刻有甲子、乙丑、丙寅、丁卯等干支，其下面從右往左依次刻有子、寅、丑(?)、卯等地支，上面可見有"丙"字殘畫及倒刻"子"字殘畫。整版文字字體刻寫稚嫩，明顯屬於新手刻寫練習作品。從骨版形態看，該骨版應爲照顧文字方向而倒置，其右邊一側似爲臼邊。

5.《合集》22381正反（圖四二）

該版上面布滿了習刻性文字，其正面偏下從右往左橫向刻有甲子、乙丑、丙寅、丁卯、戊辰五個干支（圖中方框處）。除去這一部分可以連讀的文字外，其餘部分零星地刻有一些干支用字，極爲雜亂，文字刻寫字體十分稚嫩，與《合集》18948+《英藏》1890[①]上的習刻文字相仿，或爲同一時期之刻寫練習作品，後者上面還可見有"己庚辛壬癸"相連之天干。頗值得注意的是該版上干支字"子"的寫法呈現出多種異體，可見有 ▨、▨、▨、▨ 等，從中可看出字形之間的遞嬗演變關係，其中最後一個已完全屬於賓組字形寫法。

---

① 蔣玉斌：《甲骨新綴十二組》第11組，先秦史研究室網站，2013年9月18日。

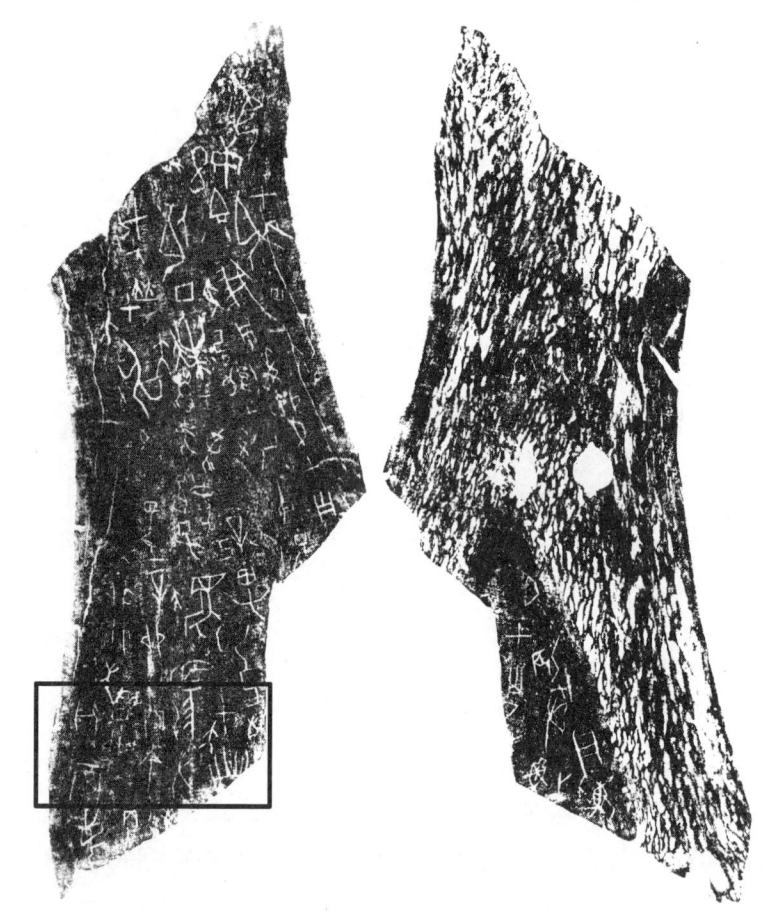

圖四二 《合集》22381 正反

6.《合補》6680（圖四三）

該骨版上殘存有 6 個干支，順序自右而左橫向排列，分屬於甲子、甲戌兩旬。該版上的"子"字刻寫明顯爲早期字形特徵，我們暫歸入師組類。不過"子"字頭部中間加一點的寫法與前面提到的師組干支表刻辭也不太相近，而與典型子組刻辭頗爲接近，或也可能屬子組刻辭。

圖四三 《甲》2379

第三章　干支表刻辭研究　　151

7.《録》6（圖四四）

該版上刻有甲子、乙丑兩個干支，下方可見刻寫有三個"甲"字，似準備用來刻寫几句干支，但實際未完成。該版因文字太少，字體類別不宜判別，根據"丑"和"子"之寫法暫歸入師組中。

以上七版師組字體干支表，刻寫材質以牛肩胛骨上爲主，龜背甲僅一例；肩胛骨上的干支多倒刻，這種倒刻也是甲骨中爲區分卜辭與非卜辭而采取的常見形式；[1]干支排列方式有縱向和横向兩種，縱向爲自上而下、從左往右，横向爲從右往左排列；起刻干支不固定，旬與旬之間連續刻寫，不分列。

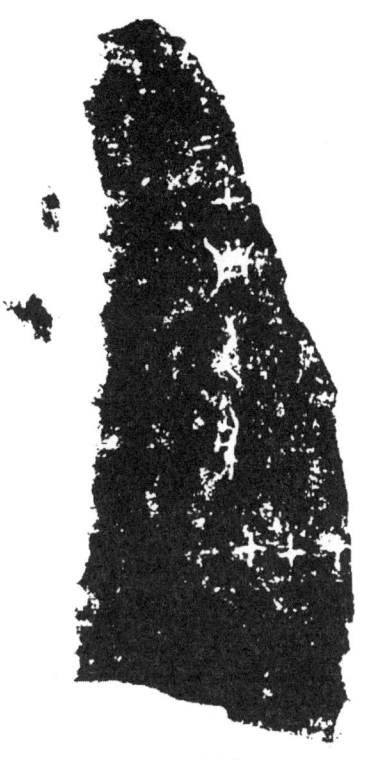

圖四四　《録》6

三、賓組及出組干支表刻辭

因賓組一些字形與出組字形存在較多相似性，在缺乏貞人與稱謂系統的情況下，兩者有時很難區分，故我們這裏將賓組和出組放在一起討論。[2] 材質基本都以肩胛骨爲主，其干支刻寫布局形式亦較爲多樣，具有承前啟後之特點。下面我們根據其干支刻寫特點進行分類整理。

（一）旬與旬之間不分列的干支縱向排列。這一刻寫方式與前面師組干支表刻辭形式一致。

1.《合集》11732 正反（圖四五）

該版正面從左往右依次刻寫干支，左邊第一列字體稍大，應是從第

---

[1] 陳逸文：《中研院歷史語言研究所殷墟第一到九次發掘所得甲骨之整理與研究》，第 78 頁。
[2] 這裏所說賓組包括賓一、典賓、賓三，出組包括賓出、出一和出二幾類字體。

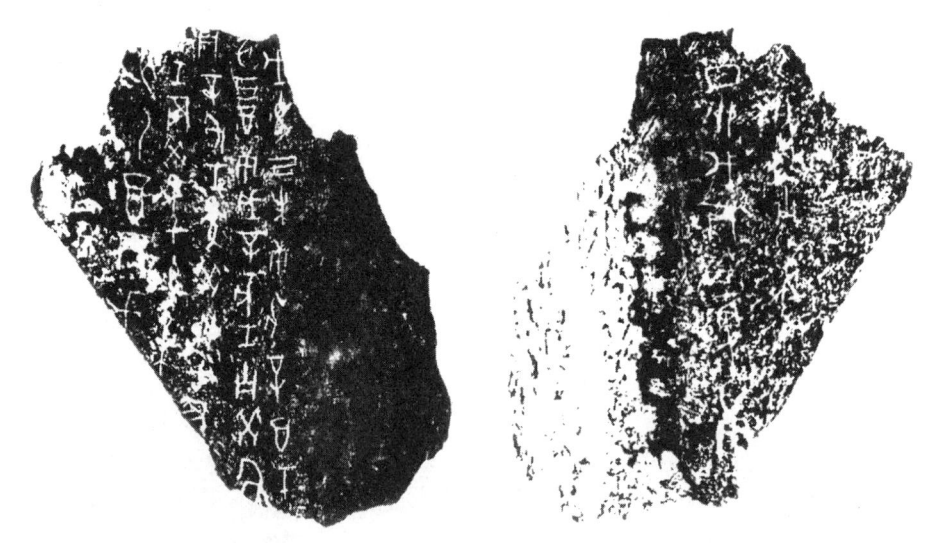

图四五 《合集》11732 正反

三旬甲申起刻,上補[甲]字,下方補[丁亥、戊子、己丑、庚寅]四個干支,左起第二列上缺[辛卯],下缺丙[申、丁酉、戊戌、己亥]四個干支。第三列上可補[庚]字,下方補[乙巳、丙辰、丁巳]三個干支,第四列上補[戊],下方補[甲寅、乙卯、丙辰]三個干支,第五列上補[丁巳],下方補[戊、癸亥]。反面左邊第一列字體偏大,從殘存干支看,應是從第一旬甲子起刻,從左往右依次刻寫干支,其中第三列因骨版侵蝕嚴重看不清,第四列隱約可見有戊、丁以及亥字殘筆。字體方面,崎川隆先生指出該版正面左起第一列屬於比較流利的典賓類字體,第二至第五列刻法稍不成熟,"巳""未""丑""申""亥"等字體上可見比較明顯的賓三類特徵。[1]

2.《合補》9367(圖四六)

該版上面甲戌一旬的干支分兩列刻寫,下方疑刻寫有兩列甲子旬干支,不過因骨版殘斷,不知是否刻寫完整;另外還殘存一些零星的其他干支用字。字體風格特徵偏出組。

---

[1] 崎川隆:《賓組甲骨文分類研究》,上海:上海人民出版社,2011年,第183頁。

圖四六　《上博》17647.536　　　　圖四七　《合集》20793

3.《合集》20793（圖四七）

該版爲左背甲邊甲刻辭，上面干支刻辭由內向外縱向排列，受刻寫位置所限，每列僅刻寫兩個干支，現可見刻寫的是甲寅、甲子、甲戌三旬內干支，甲子一旬完整，其他有殘缺。該版字體類型較爲特殊，舊多將其分爲師小字類，但其中"子""戌"等字寫法明顯與師組有別，其整體風格與賓組更爲接近，只是"丁"與"辰"的寫法稍異，可能也是屬於過渡階段的字體，我們暫將其歸入賓組類。

（二）旬與旬之間不分列的干支橫向排列

1.《合集》11733 正反（圖四八）

該骨版正面中間兩行干支從右往左橫向排列，上面一行目前可見的是甲申一旬干支，下面一行是甲辰和甲寅兩旬干支，上下干支是否相連因骨版殘斷不得而知。反面所刻干支似以旬爲單位縱向排列，從右往左依次

圖四八 《合集》11733 正反

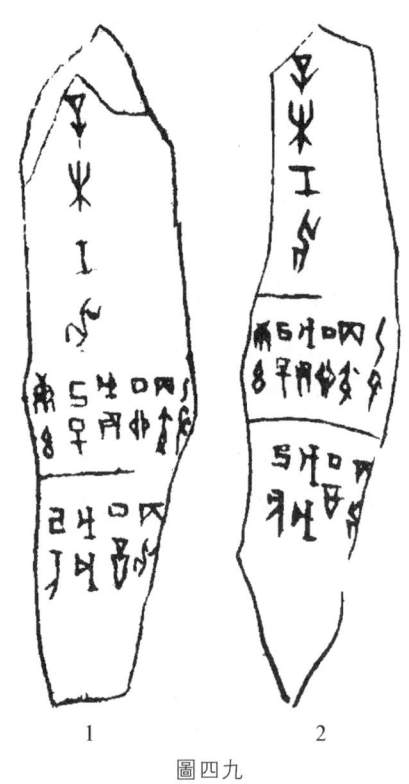

圖四九
1.《合集》41851　2.《合集》40225

刻寫甲子、甲戌和甲申三旬内干支。骨版正反面皆有零星的一些干支單字，應屬刻寫練習。

2.《合集》41851(《合集》40225)(圖四九)

該版爲原"中央圖書館"所藏甲骨，左邊爲胡厚宣先生《戰後南北所見甲骨錄》摹本，右邊爲金祥恒先生《國立中央圖書館所藏甲骨文字》摹本。上方所刻的"辛未""壬申"恐是省略的卜辭，從金祥恒先生摹本看，其與下面兩行橫向排列的干支表刻辭之間有道界劃綫。兩行干支表刻辭順序皆從右往左，上一行現殘留的是甲子一旬的干支，下面一行屬甲午一旬干支，中間相隔有兩旬干支，從刻寫空間及界劃綫看，這兩行干支應不會相接續。

3.《東文研》617(圖五〇)

骨版下方從右往左刻寫有甲子一旬內的干支,上方"寅"字右邊從殘畫看,應是"丑",左邊是"卯",也屬於連續橫向排列的干支。

圖五〇 《東文研》617

4.《東文研》618 正反(圖五一)

該骨版正面有一行從右往左橫行排列的干支表刻辭。右邊可見有甲午一旬的最後一個干支"癸卯",後接甲辰一旬干支。下方從殘畫看,可能也刻有一行干支。其反面也可見有兩列干支。

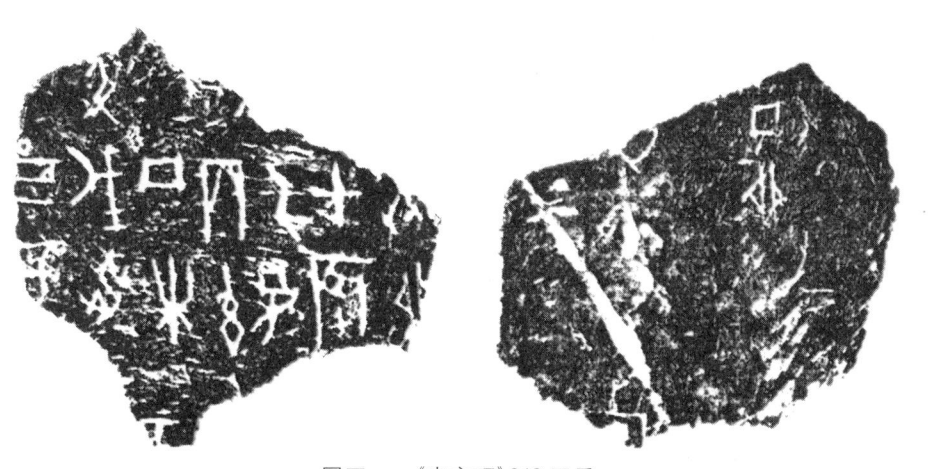

圖五一 《東文研》618 正反

5. 宇野氏藏骨（圖五二）

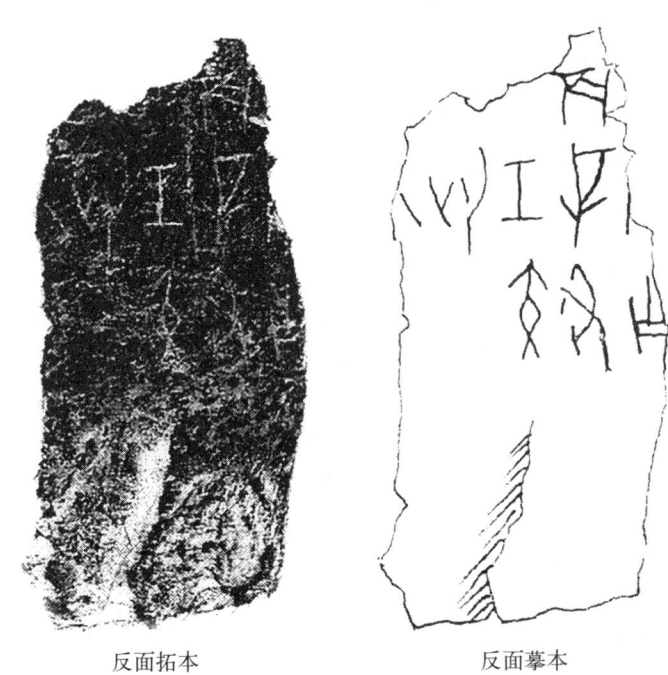

反面拓本　　　　　　　　反面摹本
圖五二　宇野氏藏骨反面
（采自松丸道雄《介紹一片四方風名刻辭骨——兼論習字骨與典型法刻的關係》）

此骨版據松丸道雄先生介紹，爲已故日本書法家宇野武夫藏品，[①]正面有四方風的習刻，反面從右往左刻有甲午旬內的庚子、辛丑、壬寅、癸卯等干支，上一行有"辰"字殘畫，疑也是一行橫排干支。

6.《合補》3413 正（圖五三）

該版干支從右往左橫向排列，內容屬於甲戌一旬內的干支，其中"巳"字刻法與賓組、出組有別，已表現出事何類的特徵，我們暫放此處。

---

① 松丸道雄：《介紹一片四方風名刻辭骨——兼論習字骨與典型法刻的關係》，王宇信、宋鎮豪主編《紀念殷墟甲骨文發現一百周年國際學術研討會論文集》，北京：社會科學文獻出版社，2003 年，第 83~87 頁。

圖五三　《合補》3413 正

7.《合補》6676（圖五四）

圖五四　《合補》6676

戊丙甲壬
戌申午辰
己丁乙癸
亥酉未巳……

該版可能亦屬於干支表刻辭，不過，從殘存干支推測，該版排列形式較爲特殊，似爲先上下再左右排列，如上右圖所示。字體上與賓組接近，但也非典型賓組。

（三）以旬爲單位分列刻寫。這一類型的字體基本都屬於出組，這種干支排列形式後爲何組黄組所繼承，成爲干支表刻辭排列的主要形式。

1.《合集》11730（圖五五）

此版應爲右肩胛骨。沿臼邊從右往左分六列依次刻寫 60 干支，排列整齊，刻寫工整，字體成熟，應是有經驗之刻手所做。可惜骨版下面殘斷，不够完整。

圖五五 《合集》11730

2.《村中南》169（圖五六）

此版爲 2004 年河南安陽大司空村東南的 H141 號坑出土，爲牛肩胛骨之中下部，作爲附録著録於《村中南》一書中。骨面上沿臼邊從右往左分 6 列依次刻寫 60 干支（中間稍有殘缺），其中前三列起刻位置比後三列大約高出兩個字位左右。第六列左邊有界劃綫，界劃綫左邊又刻有一列第一旬的數個干支，底部位置橫向刻寫有第二旬的數個干支。《村中南》

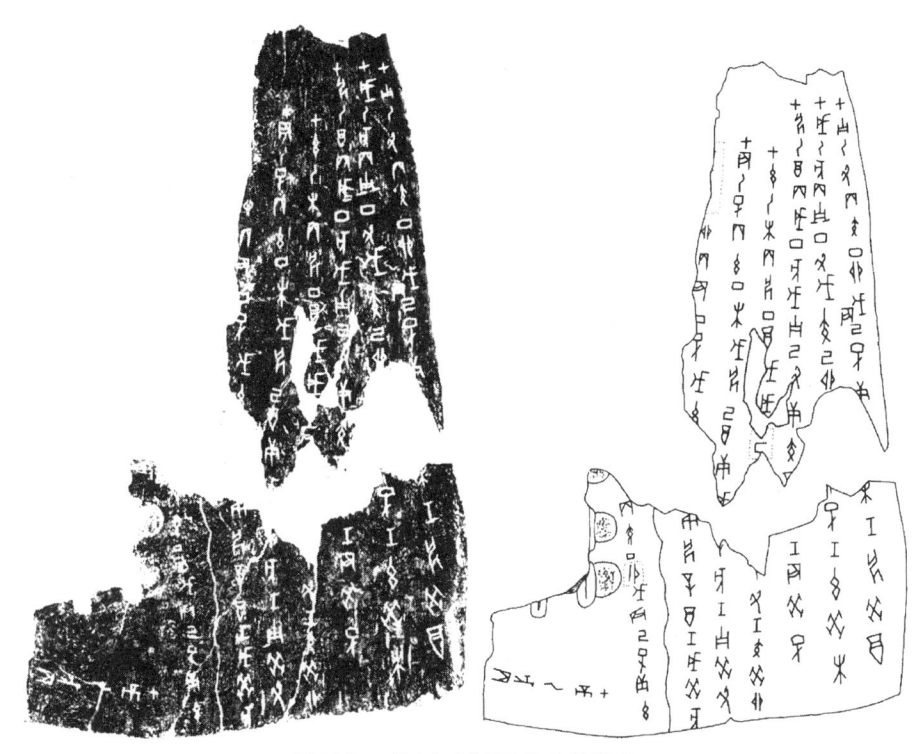

圖五六　《村中南》169 拓片及摹本

作者認爲界劃綫右邊六十干支的字體規整，書風雄勁，行款較爲整齊，是有經驗的刻手("師傅")作品。界劃綫左邊的字體幼稚，且"庚"字有誤刻，可能是學習刻辭不久的"徒弟"之作。① 該骨版正面骨扇中間底部可見有燒灼的鑽鑿，骨版反面據《村中南》介紹亦有殘鑿灼，可知該版干支應是利用卜骨的空餘部分刻寫而成。相較於《合集》11730，該版干支雖較爲齊全，但行款上不如前者整齊，文字刻寫流暢程度也不如前者。

---

① 中國社會科學院考古研究所編著：《殷墟小屯村中村南甲骨》下册，昆明：雲南人民出版社，2012年，第749頁。又參劉一曼：《論殷墟大司空村出土的刻辭胛骨》，《古文字研究》第28輯，北京：中華書局，2010年，第17~24頁。

3.《前》3.6.4(圖五七)

該版《合集》《合補》皆未收錄,刻寫順序亦是從右往左,從其殘留文字的内容布局看,該骨版應也是分 6 列來刻寫 60 干支,只是最後一旬未刻寫完整,僅刻寫有前三個干支。

圖五七　《前》3.6.4　　　　圖五八　《東文研》619

4.《合集》11737(圖五八)

此骨版應是左肩胛骨,骨版上沿臼邊從左往右依次刻寫前 4 旬干支,其中前兩列字體較爲緊湊工整,後兩列排列稀疏,字體稍顯稚嫩,或分由兩人刻寫。

5.《合集》11731 正反(圖五九)

該骨版應爲右肩胛骨,正面從右數第三行起往左依次刻寫有甲子、甲戌、甲申、甲午四旬干支,右邊前兩行分別刻有甲戌、甲子兩旬干支,其中

圖五九　《合集》11731 正反

甲戌一行字體偏小，疑爲後補刻。反面從殘存文字看，刻寫的應亦屬干支表類。此骨版與上面《合集》11737 分屬左右肩胛骨，正面干支的行款布局若去除右邊兩行，其餘部分與《合集》11737 頗呈對稱之勢，文字風格也十分接近，疑爲刻手同時期練習刻寫之物。

6.《南師》2.170（圖六〇）

該版僅見摹本，上刻有三列甲子旬干支。風格與上面的《合集》11731、11737 相近。

7.《合集》11736 正反（圖六一）

該骨版反面刻寫甲子和甲戌前二旬的干支，第三旬未刻寫完整，僅刻有"甲申、乙"三字。正面刻寫的是甲午和甲辰兩旬內的干支。

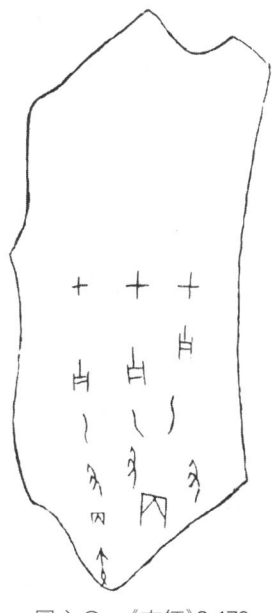

圖六〇　《南師》2.170

圖六一　《合集》11736 正反

8.《合集》11742（圖六二）

該版上可見有"乙丑、丙寅"兩個相連干支，筆道較淺，其右邊所刻文字雖有"貞"字，但與上面的"翌丙"也無法連讀，疑都屬於刻寫練習，並非占卜文字。

9.《合補》3330（圖六三）

該骨版上從右往左依次刻寫有甲子、甲戌、甲申三旬內的干支，右邊殘斷不知是否刻有其他旬干支。較奇怪的是從拓本來看，每列開頭似乎並非從甲起刻。

圖六二　《合集》11742

第三章　干支表刻辭研究　163

圖六三　《合補》3330　　圖六四　《懷特》1003＋《北珍》1663

10.《懷特》1003＋《北珍》1663①（圖六四）

該骨版上從右往左可見有甲子、甲戌、甲申三旬內的干支，因殘斷，不知刻寫內容完整程度如何。

11.《合補》3375（圖六五）

圖六五　《懷特》1006

---

① 林宏明：《甲骨新綴第504例》，先秦史研究室網站，2014年9月5日。

該骨版從右往左依次刻有甲子、甲戌、甲申、甲午四旬內的干支,字體稍顯稚嫩。

12.《合集》23631(圖六六)

此版上刻寫有出組卜辭,下方的甲午、甲辰、甲寅三個干支正好是60干支表中後三旬的第一個干支,疑屬於干支表刻辭內容,不過字體上明顯沒有上面卜辭刻寫成熟。因骨版殘斷,不知是否刻寫完整,另外,也不知其右邊是否還有前三旬干支。

13.《合集》18944 正反(圖六七)

該骨版正面刻有三列干支,其內容都屬

圖六六 《合集》23631

(正) (反)

圖六七 《合集》18944 正反

於甲子一旬內的干支,其中間一行刻寫較爲規範,應屬有經驗刻手之作;左右兩邊則刻寫稚嫩潦草,明顯屬於新手之習作。其反面刻有甲戌一旬內干支,其中"戊寅"之"寅"補刻,字體亦屬新手之作,上面的倒刻字形,郭沫若以爲是"我之母型"。①

14.《合集》18946 正反(圖六八)

圖六八 《合集》18946 正反

---

① 郭沫若:《殷契粹編考釋》,北京:科學出版社,1965 年,第 735 頁。

骨版正面目前可見至少有 5 列干支，反面至少有 2 列，內容都屬於甲子一旬內。郭沫若先生《殷契粹編考釋》云："中第四行，字細而精美整齊，蓋先生刻之以爲範本。其餘歪斜剌劣者，蓋學刻者所爲。此與今世兒童習字之法無殊，足徵三千年前之教育狀況，甚有意味。又學刻者諸行中，亦間有精美之字，與範本無殊者，蓋亦先生從旁執刀爲之。如次行之辰、午、申，三行之卯、巳、辛諸字，是也。"①這一版也多被學界認爲是甲骨中存有範刻與仿刻之典型案例。

15.《契合集》186（圖六九）

該版爲林宏明綴合，之前蔡哲茂曾將《英藏》2585 與《英藏》1840 遥綴，前者放在後者上面。② 但從《英藏》2585 中"戌"字寫法可知其字體應屬晚期黄組，而《英藏》1840 中的"午"字寫法明顯屬早期字體，故蔡先生之遥綴不可信。參照上面《合集》18944、18966 上面內容及字體特徵，我們認爲當歸爲一類，都屬於出組干支習刻。

16.《合集》18943 正反（圖七〇）

該版是從下往上依次刻有己未、庚申、辛酉、壬戌、癸亥，排列較爲特殊，其反面所刻文字亦屬習刻文字。

17.《合補》6946（圖七一）

此版刻寫有甲戌一旬干支，字體刻寫稚嫩，用刀不够熟練，應爲新手所爲。一旁有幾筆殘畫，應是試刻痕迹。③

圖六九　《英藏》1840＋《北珍》1878

---

① 郭沫若：《殷契粹編考釋》，第 734 頁。
② 蔡哲茂《〈英藏所藏甲骨集〉新綴第三則》，先秦史研究室網站，2009 年 6 月 22 日。
③ 陳逸文：《中研院歷史語言研究所殷墟第一到九次發掘所得甲骨之整理與研究》，第 477 頁。

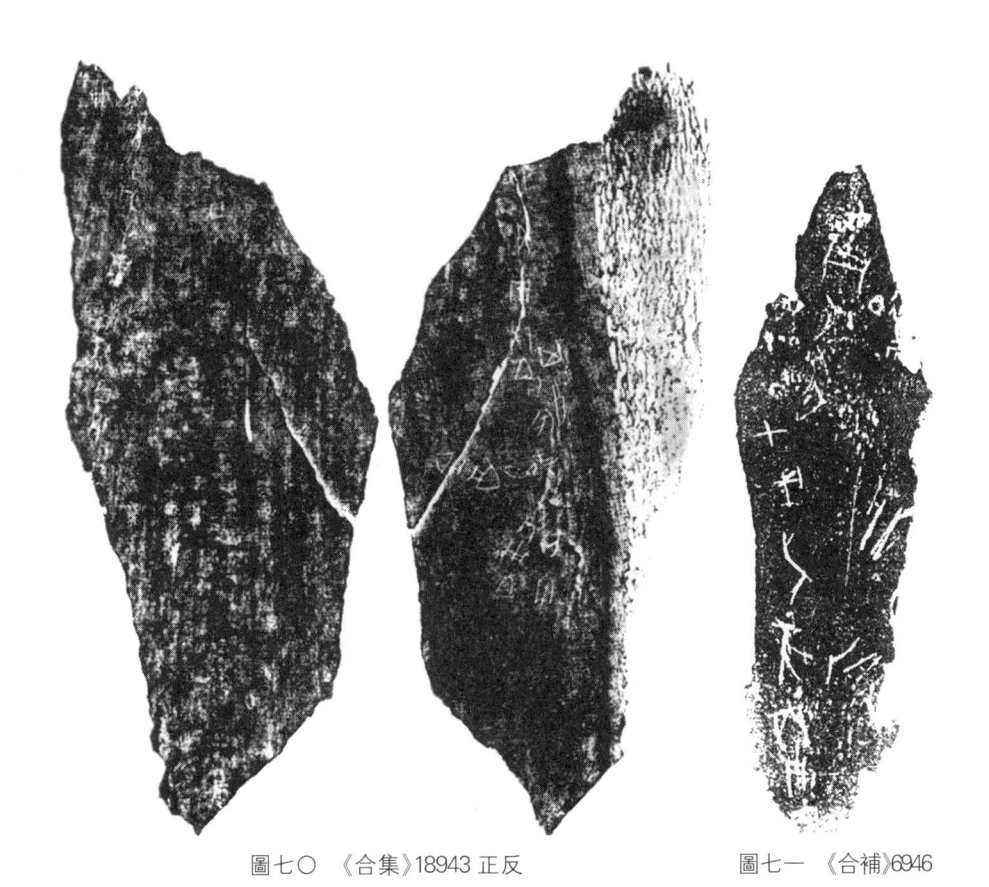

圖七〇　《合集》18943 正反　　　　　圖七一　《合補》6946

四、何組干支表刻辭

何組刻辭中,多見利用肩胛骨中間頸扇位置自上而下刻寫一旬或數旬干支表刻辭,其字體稚嫩,多屬於不成熟的習刻作品。

1.《合集》26907 反(圖七二)

此為右肩胛骨反面,在頸扇中間位置自上而下刻有甲辰至癸丑一旬的干支,右邊像是刻寫甲午一旬干支。骨版左邊的兩條"辛丑卜"刻辭應也屬習刻,上面字體成熟,下面字體稚嫩,或有範刻與仿刻之別。

2.《合集》26975(圖七三)

此版為左肩胛骨,正面靠近臼邊沿頸扇位置自上而下刻有兩列干支,

圖七二　《合集》26907 反　　圖七三　《合集》26975

其中靠左邊一列刻寫的是甲申一旬干支,右邊一列的乙巳、丙午等屬於甲辰一旬,因甲申與甲辰中間間隔有甲午一旬,雖骨版殘斷,但考慮到骨版大小和刻寫位置,兩者可能並不相接。

3.《合集》22377 反(圖七四)

此版刻寫的是甲寅一旬干支,其中"戌"的寫法與上面《合集》26975 近似,頗具特色。

4.《懷特》1001(圖七五)

該版刻寫有甲申一旬干支,現所見僅有 5 個干支字,字體類別不好確認,因其內容及申、酉的刻寫都與上面的《合集》26975 相近,故歸入此類。

5.《合集》29813 正(圖七六)

此版上刻寫有多組甲子至癸酉這一旬干支。因骨版殘斷,目前可見

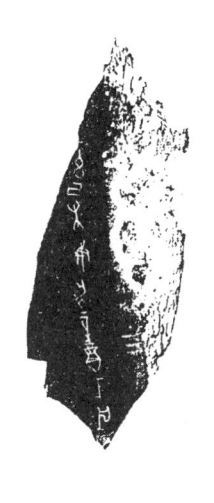

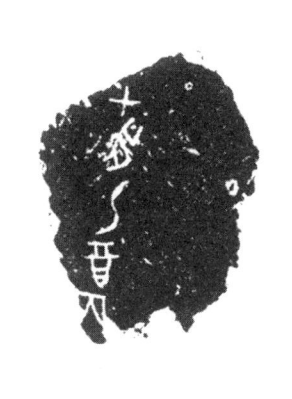

圖七四 《甲》2625　　圖七五 《懷特》1001　　圖七六 《合集》29813 正

至少有 3 組干支,左邊和中間兩組僅見[壬]申、癸酉,右邊一組可見[丙]寅、丁卯、戊辰、己巳、庚午、辛[未]、壬申、癸酉,壬申、癸酉轉行刻寫。反面有朱書"☐彡大乙日中☐",與正面文字方向相反。

6.《合集》30966(圖七七)

該版上半部分刻有甲子、甲戌兩旬内的一些干支,其中右邊一列現可見有[庚]午、辛未、壬申、癸酉,左邊可見辛巳、壬午、癸未。左邊一行直行而下,較爲工整;右邊一行有些傾斜,其中"酉"字偏在右邊,未與上對齊。陳逸文先生認爲該版最右邊較爲潦草字形較大的"癸"字先刻,受此影響,中間一列干支中的"申、癸"二字往左斜出,而"酉"又刻回原處;因爲此甲骨已先刻上較爲潦草的刻辭,不便再刻寫占卜之辭,爲了給潦草刻辭刻工做示範而刻寫兩列干支刻辭。① 此説有一定道理,不過,也可能右邊甲子一行的干支本來就刻寫的有些歪斜,"酉"字位置可能是受到其左下方的"乙"字影響而偏向一側。

7.《合補》9990(圖七八)

此骨版臼角在右,正面頸部靠近臼邊一側刻寫有一列干支刻辭,現僅存"甲子、乙"三字,骨頸中間的"甲子、乙丑"等内容應亦屬習刻。

---

① 陳逸文:《中研院歷史語言研究所殷墟第一到九次發掘所得甲骨之整理與研究》,第 75、440 頁。

170　殷墟甲骨文五種外記事刻辭研究

圖七七　《合集》30966　　　圖七八　《合補》9990

8.《合集》33746+《甲》2715+3.2.0606+3.2.0607+《甲》2463+《合集》27311①(圖七九)

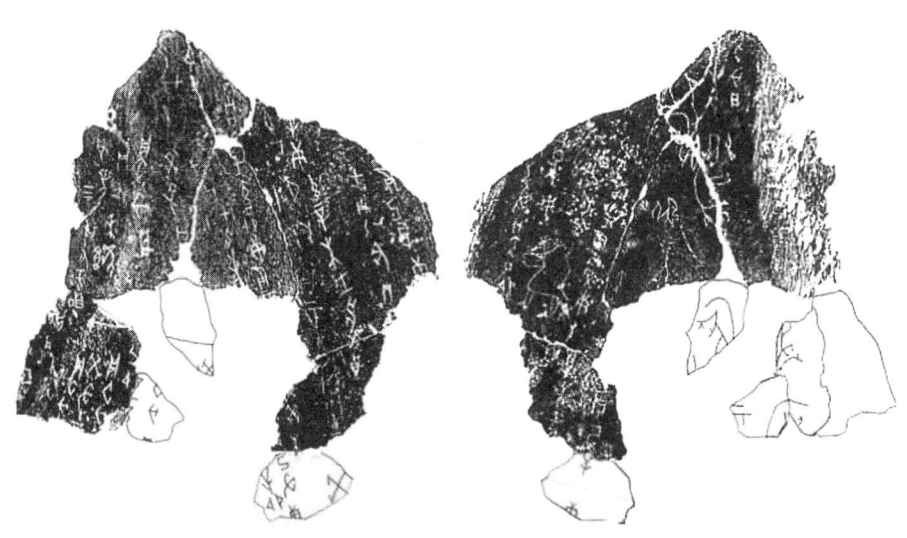

圖七九 《合集》33746+正反
(采自陳逸文《〈殷墟文字甲編〉新綴十二組》)

此版正反面充滿習刻文字,除干支習刻外,其中也有不少動物字形習刻。正面最左邊的"又來虢自🐾,其升于祖丁[祼]"應屬於卜辭,旁邊有兆序"三",其反面對應位置有灼過的鑽鑿;其他一些有關"旬亡𡆥"類的刻辭也應屬於習刻。正面中間屬於甲戌旬内的丙子一列干支刻寫相對較爲工整,但從"辰"等字形看,也並非由成熟型刻手刻寫而成;其左邊刻寫甲申旬干支字體也較工整,與前面或屬同一刻手所刻。甲戌旬右邊一列刻寫的"[戊]寅、己卯、庚辰、辛[巳]"也屬甲戌旬干支,但字體刻寫極爲拙劣,字形較大,筆道較淺,明顯有新手仿刻痕迹;其再往右有三列甲子旬内的干支,應也屬於刻手的反復練習之作。反面也有几列甲子旬内的干支。其中左邊

---

① 陳逸文:《〈殷墟文字甲編〉新綴十二組》第四組,《淡江中文學報》第29期,2013年,第373～405頁。又見《〈甲編〉綴合26例》第19組,先秦史研究室網站,2014年3月6日。該版近日中研院史語所歷史文物陳列史網站上有展示,網址:http://museum.sinica.edu.tw/exhibition/75/item/761/。

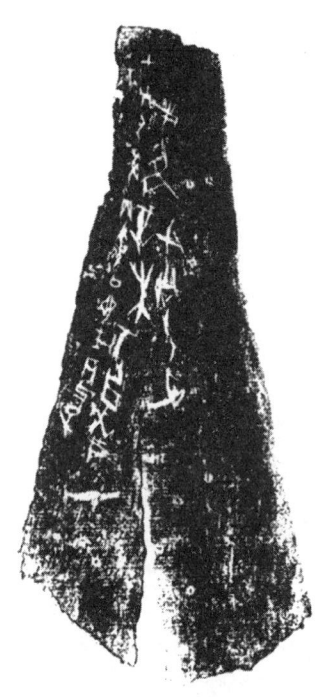

第二列和右邊第二列可見有"己巳、庚午"的字樣,這兩條刻辭中的"庚"字刻寫完全走形,分別作 、 ,若無辭例限定,根本無法判斷是"庚"字;"巳"字作左右手臂上揚形,與同版左邊第四列干支中的"巳"寫法不同。這兩條應出自一人之手,爲新手所爲。反面最右邊的"旬亡田"也與正面的"旬亡田"一樣屬於習刻。

9.《合集》11738(圖八〇)

屈萬里先生《甲編考釋》云:"此干支表乃習書者所刻;以書法辨之,知非出於一手。蓋自'庚午'以下,其字尤爲拙劣也。"該版上面的干支刻寫明顯呈現出兩種字體風格,應是由兩位刻手刻寫而成。其中甲子到己巳刻寫較爲成熟規範,應由具備一定經驗之刻手刻寫而成;第二列的庚午至癸酉則由新手續刻而成,最右邊的"甲子乙丑"亦屬新手練筆。我們之所以將該版字體歸入何組,主要是綜合根據干支中"巳""未""酉"等字的刻法,其中"巳"字頭部成圓形,"酉"字有頸部,"未"字呈"木"形,這些都與上面《合集》33745 中的相關字形寫法相近。

圖八〇 《合集》11738

10.《合集》33745 正反(圖八一)

圖八一 《合集》33745 正反

第三章　干支表刻辭研究　173

此版由左右兩殘骨拼合而成,正面左半邊刻有甲子、甲戌兩旬內的干支,右半邊刻寫甲子一旬干支,或屬於對左邊的仿刻。該版反面也存有習刻文字。

11. 哥倫比亞東亞圖書館藏 75(圖八二)

該版現藏美國哥倫比亞大學東亞圖書館,未見著錄。① 上面刻寫內容屬於干支表刻辭。中間一行干支刻寫較爲熟練,左右兩邊的干支字體明顯較爲拙劣,其中左邊似有意仿刻中間那條干支。有意思的是,該版與上面《合集》33745、33746 中的"辰"字寫法幾乎一樣,中間的斜筆位置都不夠規範,不知是否屬於同一刻手練習之作。

圖八二　哥倫比亞東亞圖書館藏 75　　圖八三　《續存》上 2747

12.《合集》26988 正(圖八三)

該版正面至少刻有 4 列干支,內容皆爲甲子一旬內的干支,應屬於刻手習刻練習。

---

① 此處圖版參自"大學數字圖書館國際合作計劃(CADAL)"網站公布的"Special Collection of Oracle Bones by Zhejiang University & Columbia University"甲骨彩照。哥倫比亞東亞圖書館藏甲骨,後文簡稱爲"哥大"。

13.《合補》6681 正＋《甲》2558＋《甲》2586①（圖八四）

此版上縱向刻寫甲子一旬干支，其中"辰"字刻法與前面《合集》33745、33746 中的寫法也相近，甲 2558 中的"庚"字寫法與《合集》26907、22377 中的寫法一致。

14.《合補》6679 正反（圖八五）

該版正面刻有甲子一旬內干支，殘存"丁卯、戊[辰]"字樣，反面可見有"甲子"。

15.《合補》6682 正反（圖八六）

該版正反面應都屬於習刻文字，反面左邊一列刻有甲子一旬內干支，右邊刻寫的屬於甲午旬內的干支，其中丁巳的"巳"手臂部分筆畫受骨版裂縫影響，不是很清楚，仔細觀察應是作一筆短畫，非上舉形。

16.《合補》6683 正反（圖八七）

該版正面可見有三列干支，最左邊可見丁卯

圖八四
《合補》6681 正＋
（采自陳逸文《〈殷墟文字甲編〉新綴十二組》）

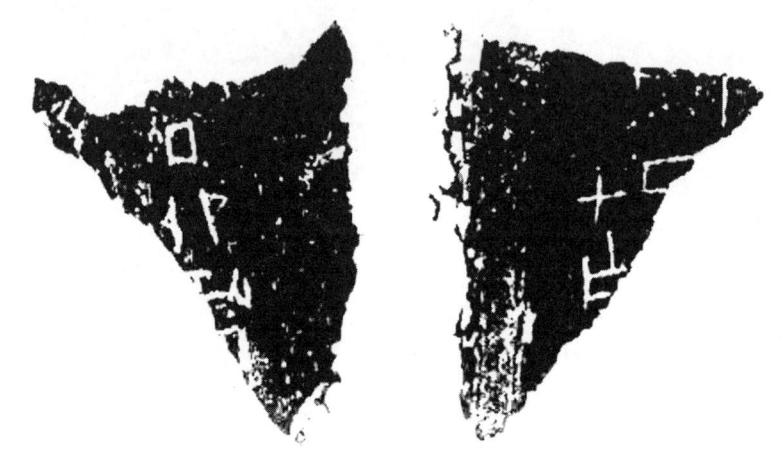

圖八五　《合補》6679 正反

---

① 陳逸文：《〈殷虛文字甲編〉新綴十二組》第十一組，又見《〈甲編〉綴合 26 例》第 20 組。

圖八六　《合補》6682 正反

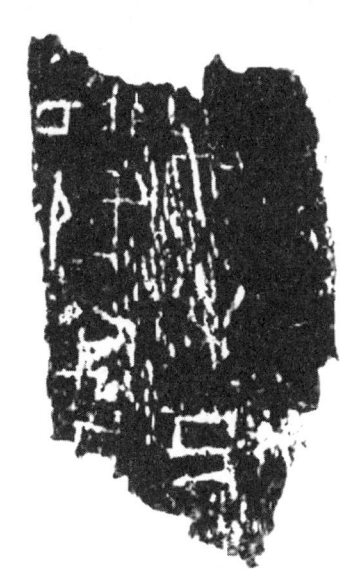

圖八七　《合補》6683 正反

二字,屬於甲子旬內干支;中間一列也是甲子旬內干支,筆道與左邊相比稍淺,似爲仿刻;最右邊一列"戊"下一字不清。反面刻寫有甲寅旬內干支,"乙卯"上可見"寅"字殘畫,下有"丙"字殘畫。正反文字都屬習刻類。

17.《續存》上 2718(圖八八)

該版上從左往右刻寫有兩列甲子、甲戌兩旬內干支。

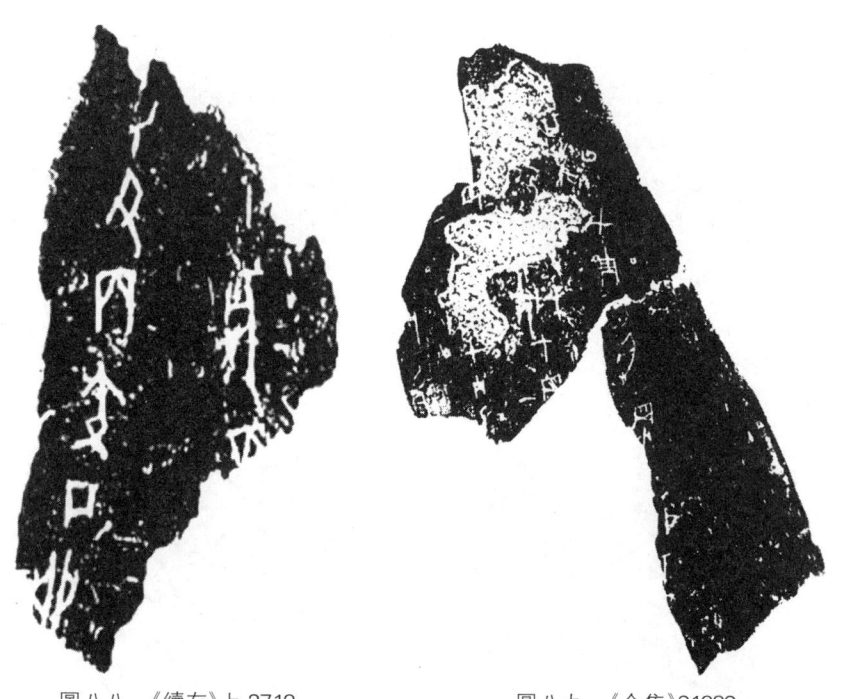

圖八八 《續存》上 2718　　　　圖八九 《合集》31883

18.《合集》31883(圖八九)

此版應爲右肩胛骨,骨版上端刻有卜辭。骨扇位置可見至少有 3 列干支表,其中最左邊的"乙丑"二字不知是否屬干支表,其右邊可見"甲子、乙"幾字,刻寫相對工整;再往右刻寫的應也是"甲子"一旬干支,"子"字以下殘斷,僅見"甲",其上似有"辛"等習刻文字;骨版最右邊一列干支刻寫極不規範,"甲子"之"子"刻寫明顯有誤,下面的其他干支刻寫也較爲稚嫩。

19.《合集》29810（圖九〇）

此版上干支刻辭存在缺刻橫畫現象，如庚、辛兩字，辰字寫法也與前面《合補》6687 相近。

圖九〇　《合集》29810

20.《合補》6677 正反（圖九一）

此版反面刻有甲戌旬内干支，字體較爲稚嫩，應出自新人之手。

圖九一　《東文研》621 正反

五、歷組干支表刻辭

這裏所説的"歷組"包括黃天樹師所分的師歷間類、歷一、歷二幾個小類。

1.《合集》20354（圖九二）

該版爲《甲》2904之右下角，林宏明先生指出《甲》2904爲誤綴，其右下隅刻寫干支表的那一塊與上面一版的接點不合，且厚度不一致，其上半字體爲師肥筆，干支表字體屬師歷間類。[①] 該版干支表極爲獨特，右邊第一列單刻十個天干，第二列單刻十二個地支，第三列開始按天干地支搭配刻寫，刻有四個干支。

2.《屯南》2661（圖九三）

此將肩胛骨橫置，在中部從右往左刻寫60個干支中的第一旬干支。字體上近歷組，屬於歷組習刻。

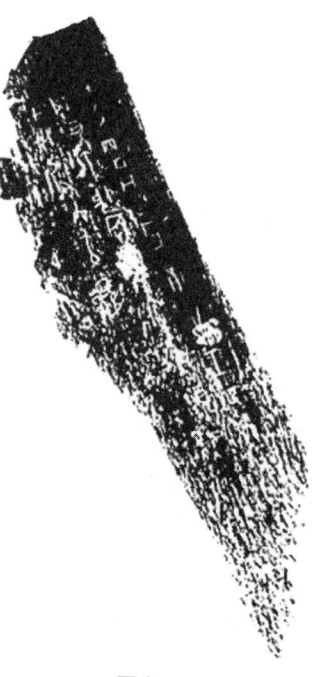

圖九二
《合集》20354 右下角

圖九三 《屯南》2661

---

① 林宏明：《小屯南地甲骨研究》，臺灣政治大學博士學位論文，指導教師：蔡哲茂，2003年，第48頁。

3.《屯南》2662（圖九四）

此版與上面一樣，屬於歷組習刻，僅刻寫了甲子、乙丑兩個干支。

圖九四　《屯南》2662

六、無名組干支表刻辭

我們所說的無名組涵蓋歷無名和無名以及無名黃間等小類。

1.《合補》13267（圖九五）

此爲左肩胛骨，骨臼對邊刻有師歷間組卜辭。左下臼邊一側橫向刻寫有一行干支，現可見甲子至己巳六個。周忠兵先生認爲這些干支可能是歷無名類刻手的習刻作品，與反面鑽鑿無對應關係，是後來的習刻者在

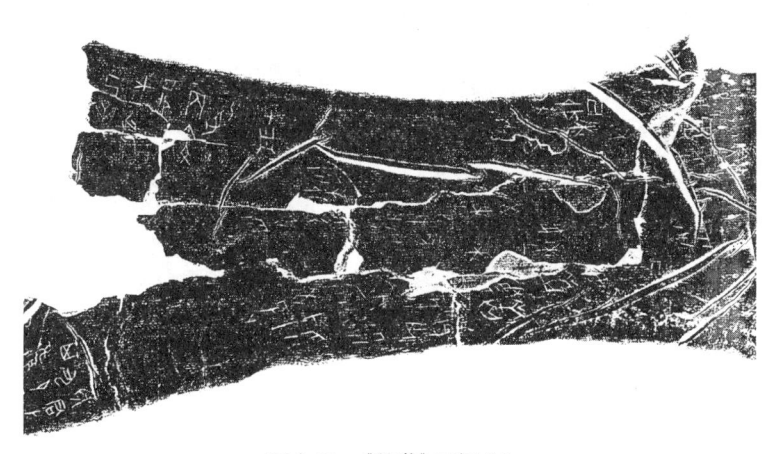

圖九五　《美藏》1(部分)

前代留下的卜骨上練習刻寫的結果。①

2.《合集》18945（圖九六）

圖九六　《合集》18945

此版刻寫情況與上面《合補》13267頗類似，亦是將早期占卜所用卜骨橫置，上面橫向刻寫甲子旬干支表。骨版上的卜辭字體爲師肥筆類，但干支表字體明顯不是師肥筆字特徵，從甲子之"子"及丙寅之"寅"等字的寫法看，可能亦偏歷無名類，亦屬於異代使用現象。

3.《合集》27919 正反（圖九七）

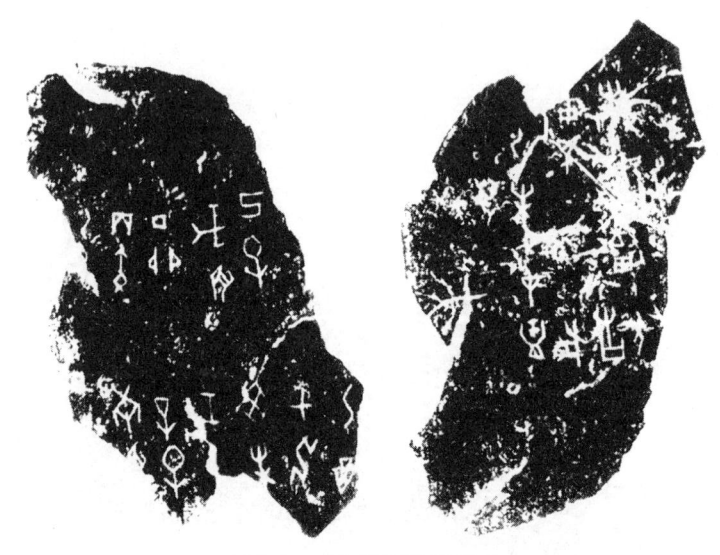

圖九七　《合集》27919 正反

———————
① 周忠兵：《卡內基博物館所藏甲骨研究》，第433頁。

第三章　干支表刻辭研究　181

屈萬里先生《甲編考釋》指出此版"骨質薄脆,似非牛骨",按目前《甲編》及《合集》中的正反面擺放方式,其正面旋轉180度後,其形狀才與反面相對應,應是屬於爲照顧文字方向而倒置甲骨現象。反面刻寫有無名組的田獵卜辭,正面干支表從左往右橫向刻寫,現可見兩排,上面一排屬於甲子旬干支,下面一排可見有甲戌旬和甲申旬的干支,兩排干支應是接續相連的,不過因骨版殘斷,不知是否完整刻寫有60干支,干支的刻寫字體也符合無名組字體特徵。

4.《屯南》2630(圖九八)

圖九八　《屯南》2630

此版爲牛肋骨條,上面從左至右依次橫向刻寫有甲子到癸未兩旬干支。該版文字整體風格偏無名黃間類。其中子字呈倒刻之形，將其顛倒後爲，寫法近無名黃間一類,頭部中間爲一點,非交叉性,如《屯南》2172；其頭部刻寫呈菱形的寫法與地支"巳"字頭部刻寫相近。寅字寫法則有融合無名黃間一類與無名黃間二類之特點。另外,辭中也存在誤刻和缺刻,如"甲戌"誤爲"戊戌","戊辰"之"戊"與"乙亥"之"亥"皆有缺刻,"戊寅"之"戊"也缺刻下面橫畫。學界多將此版認爲是習刻,應可信。不過若仔細觀察,右邊第二旬比左邊第一旬在刻寫上更爲熟練,特別是上面一行的天干用字。

5.《甲》2623(圖九九)

此版應爲右肩胛骨,上面的干支字體風格也近無名黃間類。

圖九九　《甲》2623

第二節　黃組干支表刻辭整理與研究

　　目前所見干支表刻辭中，黃組數量最多，近400版（見書後附表二）。黃組干支表的刻寫行款基本都是以旬爲單位一旬一列分列刻寫，例外的僅見有《合集》38071（分兩列刻寫甲子至庚午六個干支，每列3個）、《合集》38075（旬與旬之間連續刻寫，未分列）、《合集》38109（分兩列刻寫甲子至戊辰五個干支）、《合集》38112（旬與旬之間連續刻寫，未分列）、《合集》38113、《合補》11551（分五列刻寫甲子到癸酉一旬）、《合補》11515（分兩列刻寫甲子至癸酉一旬）、《合集》38082（癸酉刻第二列）、《珠》832＋《東文庫》558[①]（旬與旬不分列，從左往右刻寫，每列刻三至四個干支，現可見有甲辰甲寅旬干支）、《旅藏》2201（分兩列刻寫甲子乙丑丙寅丁卯四個干支）等少數幾例。

　　黃組干支表刻辭刻寫材質以牛肩胛骨爲主，也有一部分龜背甲，腹甲較爲少見。目前可見刻寫在龜腹甲的僅有《合集》38103、38107，《合補》11541、11551、11557、11574等幾版。干支刻寫位置多是沿前後甲之邊緣刻寫，避開鑽鑿卜兆位置，其中《合集》38103上刻寫有甲子、甲戌、甲申三旬干支，順序從內往外，和同一邊的卜辭刻寫順序相同；《合補》11541似刻寫有1旬半干支，第二旬"己卯"下似還可見有"庚辰"字樣，但已不清晰，後面即不再刻寫。其他几版刻寫一旬干支：《合補》11551刻寫有完整的甲子一旬，但分五列刻寫而成，且缺刻橫畫；《合補》11557刻寫的是甲辰旬[②]；《合集》38107和《合補》11574刻寫的都是甲子旬，其中後一版上的大字組甲子下方字形應爲丑，漏刻乙，字體不如旁邊的小字組刻寫規範，小

[①] 林宏明：《甲骨新綴第561—562例》第562例，先秦史研究室網站，2015年4月14日。
[②] 該版林宏明先生曾將其與《合補》11555綴合，見《甲骨新綴196—198例》第198例，先秦史研究室網站，2011年4月13日。但《合補》11555其材質是否屬龜甲還存疑（此蒙李延彥博士告知）。

字組應是後刻而成。

關於龜背甲上的干支表刻辭，宋雅萍先生已有較全面的研究，我們將其觀點簡要概述如下：

> 黃組背甲干支表刻辭契刻位置以刻於脊甲、肋甲與脊甲連接肋甲的位置爲主，邊甲次之。之所以選擇這些位置，是因爲這些地方較爲寬綽，且較少刻寫卜辭，刻手爲了不浪費材料，便於龜背甲空白處刻上干支表。刻寫內容上，以刻寫甲子、甲戌、甲申三旬居多，甲子一旬式次之，甲子、甲戌二旬式最少，其餘類型未見。推測這也與刻寫位置有關，因背甲上的這些地方不大，無法容納三旬以外的干支。行款方面，一旬式干支表單列而下，三旬式或二旬式多做數行下行而左或右，邊甲位置的干支表多由背甲內側向外側契刻，肋甲、肋甲與脊甲連接的部位多由背甲外側向內側刻寫。①

上述內容已準確總結出了背甲上的干支表刻辭特點。可補充的是，《上博》2426.1154似爲背甲邊甲殘片（圖一〇〇），上可見有甲戌到甲午三旬干支殘字，其右邊或還有甲子旬，若此，則該版上刻有四旬干支。不過其最左邊一列刻寫得較潦草，"未"字不清晰，似在其他字上改刻，"丙"字有缺刻；這一列干支或由新手爲練習加刻而成。

圖一〇〇 《上博》2426.1154

下面我們側重對肩胛骨上的干支表刻辭進行分類整理。刻寫位置方面，大部分干支表刻辭都是利用卜骨的空白處刻寫，目前所見干支表刻辭與卜辭同版的有《合集》35644、36641、36642、36734、38106、38108、38109、

---

① 宋雅萍：《商代背甲刻辭研究》，臺灣政治大學博士學位論文，指導教師：蔡哲茂，2013年，第261～265頁。

38110、38111、38112、38113、38114 及《英藏》2513 等，上面的卜辭都刻寫於肩胛骨的骨條位置（即肩胛骨臼邊的對面）。因骨條容易斷裂，我們現看到的很多骨版上往往只剩有干支表刻辭。這些干支表基本都是刻寫在臼邊一側，利用肩胛骨頸扇位置的大片空餘處刻寫，以從右往左刻寫爲常態，這也符合商代記事性文字常見的書寫順序。較爲特殊的是《合集》38109 在骨條的卜辭上方分兩列刻有甲子到戊辰五個干支；《合集》38082 在骨條上方刻寫甲子一旬干支，癸酉另在一行，估計與下方有卜辭有關；《合集》38113、《合補》12785 在卜辭旁刻有旬與旬之間不分列的一列干支，目前可見的干支屬於甲辰、甲寅二旬。《合集》41744（《中圖》177）也是在卜辭旁刻有甲午、甲寅兩列不相連干支。最爲特殊的是《合集》41860（《日彙》345），該版舊多以摹本形式著録，未見反面形制。骨版現藏日本慶應義塾大學，近年來，崎川隆先生對這批甲骨進行了全面調查整理，並拍攝有清晰照片，相關材料在崎川隆所指導的陳曲碩士論文中有全面著録。該版在其中編號爲 56（圖一〇一），陳曲在論文中對該骨版介紹道："此版甲骨位於右胛骨中下部，骨面較光滑，多黑色斑點。下端有裂痕和縱向剥落面。刻辭字口内均塗墨。反面有五個鑽鑿，内有燒灼痕迹。"① 陳曲根據胛骨反面有鑽鑿且有燒灼痕迹，認爲正面文字不是習刻。按照這一説解，似乎陳曲是將正面干支刻辭認作卜辭的。我們認爲這是不正確的，

圖一〇一　《慶義》56 拓本、摹本

---

① 陳曲：《日本慶應義塾大學所藏殷墟甲骨的整理與研究》，吉林大學碩士學位論文，指導教師：崎川隆，2018 年，第 24、45～46 頁。

雖然我們在本章開頭提過甲骨文中確有相連的干支屬於簡省的卜辭之現象，但此處並非如此。從照片看，和正面文字對應的反面鑽鑿數爲三個，與干支數對不上；而更爲重要的是正面干支字刻寫的位置正是反面鑽鑿所處的位置，鑽鑿斷裂相應文字也殘斷，這與卜辭應避開卜兆刻寫的習慣不同；且仔細觀察圖片，反面鑽鑿處也看不出有明顯的灼痕。我們認爲此版上的干支刻辭應該還是屬於利用廢棄之卜骨刻寫而成，並不能看作卜辭。因目前不少干支表殘辭未見反面，其刻寫位置對應處是否有鑽鑿我們也難以判斷，估計應該還有與《合集》41860 這種類似的情況存在。《旅藏》2202、2208 等版的干支表雖是刻寫在卜兆旁，但也與卜辭無關。

關於黃組干支表的刻寫內容方面，我們按其刻寫的旬數多少進行分類敘述。

1. 刻寫六旬干支

目前搜集到的刻寫有六旬干支的骨版有 20 餘版（具體參書後附表），大多有殘缺，其中內容最爲完整的即《合集》37986（圖一〇二）。該骨版爲右肩胛骨，上從右往左分六列依次刻有 60 干支，行款排列整齊，字體刻寫規範，是目前所見最爲完整的一版六旬干支表刻辭。

較有意思的是，《合集》38025 中刻有六列"甲"字，但刻寫完整的應該僅甲子一旬，甲戌旬刻了三個半干支後即不再刻寫。似乎刻手一開始準備刻寫六旬但實際未能完成。該版字體也頗爲潦草，屬於典型習刻類。《明後》2805 上也有先刻寫兩個"甲"字但後面並未刻寫完的現象，字體屬早期的《録》6 上也如此。

2. 刻寫五旬干支

骨版上刻寫五旬干支的，刻寫的多是甲子到甲辰這五旬，少甲寅一旬。也偶有未刻寫第一旬

圖一〇二 《合集》37986

甲子的，如《合集》37996(《北珍》1853)(圖一〇三.2)；甚或有少中間甲午一旬的，如《合集》38111(圖一〇三.3)。這類干支表目前所見不到 20 版，内容完整的如《綴續》386(圖一〇三.1)，該版除刻有五旬干支外，右上角還有一列字體極爲稚嫩的甲子旬干支。除此版外，其餘刻寫五旬干支的，其内容多有殘缺，如《合集》37992、38111 等。其中有些骨版第五旬未刻寫完整，如《英藏》2571 正、《綴續》375 等。此外，《存補》1.99 也極爲特別(圖一〇三.4)，該版《合集》《合補》均未著錄，上所刻干支表中第一旬甲子未刻，第二甲戌一旬僅有前三個干支，後面甲申、甲午、甲辰、甲寅四旬刻寫完整，從這一情況看，該版似乎是按甲寅—甲辰—甲午—甲申—甲戌—甲子這一

1.《綴匯》386　　　　2.《合集》37996　　　　3.《合集》38111

4.《存補》1.99 　　　　　　5.《中歷藏》1908

6.《合集》37994 　　　　　　7.《前》3.5.1

倒序從左往右刻寫，刻至甲戌一旬時僅刻寫前三干支即不再刻寫。更有意思的是《合集》37993（《中歷藏》1908）、37994（《前》3.7.2）和《前》3.5.1 三版（圖一○三.5～7），上面刻寫有 6 列干支，但這 6 列並非甲子到甲寅六旬，而是中間少了甲辰一旬，在刻寫完甲寅一旬後又重頭刻寫甲子一旬。這三版字體風格一致，內容完全相同，全都缺少第五旬，但又非重片，其中原因頗值得玩味。

3. 刻寫四旬干支

這一類干支表主要是以刻寫甲子到甲午前四旬干支爲主，目前所見亦在 20 版左右。內容完整的如《英藏》2569（圖一○四），該版現藏英國皇家圖書館，上從右往左刻有甲子到甲午完整的四旬干支，行款齊整，應由一定經驗之刻手刻寫完成。其餘也多有殘缺，如《合集》38003、《綴續》526、628 等。其中第四旬未刻寫完整的有《合集》38013、《合集》38060 正、《契合集》307 等。

4. 刻寫三旬干支

黃組干支表中刻寫三旬的最爲常見，前面曾提及背甲干支表刻辭即以此類爲主，肩胛骨刻辭亦不例外，目前所見多達百餘版。其上所刻絕大多數是甲子到甲申三旬，內容完整者可舉《英藏》2570（圖一○五）、《合集》38017 等。

也有極個別刻寫甲午到甲寅三旬的，如《合集》38029、《英藏》2575（圖一○六.1、2）。其中《英藏》2575 右邊還可見有甲子、甲戌兩旬干支殘字，但與左邊三旬字體大小風格不同，恐非出自一人之手。此外，這一類中也常見有重複刻寫多組干支者，如《合集》38006、38007、38012 等。

5. 刻寫兩旬干支

這一類主要是刻寫甲子、甲戌兩旬的干支，目前所見內容較完整的有《合集》38061+《掇三》142（圖一○七）。[①] 其他多有殘缺，如《合集》38060

---

① 蔡哲茂：《〈殷契拾掇〉三編新綴一則》，先秦史研究室網站，2006 年 1 月 19 日。

圖一〇四 《英藏》2569　　　圖一〇五 《英藏》2570

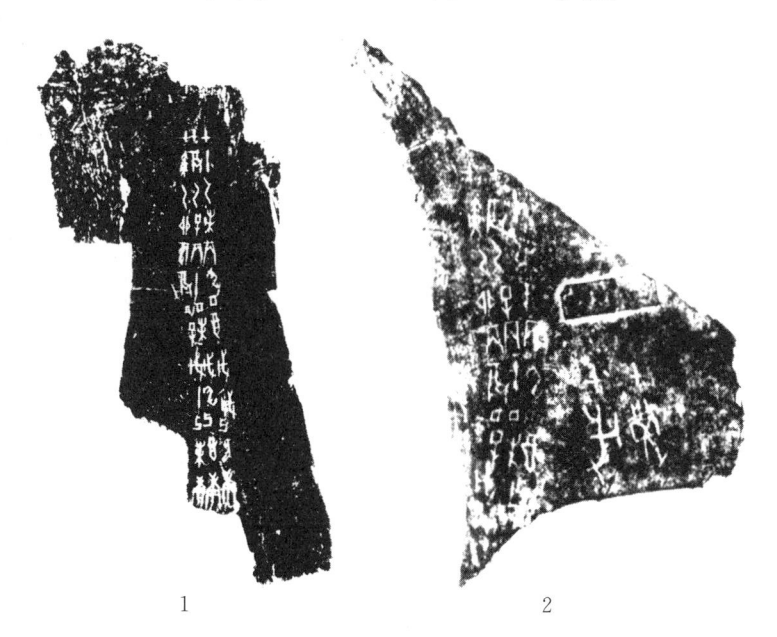

1　　　　　　　　2

圖一〇六

1.《合集》38029　2.《英藏》2575

反、38070,《合補》11526、11531、11618,《旅藏》2199,《英藏》2571 反、2581,《法藏》13 等。還有不少第二旬未刻完整者,如《合集》38059、38062＋[①]、38066,《綴續》457,《哥大》129 等。其中《合集》38075 上甲子、甲戌兩旬連續刻寫,未以旬爲單位分列,靠近骨邊的干支表缺刻橫畫倒刻。《合集》38065 上練習刻寫的是甲戌、甲申兩旬干支,内容較爲淩亂。

6. 刻寫一旬干支

目前所見甲骨上刻寫一旬的干支,基本上都是刻寫甲子一旬,這與其處於 60 干支表的第一旬密切相關。這類刻辭骨版多有殘缺,如《合集》38114、38069、38079、38082,《合補》11577、11594、11623,《綴續》442(圖一〇八)等。其中有不少未刻寫完整者,如《合集》35664、36642、38078,《合補》11548 正、11571、11573、11599,《瑞典》87 等。也有一些在同一版上反復刻寫甲子一旬干支的例子,如《簠干》19(《續》4.3.4)

圖一〇七
《合集》38061＋
《掇三》142

一版(圖一〇九),從文字排列情況看,下方的四個甲子應是先刻寫,"子"字刻寫得較爲簡省,字形較爲特殊,因骨版殘斷,不知下方是否刻寫有完整的四列甲子旬干支;上方的甲子旬干支應屬後刻,其中最右邊一列刻寫到"庚午"時因下方有字而轉至左邊另起一行刻寫[辛未]、壬[申]、癸酉;接着在下方又刻寫甲子到丁卯幾個干支,其中"丁卯"刻寫在空隙處,後因無合適位置而未繼續刻寫;該列左邊又刻寫甲子旬干支。

---

① 蔡哲茂:《干支表補綴二則》第一則,先秦史研究室網站,2009 年 9 月 10 日。

圖一〇八 《綴續》442　　圖一〇九 《簠干》19

　　以上我們主要從刻寫內容的不同對干支表刻辭進行了分類整理,下面我們再從刻辭字體角度對其進行進一步分析。關於干支表刻辭的字體區別,過去大家多因其以習刻爲主而甚少做深入分析,目前僅見門藝先生曾從字體角度對其進行過分析。在其博士論文中,她將黃組的干支表刻辭劃分出幼稚型和成熟型兩種截然不同的書迹。其中對幼稚型的描述是刻手奏刀愚鈍,出手文字不成行列,甚至連字形也有誤刻,且多有描畫痕迹,屬於新手習刻,舉例有《合補》11569,《綴彙》729、657。成熟型是指刻手奏刀嚴謹整飭,字形娟秀精細,刻辭工穩純熟,典型例子如《合補》11038正,《合集》37986、38006 等。文中還提及同一版上既有兩種屬不同書風的成熟字體干支表,如《合集》38006;又有同版上一爲成熟型一爲幼稚型的干支表,如《合集》38058。① 門藝先生對干支表刻辭字體的分析已基本概

---

① 門藝:《殷墟黃組甲骨刻辭的整理與研究》,第 186～189 頁。此部分内容後又以《殷墟晚期甲骨文上的干支表刻辭》爲題發表在《語文知識》2009 年第 1 期,第 60～63 頁。

括出這類刻辭的特點。不過，我們還可以根據刻辭中的一些代表性字體刻寫特徵做進一步分析。

干支表刻辭的用字總共也就 22 個字，含 10 個天干和 12 個地支。天干中甲、丁、己、壬、癸的構形都比較穩定，基本無異形。其中"甲"皆作十字形，缺刻橫畫者除外；"丁"爲小方框，未見有圓形或其他不規則形；①"己"字的運筆方向大多與現楷書筆順相同，這也能反映出刻手多用右手刻寫，偶有一些朝向相反者，唯有《簠干》8 中字形橫寫，作 ；"壬"字寫法皆爲工字形；"癸"字基本都作 ，四角出頭。

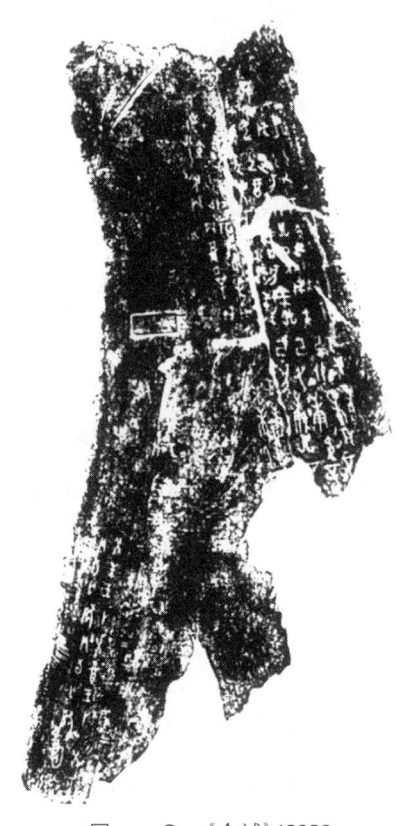

天干中"乙"字的刻寫也較爲統一，大多字形起筆後皆向右運轉，作 形，僅有個別字形方向相反，如《張藏》358 等，這反映出商代晚期文字構形日趨穩定。值得注意的是《英藏》2573、2574、2662，《合集》38072、38114，《瑞典》88 等幾例中的"乙"字做 ，起筆先往下然後再右轉，比較有特色。根據這一特徵，可以說明我們對《合補》12928（圖一一〇）綴合的驗證應是正確的。該版是由蔡哲茂先生將《英藏》2662 與《英藏》2574 綴合而成，不過蔡先生後來在《甲骨綴合續集·誤綴表》中認爲屬於誤綴。但我們認爲從這兩版的字體特徵看，綴合應是可成立的。其中《英藏》2662 現藏英國皇家圖書館，該版上兩處"乙"的刻法作 、 ，起筆皆先往下。這與《英藏》2574 上

圖一一〇 《合補》12928

---

① 李詩潔：《黄類卜辭字形整理與研究》一文中曾列舉黄類卜辭中的"丁"有橢圓形、三角形等不規則字形，華東師範大學碩士學位論文，指導教師：張德劭，2018 年。

第三章　干支表刻辭研究　193

"乙"的刻法完全一致,且這兩版上"戊"字刻法也較有特色,作 [字]、[字]、[字],左邊非簡單一豎筆,而是有三角形;另外,兩版"庚"字刻法下部皆作三橫畫:[字],也都非常具有代表性。綜合這些字形特徵看,兩版肯定是出自一人之手,將其綴合,在形態和辭例上都很吻合,應該是可以成立的。該版與《英藏》2571 上的字體十分相近,乙、戊、庚等字的寫法基本一致。而黃組中這種刻法的"乙"似乎只見於這幾例字體較爲稚嫩的干支表刻辭中,這應與刻手在刻寫練習時運刀不夠熟練有關。

這一時期"丙"字的規範寫法以"[字]、[字]"爲主,裏面"入"字形筆畫與上面的橫畫多不相接;也偶見有一部分裏面兩斜筆與上橫畫相接之例,如《合集》38039、38071、38102 等。還有個別刻寫不規範者將字形倒刻或將裏面的"入"字形刻寫顛倒,呈[字]形,如《合集》38074、38077、《綴彙》477 等。這些不規範字例基本也都出現在字體較爲拙劣的習刻中,卜辭及成熟干支表刻辭中罕見。較爲特殊的是《北珍》1864 中的"丙"上有一短橫,作[字],這在整個甲骨刻辭中都較爲少見,早期干支表刻辭《合補》6675 中的"丙"似也是上有短橫,花東卜辭中亦有上加橫畫的"丙"。[1] 不過這種在長橫上添加一短橫飾筆的現象倒也符合文字構形之規律。

"戊"字多作[字]。其異體有作[字]的,斧刃處呈三角形,如《合集》38034、38114、《合補》11499＋11566[2]、《瑞典》88 等;而上面提及的《英藏》2574、2622 以及《珠》1455 中的[字]不僅頭部有三角形,且其柲刻寫較直,柲頭上的斜筆在左邊。這種斧刃呈三角形寫法的"戌"與"戊"字相近,如《英藏》2574 中"戊"與"戌"刻法就完全相同,看不出區別。其他幾版因殘斷未見"戌"字寫法。另外,還有刻作[字]形的"戊",柲形上下折筆明顯,柲頭上一撇的筆勢也與其他有別,例子如《合集》38006、《合補》11595。《東文研》956 中的"戊"作[字],也與此相近。另外,像《合集》38010 中的"戊"

---

[1] 參姚萱:《殷墟花園莊東地甲骨卜辭的初步研究》,第 168～173 頁。
[2] 門藝:《黃組甲骨新綴 107—109 組》第 107 組,先秦史研究室網站,2011 年 6 月 4 日。

（░）字刻寫也都不够規範。這幾種特殊寫法的"戊"基本都出現在干支表刻辭中，黄組占卜類刻辭中少見，這些都應與干支表刻辭的習刻性質有關。

"庚"字在黄組刻辭中以作░形爲主，其異體寫法主要有中間豎筆穿過上面"V"形作░以及底部横畫多一筆作░。前者見於《合集》36641、38047、38059、38065、38066、38110 等片中，後者見於《合集》38034、38037、38054、38114 及《綴續》363、《東文研》953 等片中。這些變化也都屬於文字演化過程中的常見現象。此外，天干中"辛"字在構形上主要存在上部有無短橫畫之別，兩者都較爲常見，其中以加橫畫的字形居多，因無特殊情況，在此不贅述。

在黄組干支表的地支用字中，"丑""卯""巳""午""申"等字的寫形相對穩定，除個别刻寫十分潦草的字例外，大多無特殊變化。其中"丑"字多作░，較特殊者如《合集》38071 中的兩個"丑"字一作░，手指上的短折筆單獨刻寫；另一作░，小拇指位置筆畫上折，這在黄組也較爲少見，《合集》38956 中作░與之近似。《合集》38071 這一版上不論是文字字形特徵還是干支排列形式與大多數黄組干支都不太一致，可能時代上有早晚之分。另外，像《合集》38086 中"丑"字倒寫作░，文字倒寫也是習刻中的常見現象。還有一部分習刻中的"丑"字筆畫刻寫較直，缺乏弧度，如░（《合集》38106）、░（《合集》38092）等。"卯"字都作░，没有什麽特殊寫法，不再贅述。"巳"字基本都作░，《東文研》957 中的░上似有改刻或錯刻，《合集》37987 中作░，頭部偏圓形；《合集》38011 中作░，兩臂呈一筆書寫。"午"字主要有兩種字形，一種作░，豎筆上可見有兩加粗墨點；另一種作░，看起來就像一簡單豎筆，應屬於進一步簡化。這兩類字形也常見於卜辭中，不過有些字形也難以區分豎筆上有無加粗墨點。"申"字較潦草者如《合補》11569 中作░、░，《合集》38079 作░，等等。

黄組刻辭中的"子"一般作象形程度較高的░，頭上以三豎筆表嬰兒頭髮，頭部中間多作交叉形筆畫，下面爲兩條腿；也有部分頭部中空無交叉筆畫者作▯。較爲特殊的是有一例頭部中間加一短筆作▯(《合集》38035)，這種寫法的"子"常見於無名黃間類，黃組少見。該版經蔡哲茂和門藝兩位先生多次綴合後圖版如右圖(圖一一一)。

從這幾版的形態、文例、殘字筆畫及"戊、戌、辰、寅"等字頗具特色的寫法看，上面綴合應可信。同版上其他幾處的"子"皆爲黃組常態寫法，唯有一處特殊；而該版上的"辛""庚"字也都有不同的異體存在，可看出刻手對文字構形有一定瞭解。該版刻寫有4句干支，從字體看，並非屬於完全成熟型干支表刻辭，第四行的行款不夠整齊，且"己"下漏刻"亥"字。

黃組刻辭裏的"寅"字在刻寫上異形較多，其中可根據"矢"尾部是否作交叉形分爲▯、▯兩大類。其中無交尾形的▯最爲常見，又呈現出▯(《合集》38002)、▯(《合補》11621)、▯(《合集》37995、37997、

圖一一一　《綴彙》516

38025)等不同異體；交尾型的▯裏面又可分爲▯(《合集》38077)、▯(《合補》11544)、▯(《合集》38080)、▯(《續》3.4.2)等異形。上面"寅"字的這些異形不僅存在於干支表刻辭，占卜刻辭中也多能找到其身影，如▯這類構形又見於《合集》35631，▯類又見於《合集》36683，即使是較爲潦草型的▯，又見《合集》36194、36640等片中。黃組卜辭中的貞人名"黃"，有的也與"寅"字混同，如《合集》35631、37648中的▯，從辭例看應是貞人名"黃"，但從字形看應屬"寅"(黃字一般作▯，其中部字形一般認爲與人形有關，而寅字則由矢字分化而來，兩者有別)。此外，若寅字中間的方框刻寫不規範，則漸漸訛變成雙手形，如▯(《合集》38082)、▯(《續存》上

2735)、▨(《合補》11533)、▨(《合集》35696)、▨(《旅藏》2201)等，商晚期金文中的"寅"亦多作此形，如▨(《集成》741)、▨(《集成》5394)等，西周金文中的"寅"亦與此大體相同。

"辰"字在干支表刻辭中也呈現出較多的異體。常見的有▨(《合集》37988、37992)、▨(《合集》37986、37990、37991、38024、38026 等)、▨(《合集》37996)和▨(《合集》38081)、▨(《合集》38082)這兩類。字形上方是否添加短畫不構成主要區別，其區別在於右邊收尾的筆畫是呈流綫型的"乙"形還是呈折筆反"フ"形。"辰"字字形在早期階段的刻寫筆順大致是：▨，晚期字形中多將原來的第3筆與第4筆作一筆刻寫：▨。

若中間兩弧筆彎曲弧度及停筆位置不同都會影響最後收尾的筆畫。上述干支表刻辭中"辰"字的兩種主要形態在黃組占卜刻辭中也有體現。前一種字形如▨(《合集》35542)、▨(《合集》35647)、▨(《合集》35726)、▨(《合集》35839)、▨(《合集》36116)、▨(《合集》36065)、▨(《合集》36658)、▨(《合集》37411)等，後一種類型俯拾皆是，例不贅舉，从辰从止的叞基本也都屬於這一類型。

干支表刻辭中有些刻手因對"辰"字字形結構理解不確，未能掌握正確筆順而誤刻成▨、▨這類字形，字形成了上下結構，上面形成了類似於角形部件。① 學者也正是根據這一特殊構形特徵將數片不同甲骨拼合在一起，如《綴彙》657(圖一一二.1)。該版字體較爲潦草，很多字形都呈現出非常態寫法，如"寅""戌""酉"等字形，且上面多有誤刻，"甲申"一列的"庚辰""辛巳"應爲"庚寅""辛卯"之誤刻(王襄先生《簠室殷契徵文考釋》②已指出)。根據"辰"的這種特殊寫法，我們認爲《契合集》346與此應屬同一刻手所爲(圖一一二.2)，《綴續》467可能亦是此

---

① 《集成》5835中的辰作▨即與此類上部寫法相近。
② 王襄：《簠室殷契徵文考釋》，天津：天津博物院，1925年。

刻手作品(圖一一二.3),《合補》11635 中的寫法也與此相近(圖一一二.4)。林宏明先生將《合集》38049 與《明後》2792 綴合(圖一一二.5),估計很大程度也是考慮到了兩版上面"辰"字(㞢)刻法相近("寅"字寫法也一致);①《合集》38076 中"辰"字(㞢)刻法也與之類似(圖一一二.6)。另外,《合補》11494(㞢)和《合補》11515(㞢)中的"辰"字刻法都十分拙劣;《合集》38034 中的"辰"(㞢)已無法辨認。上述這些含有特殊"辰"字寫法的干支表刻辭字體都較潦草,屬於新手的習刻作品。

    1.《綴彙》657　　　　2.《契合集》346　　　　3.《合集》38054

---

① 林宏明:《甲骨新綴第 864—867 則》第 864 則,先秦史研究室網站,2019 年 9 月 2 日。

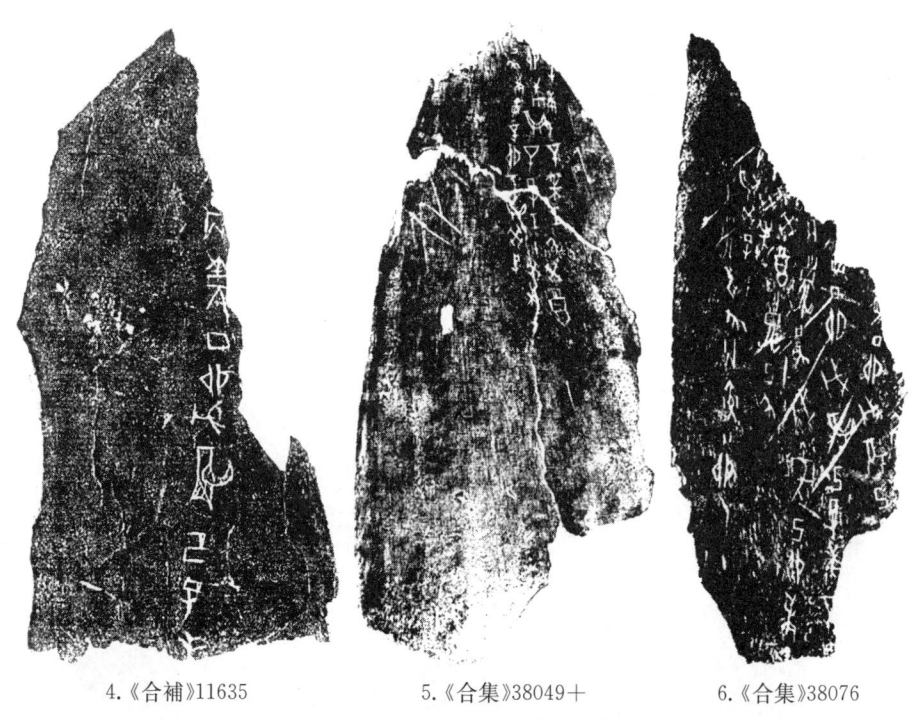

4.《合補》11635　　　5.《合集》38049+　　　6.《合集》38076

圖一一二

　　干支表刻辭中的"酉"，刻寫較規範者大致可分爲▣(《合集》37986)、▣(《合集》37986)和▣(《合集》38006)、▣(《合集》38008)兩種類型。兩者器身都多作流綫型，底部呈尖底形。其區別在於前一種字形酉頸與器身區分不明顯，頸與腹一筆刻寫下來，肩部位置筆畫呈弧筆上仰；而後一種字形特徵是頸部與器身明顯分爲兩截，肩部多刻寫爲平肩。這兩種字形在占卜刻辭中都可見，其中後者比例似更多，前一種類型卜辭中可舉《合集》36566、《拼續》525等例。而在干支表刻辭中還存有不少刻寫不够規範的"酉"字字形，如▣(《合集》37987)、▣(《合集》37995)、▣(《合集》37997)、▣(《合集》38010)、▣(《合集》38011)、▣(《合集》)38002、▣(《合集》38049)、▣(《合集》38067)、▣(《合集》38076)等，這些都存在於字體刻寫拙劣的干支表刻辭中，其中有一些可能屬於同一刻手的習刻作品，如我們上面提及的《合集》37995與《合集》37997(《合集》38067可能也可歸入這一刻手)、《合集》38049 與《合集》38076 等。

"戌"在整個黃組刻辭中的刻法也較爲統一，基本作█形，也有個別方向相反者，作█(38002)、█(38025)等形。干支表刻辭中出現的比較有特色的"戌"字寫法，有我們上面提及的可能屬於同一刻手作品的《合集》37995、37997、38067 這幾版，其中的"戌"作█，柲刻寫較直，與此類似的還有前面曾提到的"戌""戌"完全同形的《英藏》2574。此外，《合補》11621 中的兩個"戌"字分別作█、█，也較爲特殊，前者將柲形上的兩斜筆刻寫成近"中"形，後者柲頭上的短畫貫穿柲，《合集》38017 中的"戌"亦與此相近。

"亥"字在整個黃組刻辭中主要呈現出兩種異體：█與█，其區別就在於右邊的豎筆有無波磔。這兩種字形無論在干支表刻辭還是在占卜刻辭中都極爲常見，數量上也看不出明顯差異。目前在干支表刻辭的"亥"字寫法上，《合補》11598 中的"亥"(█)從拓片看，和其他字形相比，少一橫"T"形筆畫；《合集》38061 中的"亥"(█)與《英藏》2571 中的"亥"(█)較爲相似，下面一筆較長，根據這一構形特徵，我們發現《合集》38061 上半與《旅藏》2199 乃是重片，後者骨版更大，其上"乙"字刻法與《英藏》2571、2574 等亦相近，或都出自一人之手。

以上我們基本上對黃組干支表中的干支用字進行了逐字考察，其目的一方面是瞭解干支表的整體刻寫面貌，找出刻手在文字刻寫中所存在的一些共性和差異；另一方面也希望通過對干支這一卜辭中最爲常見的刻寫內容的字體特徵考察，試圖梳理一下有關黃組刻辭字體分組分類的問題。目前關於甲骨字體的分組分類研究，學界已取得了非常大的進展，從"五期斷代法"到"甲骨兩系說"，甲骨分類日漸精細化。從大的組類方面劃分，王卜辭系統下可分爲師組、賓組、出組、歷組、何組、無名組、黃組；具體到小類，大部分組之下都可分出更細的小類，這裏面唯有黃組卜辭是否可進一步分類學界還未達成一致意見。

黃天樹師《殷墟王卜辭的分類與斷代》一書中指出黃組卜辭的命名雖然是根據貞人來命名，但實際劃分純粹是根據字體。黃師認爲該類卜辭的字體比較單純,最易辨識;其書體風格是字體細小,書法整飭,行款劃一,文例嚴謹;字體可以説是相當地"清一色";在字體上,難以將該類的早期卜辭同晚期卜辭區分開來。① 按照黄師意見,黄類卜辭基本只能根據内容來判定其所屬的不同時代,從字體上難以做進一步的區分。李學勤、彭裕商先生《殷墟甲骨分期研究》亦認爲該組卜辭書體風格和字形結構彼此間無多大區别,未能進一步的類别劃分。②

常玉芝先生《"祊祭"卜辭時代的再辨析》一文曾結合"其""牢""兹""用""宗""惠"幾個字的字體特徵對黄組中的祊祭卜辭進行了時代劃分。③ 受此啓發,徐明波先生在其博士論文《殷墟黄組卜辭斷代研究》中,以"吉""月"字爲分類起點,結合其同版關係尋找一系列特徵性字體及用字習慣組合關係,根據字體結構和書體風格將黄組卜辭分爲黄組一類和二類兩大類,其中黄組二類下又分有 A、B、C 三亞類。④ 後門藝先生在其博士論文《殷墟黄組甲骨刻辭的整理與研究》中基本肯定了徐明波先生的分類,指出黄組一類和黄組二 C 類的風格迥然不同,黄組二 A 類和二 B 類由於有很多特徵字形交叉使用,屬於過渡時期的風格。在字形結構演變的序列上,從黄組一類到黄組二 A、B、C 類也是比較正確的。在時代上,黄組一類因有"父丁"和"母癸"稱謂屬於帝乙時期,一類中"王廿祀"的材料於曆日不合,可以上延到文丁時期。黄組二類中有"妣癸",以及有可以推衍爲帝乙的"文武帝",因此爲帝辛時期。門藝先生文中側重從書手的角度對黄組卜辭進行分析,她認爲黄組卜辭主要就由兩個書手刻寫而成,文中論述道:

---

① 黄天樹:《殷墟王卜辭的分類與斷代》,第 270、273、287 頁。
② 李學勤、彭裕商:《殷墟甲骨分期研究》,第 173 頁。
③ 常玉芝:《"祊祭"卜辭時代的再辨析》,胡厚宣主編《甲骨文與殷商史》第 2 輯,上海:上海古籍出版社,1986 年;又收入《商代周祭制度》,北京:中國社會科學出版社,1987 年;《商代周祭制度(增訂本)》,北京:綫裝書局,2009 年。
④ 徐明波:《殷墟黄組卜辭斷代研究》。

就黃組來說,書手Ⅰ的服務年限比較長,兩個廿祀的卜辭風格還比較接近,可能均爲Ⅰ的作品,但到帝乙廿祀或二十三祀之時他可能已經是垂垂老者了。從④帝辛二祀時的卜辭與帝乙二十三祀時的卜辭完全不同來看,也許在帝辛剛一登上王位書手Ⅰ就退休了,也許還在一些不太重要的占卜中擔任刻手。書手Ⅱ的④卜辭已經是比較成熟,在黃組卜辭中有很多比較拙劣的刻辭,包括干支表和王寔卜辭,都似是此位Ⅱ的早期作品,④的記年爲二祀,說明早在帝乙時期書手Ⅱ已經師從於Ⅰ練習刻字,並有可能替師傅捉刀,刻寫一些卜辭,因此書手Ⅱ的作品也應該有帝乙時期之物。黃組卜辭大多是書手Ⅰ的作品,其整體風格雖然沒有變化,但是在不同時期還是表現出了不同的作風。①

門藝先生所說的書手Ⅰ主要表現爲徐明波先生所說的黃組一類風格,書手Ⅱ主要表現爲黃組二Ｃ類風格。

2011年,莫伯峰先生在博士論文《殷墟甲骨卜辭字體分類研究》中則認爲黃組字體的字形結構字體特徵上並無多大差異,難以進行分類,不過,在書體上可分爲小字亞類和大字亞類。其中小字亞類字形小、筆畫細、筆鋒短,字形不呈方正狀,行款不整齊,在黃組中占大多數;大字亞類字形大、筆畫粗,只占很少一部分。② 2013年,宋雅萍先生在博士論文《商代背甲刻辭研究》中對徐明波的字體分類也提出了兩點質疑:一是徐文中所舉特徵字不夠明確,未能指出各小類特徵字刻法之差異,文中所引"亥""王""巳""衾""歲"等字看不出有任何的不同;二是徐文所分黃組二Ｂ類、黃組二Ｃ類列舉特徵字甚少,其以字體大小來分類,看不太出來與其他小類之分別。③ 故宋雅萍博士亦認爲黃組卜辭實難以按字體特

---

① 門藝:《殷墟黃組甲骨刻辭的整理與研究》,第20頁。
② 莫伯峰:《殷墟甲骨卜辭字體分類研究》,首都師範大學博士學位論文,指導教師:黃天樹,2011年。
③ 宋雅萍:《商代背甲刻辭研究》,第246~247頁。

徵分類。2018年,李詩潔碩士論文《黃類卜辭字形整理與研究》在窮盡整理黃類卜辭基礎上,采用關鍵字遞進調查法對常玉芝、徐明波、莫伯峰三位學者的分類進行了探究。文中按照關鍵性從高到低的順序對王、亡、月、亥四個關鍵字進行了調查,分析了幾個字形不同異體之間的同版關係(參表四):

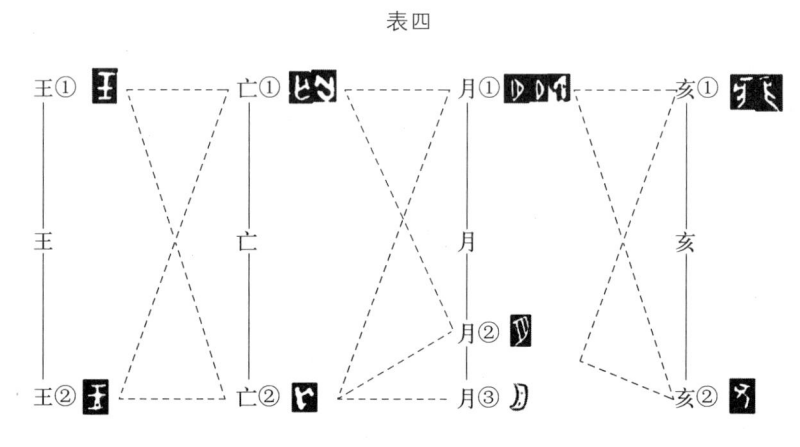

表四

（注：圖中虛綫相連的兩者存在同版關係。）

文中根據調查指出常玉芝、徐明波、莫伯峰三位先生認定的可進行下位分類的材料中,以字體類型看,並不規律性對應;四個關鍵字的不同形體互相之間存在同版關係,且無規律性特徵。因此,亦主張該類卜辭不宜進行下位分類。①

我們在對干支表刻辭的整理過程中發現亥、酉、辰、寅四個干支的刻法確存在具有較明顯區别的不同異體(參表五),且在黃組卜辭中也有同樣體現。那麽這些不同異體之間的同版現象如何? 能否從中找出字體組合上的規律呢? 爲此,我們特選擇干支表刻辭中字體較爲成熟的那些進行了字體同版關係的考察(參表六)。

---

① 李詩潔:《黃類卜辭字形整理與研究》,第59～64頁。

第三章 干支表刻辭研究 203

表五

干支字	第 一 類	第 二 類
亥	(亥₁)	(亥₂)
酉	(酉₁)	(酉₂)
辰	(辰₁)	(辰₂)
寅	(寅₁)	(寅₂)

表六

著 錄 號	亥₁	亥₂	酉₁	酉₂	辰₁	辰₂	寅₁	寅₂
合集 36481	√			√		√	√	
合集 37986	√		√		√		√	
合集 37988	√		√		√		√	
合集 37990	√		√		√		√	
合集 37991	√		√		√		√	
合集 37992	√		√		√		√	
合集 37993	√		√		√		√	
合集 37994	√		√		√		√	
合集 38005＋38023	√		√		√		√	
合集 38044	√		√		√		√	
合集 38110	√		√		√		√	
前 3.7.1	√		√		√		√	
合集 37987		√		√	√			

續 表

著 錄 號	亥$_1$	亥$_2$	酉$_1$	酉$_2$	辰$_1$	辰$_2$	寅$_1$	寅$_2$
合集 37989				√				√
合集 38000＋38008		√		√	√		√	
合集 38004		√		√	√		√	
合集 38006		√		√		√	√	
合集 38012	√			√	√		√	
合集 38013	√			√			√	
合集 38014	√				√			√
合集 38015						√		√
合集 38016	√			√				
合集 38017		√		√			√	
合集 38018		√					√	√
合集 38019		√					√	
合集 38020	√		√		√			√
合集 38021		√		√		√	√	
合集 38022		√		√			√	
合集 38024		√	√		√		√	
合集 38026	√			√	√		√	
合集 38028		√	√				√	
合集 38029	√		√		√			√
合集 38038	√		√				√	
合集 38039		√			√		√	
合集 38055＋合補 11524		√	√		√		√	
合補 11595		√			√	√		
合補 11621		√			√			

續　表

著　錄　號	亥$_1$	亥$_2$	酉$_1$	酉$_2$	辰$_1$	辰$_2$	寅$_1$	寅$_2$
英藏 2569		√						
英藏 2570		√		√		√	√	√
英藏 2571	√		√					
英藏 2572	√			√				
英藏 2573	√							√
英藏 2575				√	√			√
英藏 2576	√		√		√		√	
英藏 2578		√		√		√	√	

　　由上表可見，在調查範圍內，"寅"的寫法中以寅$_1$最爲常見（這在整個黃組刻辭中亦是如此），和其他字的搭配上並無明顯區別；"辰"字也基本以"辰$_1$"爲主，"辰$_2$"相當少一些（在整個黃組刻辭中，"辰$_2$"寫法反而更爲常見），其中也有兩種異體同時出現在一版的現象，如《合集》38057，也有一些辰字寫法介於兩者之間。"亥"與"酉"兩種異體使用都較普遍，而且在搭配上，亥$_1$與酉$_1$同版現象極爲常見；亥$_2$與酉$_2$同版搭配也呈現一定數量。不過，這種現象也並非呈絕對趨勢，亥$_1$與酉$_2$、亥$_2$與酉$_1$同版的現象也時有發現。另外，還有一些刻辭中一字兩種異體同時出現，如《合集》38027 中亥$_1$與亥$_2$共見；而有些"酉"的字形因缺乏清晰照片觀察其筆勢而無法確定其類型，似介於兩類之間，如《合集》38027、38053、38108 等。

　　上述干支表刻辭中所呈現出的亥$_1$與酉$_1$搭配、亥$_2$與酉$_2$搭配的現象究竟屬於干支表刻辭刻手在刻寫中的偶然現象，還是在整個黃組卜辭中也有同樣體現呢？就我們目前粗略的觀察看，似乎並沒有表現出較强的組合特徵，亥$_1$與酉$_2$的搭配也極爲普遍。我們對徐明波先生所舉黃組一類和黃組二類代表片中的干支也進行了調查，其中黃組一類中亥字是兩種異體都有：亥₁見其所舉《合集》35695、36871、37462，亥₂見其所舉《合集》35422、36346；酉字以酉₂居多，見所舉《合集》36631、37462、38556；辰字以辰₂最爲常見。黃組二類中亥字以亥₂較多，酉字以酉₂爲主，但亦見有酉₁例，辰字所舉多見辰₁，但也有辰₂。門藝先生文中所列舉的黃組一類與黃組二類異形字比較表中，黃組一類以亥₁、辰₂爲代表字形，黃組二類以亥₂、辰₁爲代表字形。總之，黃組干支字的這些異體差異在字體分類上究竟能否發揮作用，可能還有待於今後對整個黃組卜辭做更進一步精細化的研究。不過，因上面所舉的亥、酉、辰兩種異體之間的區別主要是由刻寫筆勢所造成的細微差別，且刻辭中處於兩種異體之間的過渡字形或模棱兩可的寫法也較爲常見。以"酉"爲例，該字在不同時期都存在頸腹一體和頸腹分開的兩種異體（與），只是不同組類之間使用的異體不同，如賓組、出組多用頸腹一體的、，歷組、何組、無名組等多用頸腹分開、。黃組中的與這兩種異體雖同時存在，但字形區別度已不甚明顯，像（《合集》38330）、（《合集》38852）這類字形，"酉"之頸部與腹部在筆勢上明顯是分開刻寫的，而像（《合集》38331）這類字形和頸腹一體的字形就已經非常接近了。正因這種筆勢上的差異越來越不明顯，不同異體字形也漸漸地趨向於統一，異體字形之間所存在的差異並未能成爲不同刻手之間相對固定的刻寫習慣，這也使得很難再根據這種筆勢上的細微差別來作爲字體分類之依據。

綜上，我們側重從刻寫內容和字體特徵兩方面對黃組干支表刻辭進行了分析。內容上面，刻寫有一旬、二旬、三旬、四旬、五旬、六旬的干支表刻辭皆有發現，其中三旬數量最多，其次爲一旬，二、四、五、六旬數量較少；干支刻寫多從甲子旬起刻，旬與旬之間多分列。字體方面，除書寫風格上有嚴謹整飭與稚嫩潦草之分外，字形結構及整體風格還是保持了較强的統一性，讓人一眼望去便知爲黃組刻辭；另根據干支表中一些字形的特殊寫法及字形之間的同版關係，也可進一步推斷出一些刻辭可能出自一人之手。

附：黃組干支表刻辭綴合一則 《合補》11522+《前》3.6.3

11522

前3.6.3

第三節 干支表刻辭性質討論

上文我們對目前甲骨文中的干支表刻辭按其字體組類進行了整理，可見這類刻辭幾乎貫穿了甲骨文的各個時期，王卜辭及非王卜辭皆可見。其刻寫材質以肩胛骨爲主，主要利用肩胛骨上頸扇位置無鑽鑿卜兆的部分來刻寫。行款排列上主要有縱向和橫向兩種方式，縱向的見於師組、賓組、出組、何組、黃組，橫向的主要見於師組、子組、賓組、歷組、無名組，縱向排列爲最主要形式；早期旬與旬之間多不分列，出組之後漸形成了旬與旬分列刻寫的習慣，這一方式後爲何組和黃組繼承。內容上，早期師組和賓組並非一定從甲子起刻,刻寫的旬數也不固定。但因"甲子"畢竟爲60干支的起始日,故干支刻寫從甲子旬開始的現象應該在各個時期都一直存在,出組以後就漸漸成爲常態。

那麼商人刻寫這類干支的目的何在呢？關於干支表刻辭的性質或作用,學界主要有以下兩種意見:

一是作爲曆日譜,起備覽查閱之用。這點從大家將這類刻辭命名爲"干支表"或"干支譜"即可得知。《史記·三代世表》司馬貞索隱:"應劭云:'表者,錄其事而見之。'案《禮》有表記,而鄭玄云'表,明也。'謂事微而不著,須表明也,故言表也。"張守節正義:"譜,布也,列其事。"可見,古代爲了能更清楚地展現相關內容,而以"表"或"譜"的形式體現出來,以便於大家翻檢查閱。早期甲骨研究學者在見到這類刻辭時,多將其看作"表""譜"一類,羅振玉在《流沙綴簡·小學數術方技書考釋》中曾對敦煌所出漢簡中的干支簡評述道:"此譜殆合十簡分書六十甲子爲譜,以供推步之用,殷虛文字中亦有之。"①由此,間接可知羅振玉將甲骨文中的干支刻辭當作干支譜,以爲有推算天象曆法之用。王襄先生在《簠室殷契徵文考釋》一文中的《簠干》1(即《合集》37988)考釋下明確指出此類干支表"疑備卜時檢校日辰之用"。② 容庚先生亦持此看法,他在《殷契卜辭》165 片(即《合集》37986)考釋下云:"商人計日以干支,則爲檢閱日旬之便,由干支組成之六十甲子表,實不可缺。今所流傳破碎者多,而完整無缺者惟此而已。"③郭沫若先生則因這類刻辭中多見三旬干支刻辭,而認爲此反映的乃是商代之曆法,屬於曆日之記載。他在《甲骨文字研究·釋支干》一文中論述道:

卜辭支干表,據余所見有三旬式與六旬式之二種。三旬者

---

① 羅振玉、王國維:《流沙墜簡》,北京:中華書局,1993 年。
② 王襄:《簠室殷契徵文考釋》。
③ 容庚、瞿潤緡:《殷契卜辭》,北京:哈佛燕京學社,1933 年;此處引自《容庚學術著作全集》,北京:中華書局,2012 年。

自甲子自癸巳,此與六旬式之自甲子終癸亥者爲數幾於相乎。初疑乃斷殘或未全刻之例,未以爲異。羅王諸家均未言及,似亦均未以爲異也。然於《書契前編》乃有左列一片(松按:即《前》3.2.4,《合集》38007)。此雖殘闕十四字,然由甲子至癸巳終而復始者再,爲事正異常明著,此非斷爛或零刻二語所能説明者。余因疑殷人初制月份時,每月規整三十日,無大無小,故以十日與十二辰相配,僅逮三旬而足。以此,故有此多數三旬式之支干表存在;入後始配足爲六旬也。

其六旬式者,方式與前列之三旬式全同,即一行十日,六行六旬,行列異常規整。此一見即可知其爲爲實用之目的而契刻者,用以便於檢查日數與干支也。是知此等骨片當係羅氏所謂"骨簡",蓋以其内容確非紀卜而係文書,則殷代其他之文書亦當有契骨之事。恐安陽地底尚有一古代圖書館存在矣。

……

惟此片(松按:指《後下》1.5)有以爲乃練字之骨,任意契刻,無足輕重者,余則頗不謂然。蓋"練字"固可備一説,然練字不必即是任意契刻。練字之時當有底本作根據,其所根據之底本則當如存世之大小《夏政》之類,故練字説未足以破余之古曆説也。①

後郭先生在《卜辭通纂》考釋中亦表述了同樣的意見:

余謂籍此可覘古代曆法之變遷。蓋古人初以十干紀日,自甲至癸爲一旬,旬者,遍也,周則復始。然十之周期過短,日份易混淆,故復以十二支與十干相配,而成複式之干支紀日法。多見三旬式者,蓋初曆月無大小,僅逮三旬已足,入後始補足爲六十甲子者也。以干支紀日,則干支之用至繁,故有此多數之干支表存在。②

---

① 郭沫若:《甲骨文字研究》,《郭沫若全集·考古編》第一卷,第157~162頁。
② 郭沫若:《卜辭通纂》,第219頁。

董作賓先生則認爲甲骨中只有刻寫完整 60 干支的(如《契》165 即《合集》37986 等)才可稱爲"甲子表","甲子表的用途,幾同於現世的'日曆'和'月份牌',尤其類於'星期表',我們可以叫他作'旬曆'"。①

目前認爲干支表可作曆日之譜起備忘查閱的觀點在學界影響較大,認同者頗多,如陳煒湛先生《甲骨文簡論》、張秉權先生《甲骨文與甲骨學》、劉一曼先生《殷墟獸骨刻辭初探》、王宇信先生等編著《甲骨學一百年》等。

二是屬刻寫練習之辭。關於干支表中的習刻之作,在最早著録干支表刻辭的《殷虛書契前編》中即存在,如《前》3.4.1、3.6.1 即在字體規範干支表刻辭外存有一兩行字體較爲拙劣的習刻之辭;而像《前》3.7.5、3.9.1、3.9.3 等整版刻辭都較爲稚嫩,明顯屬於新手之作。另外,林泰輔先生的《龜甲獸骨文字》中所著録的《龜》1.15.4、1.15.12,王襄先生《簠室殷契徵文》中所著録的《簠干》6、12、23 等版上也都有習刻。不過,受著録書體例所限,加之當時甲骨研究正處於發軔階段,學界對習刻與僞刻之間的界綫認識還十分模糊,故上述著録書的編撰者並未明確指出這些乃屬於練習之作。最早明確指出甲骨中存在習刻現象的學者似爲董作賓先生,他在《甲骨文研究的擴大》一文中提到:"又近復發現'習刻'的文字,或在正文之旁,或在廢料之間,學書者視同廢紙,畫圖習字,任意塗鴉,倘非親手從地下掘來,必且疑是贋品了。"②又在《卜辭中所見之殷曆》一文中明確指出:"有僅書甲子、甲戌、甲申三行者,其例甚多,如前編卷三,第二、四、五、八、九、十各葉皆有,疑是習刻干支者所作,非作'甲子表'用者。又有僅刻五行而遺落一行者,如前編卷三第二葉第一版缺第四行甲午一行(松按:即《前》3.2.5,《合集》38111);同卷第五葉第一版缺第五行甲辰一行(松按:即《前》3.5.1),同卷第六葉第一版,缺末行甲寅一行(松按:即《前》3.6.1,

---

① 董作賓:《卜辭中所見之殷曆》,《安陽發掘報告》第 3 期,1931 年,第 489 頁。
② 董作賓:《甲骨文研究的擴大》,《安陽發掘報告》第 2 期,1930 年,第 416 頁。

《合補》11588上半），疑皆習刻干支者所爲。"①郭沫若先生在《殷契粹編》中對一些字體拙劣者亦指出"此亦練字之骨"（《粹》1473考釋語，即《合集》38077）"字甚惡劣，如初學塗鴉者"（《粹》1465考釋語，即《合集》37995）。

　　將那些刻寫不規範字體稚嫩拙劣的刻辭認定爲習刻，難度並不很大，相信當時應有不少學者持此觀點。但認爲那些字體規範行款整齊的干支表刻辭也是和練習刻寫有關，目前可見明確提出此觀點的似爲唐蘭先生。唐先生在編撰《天壤閣甲骨文存》時收録有三版干支表刻辭，在其考釋中説：

　　　　卜用甲骨所刻文字，多與兆璺有關，惟六旬之名，多擇隙地爲之，不涉卜事爲獨異。或謂卜人籍以記誦稽考，然此實屈指可數者，今世星者推人命造，年月日時之干支，頃刻可得，寧有專家世業，而不能舉此六十日名者乎？余謂此皆習書者所爲，稱干支表者誤。卜骨中恒見習書者之字，此六旬之名，其不同之字，僅二十有二，便於反復學習，殆書法之基礎，故所見獨多也。卜辭書法，在當時自成風氣，如兇作山，鼎作閒（即貞字），均與施之方策彝器者不同。此六旬之名，書法之精美者，殆是前輩之範本，而粗劣苟率，如右列三片之類（松按：指《天》1、2、3），則新進後學之所爲，於此可見其授受之迹。

　　　　卜骨所刻干支，其例至不一，有全刻六旬者，有只刻三旬者，亦有反復刻三旬者，足證其但爲習書也。其書直者，以十日爲一行，自甲至癸。按《鄭志》云："庚午在甲子篇，辛亥在甲辰篇也。中有甲戌甲申甲午，成一月也。"是漢人書六旬，猶與殷同也。②

由唐先生的這一段論述可知，首先從定名上説，他並不贊成將這類刻辭稱爲干支表刻辭；其次從性質或作用看，他也不認同這類刻辭是起備覽查閱

---

① 董作賓：《卜辭中所見之殷曆》，《安陽發掘報告》第3期，1931年，第489頁。
② 唐蘭：《天壤閣甲骨文存並考釋》，北平輔仁大學，1939年，第2頁。

之用(文中所說的"記誦稽考"與"備覽查閱"性質相近)。他認爲占卜者作爲專職人員,熟練掌握六十干支乃是其基本技能,根本無需記誦備查;干支表刻辭其真正用途乃是爲練習刻寫。唐先生文中明確指出干支表中的書法精美者爲前輩之範本,字體拙劣者爲新進後學所爲。

關於干支表中存有範刻的現象,郭沫若先生亦有提及,上節所引《粹》1468 的考釋中曾提到,他在《殷契粹編·序》中亦有分析:

> 該片原物當爲牛胛骨,破碎僅存二段,而文字幸能銜接。所刻乃自甲子至癸酉之十個干支,刻而又刻者數行,中僅一行精美整齊,餘則歪剌幾不能成字。然於此歪剌者中,却間有二三字,與精美整齊者之一行相同。蓋精美整齊者乃善書善刻者之範本,而歪剌不能成字者乃學書學刻者之摹仿也。刻鵠不成,爲之師範者從旁捉刀助之,故間有二三字合乎規矩。師弟二人藹然相對之態,恍如目前,此實爲饒有趣味之發現。且有此爲證,足知存世契文,實一代法書,而書之契之者乃殷世之鐘王顔柳也。①

可見,郭先生亦認爲在干支表刻辭中存有的一些屬於範本。不過,他提出的主要是字體拙劣者和字體成熟者同見一版明顯有仿刻痕迹的那一類型,與唐先生所認爲的凡字體成熟者皆爲範刻之觀點有所不同。

張政烺先生《六書古義》一文中糾正羅振玉對漢簡中干支簡之看法,認爲其並非用於推步之"干支譜"(文中亦指出"推步之人慣用已久,益可不須專制此譜"),乃爲漢代學僮學書之《六甲》;甲骨文中能稱之爲干支譜的僅有《後下》1.5(即《合集》24440)一版,其餘干支表刻辭皆爲殷人學書之《六甲》;其中字體工整者爲"三千年前六書之楷則",字體拙劣者爲當時之"描紅"也。② 由此可見,張先生亦主張甲骨文中的干支表刻辭主要供學書所用。

---

① 郭沫若:《殷契粹編》,第 11 頁。
② 張政烺:《六書古義》,原載《中研院歷史語言研究所集刊》第 10 本,1948 年;收入《張政烺文史論集》,北京:中華書局,2004 年,第 215～237 頁。

日本學者松丸道雄先生亦持刻寫練習之觀點。松丸先生其根據契刻熟練程度，將第五期干支表刻辭分爲三類：A 類刻法極爲稚拙，幾乎看不出訓練痕迹，此類約 36 片，如《合集》37987、37989、37990、37995、37997 等；B 類雖受過一定契刻訓練，但比起普遍卜辭文字，還顯得相當拙劣，此類約 68 片，如《合集》37988、37991、37993、37994、37996 等；C 類刻法相關圓熟，與一般五期卜辭幾乎無差別，此類約 31 片，如《合集》37986、37992、38007、38009、38017 等。而這種 C 類刻辭，很可能就是給練習者一個"範本"。松丸先生還指出五期外的《合集》11730、11735、11739、11740 等可能也是爲未熟練者做參考的一種"典型法刻"。① 馮時先生在《殷代占卜書契制度研究》一文中亦提及甲骨文中的干支表和周祭祀譜等表譜刻辭都不是實用之物，應是爲訓練契手的範刻或習刻之作。不過，馮先生又進一步指出像《合集》37986 等一些被認爲是干支表的範刻作品，其實也不排除屬於比較成熟的習刻之作。② 孟世凱先生在《甲骨學辭典》"習刻"辭條下亦是將《合集》37986 等作爲習刻中的"照辭仿刻"之例。③

　　總體來說，學界對干支表刻辭的性質或作用不外乎上述兩種意見。目前大家對於字體拙劣的那部分干支表刻辭，都認爲是習刻之辭，這點並無爭議。存有爭議的主要是那些字體工整、排列整齊的干支表刻辭，究竟是起備覽查閱之用還是作爲刻寫之範本，甚或兼而有之呢？

　　其實認爲干支表有備查之用純屬猜測，並無任何可靠證據。從上面兩節我們對干支表刻辭的梳理來看，早期的一些干支表刻辭大多並不以旬爲單位分列排列。若用這類旬與旬連續刻寫在一起的干支表來計

---

① 松丸道雄：《殷代の學書について——甲骨文字における"習刻"と"法刻"》，《書學書道史研究》2000 年第 10 號，第 3～17 頁；《介紹一片四方風名刻辭骨——兼論習字骨與典型法刻的關係》，王宇信、宋鎮豪主編《紀念殷墟甲骨文發現一百周年國際學術研討會論文集》，第 83～87 頁。

② 馮時：《殷代占卜書契制度研究》，《探古求原——考古雜志社成立十周年紀念學術文集》，北京：科學出版社，2007 年，第 66～102 頁。

③ 孟世凱：《甲骨學辭典》，上海：上海人民出版社，2009 年，第 551 頁。

算不同干支之間相差幾日十分不便,與口頭計算幾無差異。且在所有干支表刻辭中,完整刻寫60干支的刻辭數量極爲有限,所有組類加一起也不到30版;絕大多數干支表都是只刻寫部分句,不少字體刻寫較成熟的干支表上還有旬未刻寫完整之現象,如《合集》11736、《英藏》2576等。這些顯然並不太適合用於查閱日期。且正如唐蘭先生所說,熟練掌握60干支對占卜人員來說實乃基本技能,這些內容自然爛熟於胸,頃刻可得,根本無需參考。退一步說,即使需要參考,考慮到商代文字的書寫載體主要以竹簡爲主,將干支書寫在竹簡或木牘上豈不比刻於龜甲獸骨要方便得多?

　　當然,或許有人會認爲不同時期的干支表刻辭,其性質和功能或有所區別,起備查作用的主要是出組和黃組中以旬爲單位分列刻寫、字體工整的那些干支表刻辭。這也是目前學界較有代表性的觀點(我們在對干支表刻辭進行整理研究前,也大體持這一看法)。但由於出組和黃組中也都存在不少以旬爲單位分列刻寫的干支習刻,若僅僅以字體成熟程度不同而將干支表刻辭分成截然不同的兩種性質或作用,這恐怕也難以令人信服。況且這些不同組類、不同時期的干支表刻辭雖然在格式和數量上存有區別,但共性一面顯然更多,在其性質或作用的理解上,應該還是保持統一爲好。至於將較爲常見的三旬干支表刻辭與曆日相聯繫,實際也並不可信。因爲若是作爲日曆月曆,那月份不同,干支內容也會有所不同;干支表刻辭中應出現各種不同的三旬干支組合才符合實際曆日情況,但目前所見絕大多數三旬干支表刻寫的都是甲子到甲申這三旬。不過,至於干支表刻辭爲何多刻寫三旬干支,這可能的確與三旬爲一月的觀念有關。一些不從甲子起刻的干支表可能也與契刻者所在的月份或旬數有關。

　　綜合來看,將干支表與刻寫練習相聯繫,證據顯然更爲充分。在討論之前,有必要對學界所使用的"習刻""仿刻""範刻""法刻"等術語簡單做一交待。"習刻"顧名思義即練習刻寫之意。舊多以爲甲骨文中的習刻是指那些字體幼稚、行款紊亂、不成詞句的契刻,劉一曼先生指出事實也不盡然。劉先生將甲骨中的"習刻"分爲習字之刻、習辭之刻與示範之刻,其中習字之刻,字體歪斜,書法幼稚,不能句讀,一望便知爲初學者所刻;習辭之刻是以卜辭爲藍本,又可稱爲"仿刻卜辭",這類刻辭大多字體仍較幼稚,行款較亂,較易判別,但也有少數字體較成熟的仿刻;示範之刻是當時"師傅"們在傳授契刻技術時所作,字體、文例方面與卜辭無異。① 據此,可知"習刻"中含有"仿刻"與"範刻",這也是學界通常所說的"習刻"之內涵所在。換句話說,習刻既包括出自學習者之手的習字刻與習辭刻,也包括出自老師之手的示範刻。對於這種由師傅刻寫出來供練習者臨摹學習的"範刻",松丸道雄先生稱之爲"法刻"。② 然而對於練習者所刻寫的字體較爲工整的"仿刻"與師傅所刻寫的"範刻"如何區分,頗難分辨。陳逸文先生指出兩者之間最大的區別是"示範之刻"是爲了讓習刻者練習而契刻,只有習刻者與被模仿者同刻於一版,且契刻内容有明顯對應的關係,才能稱得上是"示範之刻"。③ 這一限定確有一定道理,這種"範刻"與"仿刻"同版的現象也確實存在。不過,對於同一版上内容相同但字體成熟程度不同的兩組刻辭,是否都屬於"範刻"與"仿刻"之別,實際上也難以論定。即使有一組確屬"仿刻",但另一組能否稱爲"範刻"也很難坐實;也可能正如陳逸文先生文中所說屬於兩個習刻者練習同一事類刻辭,只是習刻程度有高下之分而已。況且對於一些無參照對象的字體較爲工整的刻辭,究竟是"範刻"還是"仿刻",就更加難以分辨了。鑒於此,我們在無明確證據的情況下不區分"範刻"與"仿刻",都將其涵蓋於"習刻"這一術語下。在這一前提下,我們認爲目前所見甲骨文中的所有干支表刻辭,其性質都應屬於習刻,理由如下:

一是干支表中存在大量字體拙劣的習刻,如何組的大部分干支表刻

---

① 劉一曼:《殷墟獸骨刻辭初探》,《殷墟博物苑苑刊》創刊號,北京:中國社會科學出版社,1989年,第113~121頁。
② 松丸道雄:《殷代の學書について——甲骨文字における"習刻"と"法刻"》,《書學書道史研究》2000年第10號,第3~17頁。爲避免術語之間混亂,本文統一使用"範刻"。
③ 陳逸文:《中研院歷史語言研究所殷墟第一到九次發掘所得甲骨之整理與研究》,第64頁。

辭以及黃組中的大量字體稚嫩之習刻。① 這説明當時刻手確實經常將干支作爲刻字練習的内容。之所以選擇干支作爲練習内容，一方面與干支在甲骨刻辭中的使用頻次高有關，但更爲重要的一方面可能是因爲干支組合有序，非常容易記憶，不需參照任何文本即可刻寫，且干支在數量、結構和筆畫以及組合等方面都比單純的數字要複雜得多，刻手在練習文字的同時又可起到背誦記憶的作用，自然是刻寫練習的最佳選擇内容。

二是同版上内容重複或字體風格有别的干支表刻辭也表明此應是刻手所做刻寫練習。這一點在黃組的三旬干支表刻辭中表明得較爲明顯。這裏面具體情況也較爲複雜：

有些同版上内容重複的干支表刻辭字體大小風格一致，應屬於刻手的反復練習。如《合集》38007 上重複刻寫有三組三旬干支，上面字體風格大小保持一致，看不出明顯區别，僅個别"己"字有朝向之别，整版干支表應由同一刻手刻寫完成，該版字體都較爲成熟。《合集》38014＋《笏二》1511② 和《合集》38015 反上的字體要稍顯稚嫩一些，兩組干支表在行款大小上稍有區别，但字體風格特徵較爲統一，應也屬於同一刻手在做反復刻寫練習；《英藏》2572 亦如是。《合集》38012 上右邊兩組三旬干支表整體風格也較爲統一，或屬於同一刻手的刻寫練習；左邊刻寫位置稍低一些的三旬干支，字體上則明顯不如右邊成熟，或是另有其人，但從字形看，也有明顯的模仿痕跡。（相關諸例參圖一一三.1～5）

也有一些同版上的干支表刻辭在字體大小、行款疏密、字體特徵等方面存有區别，可能由不同刻手刻寫而成。如《合集》38006 與《合補》11595，這兩版都屬於重複刻寫三旬干支的類型，每版上的兩組干支表字體，一組小字，一組大字，行款上有疏密之分，個别文字的寫法也有所區别。最爲明顯的是大字組"戊"字的秘形寫法較爲特殊，同組中的"戌"也如此，屬於

---

① 關於干支表中的習刻情況，可參齊樂園《甲骨文習刻研究》，西南大學碩士學位論文，指導教師：喻遂生，2016 年，第 25～49 頁。

② 林宏明：《甲骨新綴第 721—726 例》第 723 例，先秦史研究室網站，2016 年 12 月 29 日。

第三章 干支表刻辭研究 217

1.《合集》38007　　2.《合集》38014+《笰二》1511

3.《合集》38015 反　　4.《英藏》2572　　5.《合集》38012

圖一一三

非常態寫法；小字組中的"戌"與"戍"則屬常態寫法。這兩版整體風格極爲相近，其中小字組或屬同一刻手，大字組屬另一刻手。其中大字組字體沒有小字組工整成熟，如《合集》38006大字組中的"辰"字寫法，可能因刻手對其字形結構不明晰而刻寫不規範。學界或認爲這屬於師傅教徒弟的範刻與仿刻之别。這一説法有一定道理，但若從刻寫順序方面考慮，不排除這兩版中大字組刻在前，小字組刻在後的可能性。如我們前面曾提到的《合集》38014+《笏二》1511、《合集》38015反這兩版刻辭，從文字排列布局看，應是從右往左刻寫（《合集》38014左邊第三列的"辰""己"明顯有特意避開右邊"戌"字刻寫之現象）。當然，如若大字組先刻，小字組在後，這種徒弟先刻，師傅再做示範的現象也是可以解釋的。不過，這裏面也可能不存在師傅教徒弟之現象，屬於刻寫熟練程度不同的兩個刻手的刻寫作品。《合集》38059、《合補》11574上也存在大小兩種字形，其中一種刻寫成熟，一種稍顯幼稚，與此屬同類現象的黄組干支表刻辭中還有下列例子：《合集》38013中左邊的小字組字體明顯沒有右邊字體成熟；《合集》38060、《英藏》2571中反面的干支刻寫字體也明顯比正面字體成熟老練。至於像《合集》38064、《英藏》2575，因大字組殘缺，難以看出其間的關係，兩種字體刻寫都較成熟，從刻寫順序上説，應是小字組先刻。《綴彙》477中間兩行的干支刻寫相對較成熟，左邊及其反面習刻特徵明顯，應屬於仿刻之類。《合集》38074左邊一列干支字體不如右邊成熟，屬於新手練習之作。《存補》6.420.4上有三組甲子旬干支，中間一組小字相對較成熟，左右兩邊的字體也明顯稚嫩很多。《龜》1.16.1最右邊現可見有一列字迹較淺的干支，與其左邊一列内容相同，或也屬有意仿刻。（相關諸例參圖一一四.1~9）

　　此外，在一些成熟干支表刻辭上還刻寫有字體十分拙劣的干支習刻，因字體過於潦草，容易使人懷疑是否爲商人所刻。比如《合集》38017，該版現藏國家博物館，爲羅振玉舊藏。骨版正面從右往左刻有甲子到甲申三旬完整干支，最左邊有幾個刻寫十分拙劣的干支，特別是其中"丙"字的刻寫並不符合商代晚期丙字常見構形。從國博的彩色照片看，該骨版反

1.《合集》38016　　　　2.《合補》11595　　　　3.《合集》38059

4.《合補》11574　　　5.《合集》38013　　　　6.《合集》38064

7.《合集》38074　　　　8.《存補》6.420.4　　　　9.《龜》1.16.1

圖一一四

面斷裂處可見有鑽鑿,但其橫切面較平,似有借助其鑽鑿特意切割而成。此版與《前》3.4.2(《通》4)應爲一版,只是前編未拓全,未見左邊這幾個拙劣的干支字。此處羅氏未拓印這幾個字的原因倒也值得考慮,畢竟前編中有像《前》3.6.1(《山博》947,《合補》11588)這種保留習刻干支的情形。或許羅氏當時亦認爲其並非出自商人刀筆而未將其拓印出來,不然按其與右邊同樣都屬干支表内容,且位置上也並不影響製作右邊内容拓片的完整性,似乎没有理由將其剔除。① 此外,《英藏》2573 上也存有字體十分拙劣的仿刻。該版目前可見有三組干支,其刻寫順序應是從左往右,最左邊的三旬干支字體較爲成熟,中間兩行干支表與左邊也大體相近,或屬於同一刻手反復練習之作。但最右邊的兩行干支字體則極爲潦草,字形刻寫多有走形,極不規範,特別是"寅"字字形。(相關諸例參圖一一五.1~3)

---

① 關於早期學者將習刻當作僞刻的情況,可參陳逸文《中研院歷史語言研究所殷墟第一到九次發掘所得甲骨之整理與研究》,第60頁。

第三章 干支表刻辭研究 221

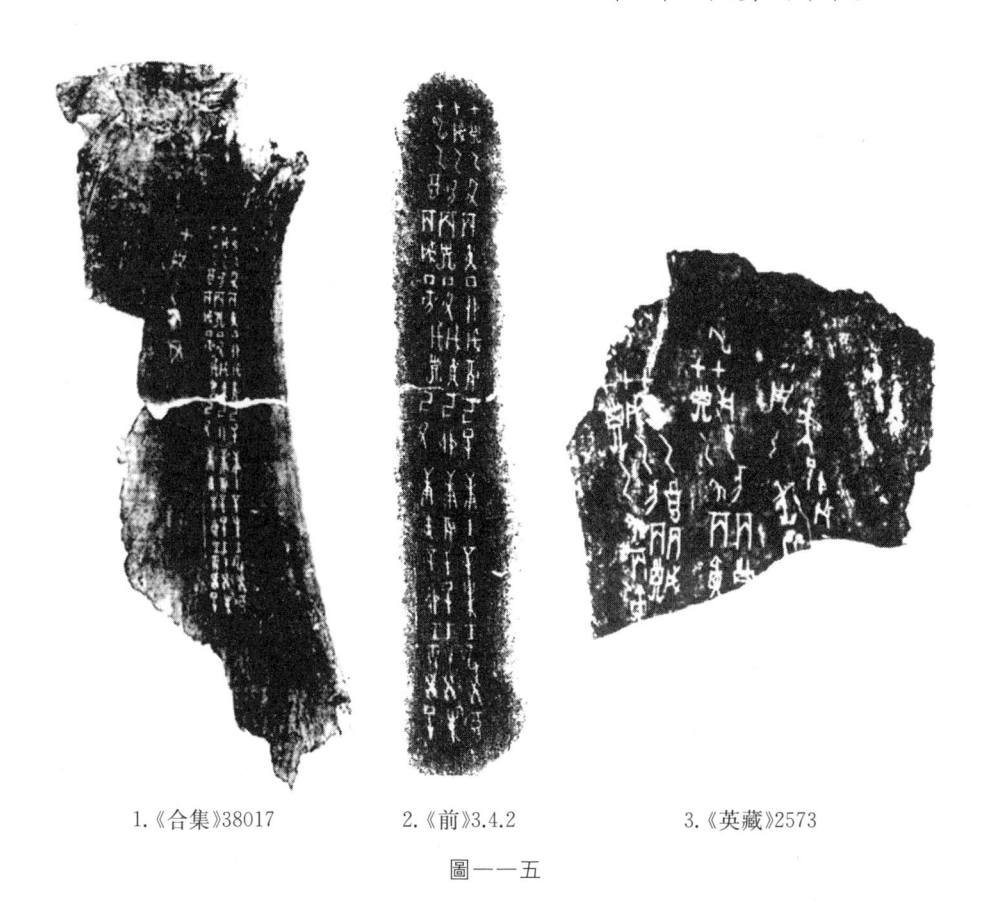

1.《合集》38017　　2.《前》3.4.2　　3.《英藏》2573

圖一一五

我們最初也曾懷疑過這兩版上的這些拙劣文字或許並非出自商人刀筆,而是近人仿刻。類似於人頭骨刻辭《合補》13169(《東文研》972),其反面即有近人模仿正面刻寫所謂"凡"字形。但後來考慮到干支表習刻中確實存在一些十分拙劣的字體,如《合集》38011、38072,《旅藏》2206、2208,《合補》11505、11583 等;加之《英藏》2573 中的"乙"字刻法與《合集》38072、《英藏》2571 等片中的刻法一致,故這類文字應該還是出自商人刀筆。不過,對於干支表刻辭包括其他習刻中字體極爲拙劣的那部分,其中有些可能並非由今後需承擔刻辭任務的專業刻手刻寫而成,而是由商代當時一些初學文字者(有的可能屬於非占卜人員)有意仿刻,猶如張政烺先生所説學僮學書類。前引馮時先生文中曾指出"甲骨文的習刻並不是初識文字的人的契刻嘗試,而是具有一定書學基礎的人的契刻練習","甲骨文的習刻者原本就具有一定的書法功力"。① 這一意見是十分合理的。同一刻手所刻寫的干支表文字中經常有文字正反方向、加短畫與不加短畫之區別,説明刻手確實對文字構形有一定認識,對書寫有一定的經驗。

　　另外,像《合集》38070、《契合集》328、《合補》11622 上面都有在一列干支表前刻有"甲子"二字的現象,似乎是刻手在起刻後感覺不好又重新刻寫。其中《俄藏》196(《契合集》328 中間一塊)左起第三行上面本刻有筆畫纖細一些的"甲子""乙",後粗字體的干支打破"乙",似爲老師特意爲刻手所做示範刻辭。該版上面還有兩處在做"乙"字刻寫練習,類似的"乙"字練習還見於《合補》11634、《合集》38108+《旅藏》2203②。不過,有些"乙"字形也可能屬於"刻工試刀所留之痕迹"。③（相關諸例參圖一一六.1～6）

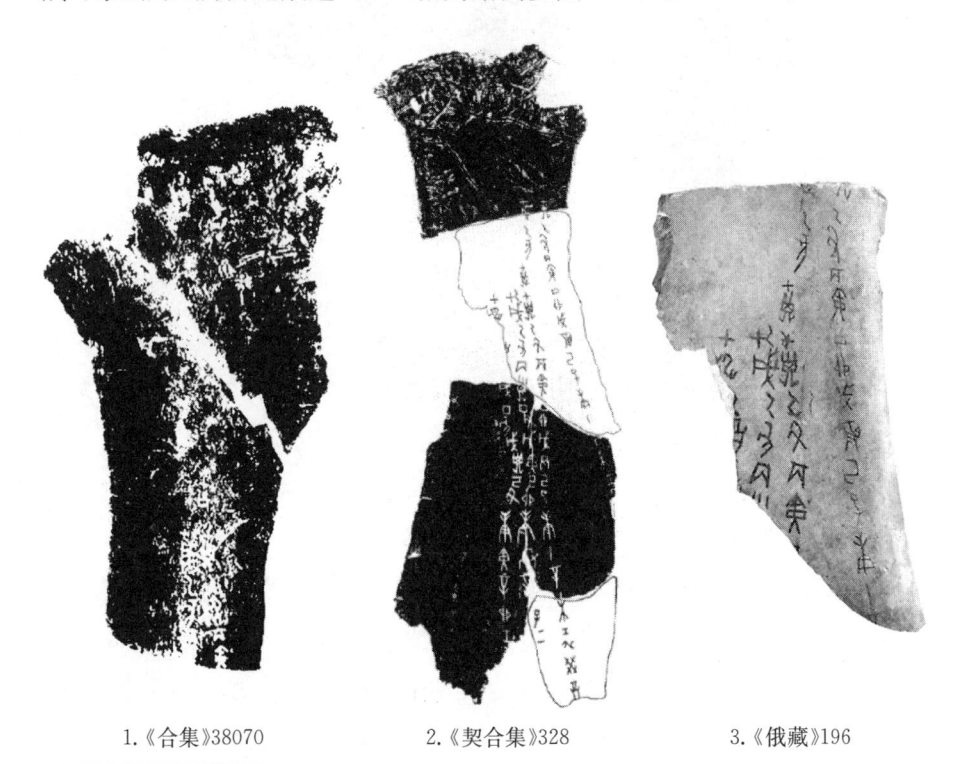

1.《合集》38070　　2.《契合集》328　　3.《俄藏》196

---

① 馮時:《殷代占卜書契制度研究》,第 81～82 頁。
② 林宏明:《甲骨新綴第 522—530 例》第 525 例,先秦史研究室網站,2014 年 10 月 19 日。
③ 屈萬里:《殷虚文字甲編考釋》,第 273 頁。

4.《合補》11622　　5.《合補》11577　　6.《合補》11634

圖一一六

對於干支表中字體較爲成熟的那類刻辭，如《合集》11730、37986 等，其性質究竟是師傅所刻寫的範刻作品，還是練習者的成熟刻寫作品，確實頗難區分。正如馮時先生所説"隨着契刻經驗的積累和技法的進步，作品的品質也必然在逐漸提高，從而使習刻之作也存在着高下的區分"。[①] 習刻之含義就是練習刻寫，只要不斷練習，其水準也自然會日益提高，早期幼稚的字體固然屬於習刻範圍，後期刻寫較爲成熟的作品也仍然屬於練習作品。如在同樣刻寫六旬干支的幾個骨版中，《合集》37987、《綴彙》657 的字體稍顯潦草稚嫩，而《綴續》414、《合集》37990、37991、37986 這幾版上的字體風格特徵、刻寫成熟度等都完全相近，很難説《合集》37986 就是由師傅刻寫之"範刻"，其他幾版就是學生練習之"仿刻"，完全可將它們都看

---

① 馮時：《殷代占卜書契制度研究》，第 82 頁。

作成熟刻手的練習之作。成熟刻手爲保持或增強自己的刻寫技能，也仍有時常練習之必要，猶如後世書法家得保持練筆之習慣。2010年河南安陽殷墟大司空村出土的刻辭牛骨，其上面字體刻寫剛勁有力，十分成熟，但其性質仍然屬於習刻（圖一一七）。① 這無疑也豐富了我們對習刻字體的認識。習刻不僅包括那些字體拙劣稚嫩者，也同樣包括字體成熟老練者。

圖一一七　大司空村牛胛骨
（采自何毓靈《河南安陽市殷墟大司空村出土刻辭牛骨》）

綜上所述，我們認爲甲骨文中的干支表刻辭其性質都與刻寫練習有關，其中不乏一些師徒教學相授的作品。嚴格來説，將這類刻辭稱爲"表""譜"並不合適，不過，由於目前學界基本上都已習慣將這類刻辭稱爲干支表刻辭，我們也不建議對其重新命名，仍可沿用"干支表刻辭"這一稱謂。需説明的是，我們過去將這類刻辭歸入表譜刻辭一類實際上是不正確的；過去大家多將干支表與習刻截然分開，認爲是兩種不同性質刻辭的觀點也並不合適，干支表刻辭理應歸入習刻範圍内，屬於習刻中的一種類型。

---

① 何毓靈：《河南安陽市殷墟大司空村出土刻辭牛骨》，《考古》2018年第3期，第116～120頁；張惟捷：《安陽大司空村新出刻辭胛骨補釋》，先秦史研究室網，2018年5月1日；王藴智：《試論大司空村出土牛骨刻辭的性質及幾處語詞的釋讀》，《紀念中國古文字研究會成立四十周年國際學術研討會會議論文集》，2018年，第65～71頁。

第三章 干支表刻辭研究 225

　　將甲骨文中的這類干支表刻辭看作習刻，這在漢簡中也可得出佐證。目前在出土文獻中，書寫這類干支表内容的除了見於甲骨文外，漢簡中也有所發現。羅振玉在《流沙墜簡》中列有如下三支簡（圖一一八）：

圖一一八　《流沙墜簡》干支簡

　　上列左邊一支爲木觚（又著録於《敦煌漢簡》2114），其上書寫有兩列完整的甲子旬干支，其中"乙丑"之"丑"都屬後補，這與師組刻辭中《合補》6954 上補刻"寅"字情況完全一樣。中間一支（《敦煌漢簡》1978）上書有"甲子""乙丑"兩個干支，其中"甲"字頭部墨色消退，隱約可見其輪廓。右邊一支（《敦煌漢簡》1811）上可見有甲寅旬的"［庚］申、辛酉、壬戌癸亥"幾個干支。除上述三支外，這類簡還可舉《居延一》16.1、25.3AB，《居延二》122.25AB，《敦

226　殷墟甲骨文五種外記事刻辭研究

煌漢簡》841及《居延新簡》T52∶115AB(書前彩圖)爲例(圖一一九.1～5)。《居延一》16.1上寫有"甲子、乙丑、丙……"幾字,與上面第二支《敦煌漢簡》1978内容風格都較爲相近;《居延一》25.3AB正反面書寫的都是甲子一旬内干支;《居延二》122.25AB正反面寫甲午一旬内干支。《敦煌漢簡》841上寫有"甲戌、乙亥"兩干支,可能與前面都屬一類性質。而《居延新簡》T52∶115AB内容最爲豐富,該簡正反面都書寫有干支文字,其中A面從右往左三列内容是:

　　　甲子乙丑丙寅丁卯戊辰己巳庚午辛未壬申癸酉
　　　甲戌乙亥丙子丁丑戊寅己亥庚午辛巳壬午癸
　　　甲申乙酉丙戌丁亥戊子己丑庚寅辛卯壬辰癸巳

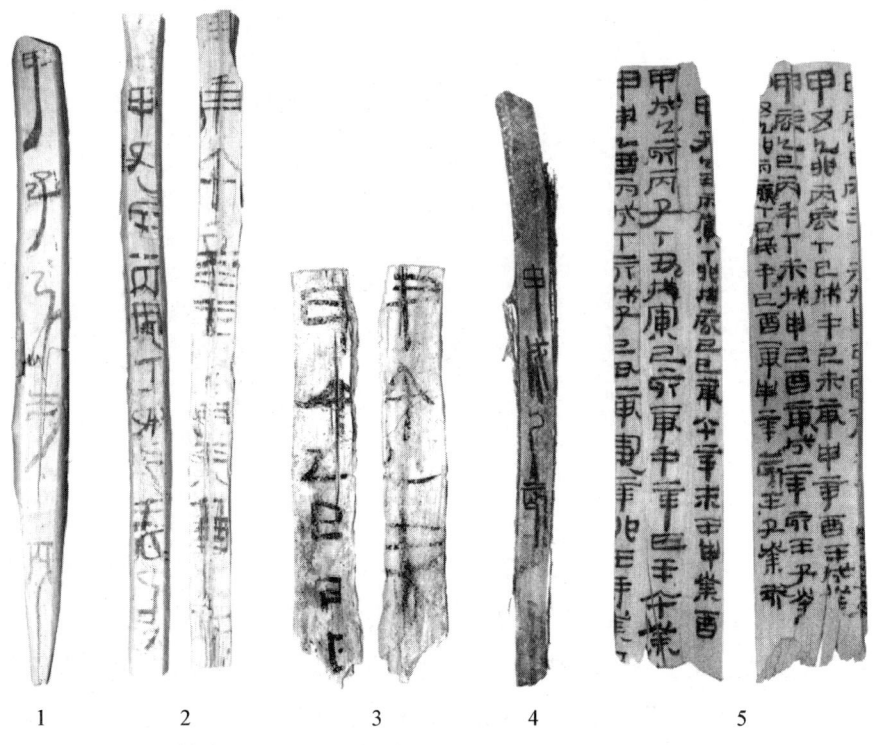

　　　　1　　　　2　　　　3　　　　4　　　5
　　　1.《居延一》16.1　　2.《居延一》25.3AB　　3.《居延二》122.25AB
　　　4.《敦煌漢簡》841　　5.《居延新簡》EPT52∶115AB

圖一一九

B面從右往左內容是：

> 甲辰乙巳丙午丁未戊申己酉庚……
> 甲寅乙卯丙辰丁巳戊午己未庚申辛酉壬戌癸
> 甲辰乙巳丙午丁未戊申己酉庚戌辛亥壬子癸
> 甲寅乙卯丙辰丁巳戊午己酉庚申辛亥壬子癸亥

其中A面主要刻寫的是甲子到甲戌三旬干支，其中第二列甲戌一旬內的干支"戊寅"之後的"己亥、庚午"應爲"己卯、庚辰"之誤。B面反復刻寫的是甲辰、甲寅兩旬干支，其中"甲寅"之"寅"的寫法較爲特殊，另第四列的"己酉"應爲"己未"之誤，"辛亥、壬子"爲"辛酉、壬戌"之誤。對該簡內容的性質，李振宏先生在《漢代居延戍卒的精神文化生活》一文中已指出其並非日曆性的簡，而是學習性的簡。① 這一觀點完全正確。該簡A面刻寫的三旬干支內容在甲骨文干支表刻辭中也最爲常見，B面的反復刻寫兩旬干支的現象在甲骨文中也是屢見不鮮，且出現的干支錯訛也是干支書寫練習中的常見現象。漢簡中所發現的這類數量較少的干支練習簡，對我們理解甲骨文干支表刻辭的性質起着至關重要的作用，也是我們將甲骨文所發現的大量干支表刻辭看作習刻作品的一個重要佐證。

　　商代的干支表刻辭除見於甲骨外，殷墟出土的一件玉版上也有這類刻辭，陳邦懷先生曾有專文對此做過介紹（圖一二〇.1）。陳先生此文不長，但對玉版之性質、價值意義及收藏情況都有所介紹，爲免大家翻檢，我們移錄如下：

> 這片殘玉版出於殷墟，版上存有庚寅辛二個半字，當是甲子表。庚字上半已殘，寅辛二字以殷骨尺測量，寅字長一寸半弱，辛字長一寸強。我曾想過，如此大字，要多大的玉版才能容納一百二十個字的甲子？過去，有人説殷墟甲骨，每六塊爲一組。據

---

① 李振宏：《漢代居延屯戍吏卒的精神文化生活》，《簡牘學研究》第3輯，蘭州：甘肅人民出版社，2002年，第233～246頁。

此推測，玉版甲子表也應以六塊爲一組。我曾將六十甲子分寫成六組，每組二行，每行十字，由此可知此玉版的辛字下缺卯，庚寅辛卯在第三版的第二行。這兩個半字恰好刻在玉版之左，字左有玉版邊沿可爲佐證。考殷墟出土的甲子表多刻於獸骨，或刻於龜甲，用玉版刻甲子表，此爲初見，至可珍貴。

此玉版雖殘，但大字雙鈎，在商周古玉中可稱希有。商代銅器文字也有雙鈎的，近年河南郟縣出土的商罍，其底之外部有陽文雙鈎从字。由此可知文字之有雙鈎一體，遠自商代就已經有了。

此玉曾爲天津徐端甫所有，徐氏初不知爲何物，曾就詢於我，始知爲商代甲子表。徐甚珍秘，終身不以示人，外人也很少有知道的。1973年，此玉爲藝林閣文物店購得，持以示我，喜出望外，經過三十餘年，喜此殘玉終於歸人民所有。前不久，接天津市藝術博物館同志函告，此玉現由該館入藏。我知其流傳端委如此，特寫出以供研究文物者作參考。①

1.《商玉版甲子表跋》所附拓片　　2.《存補》7.38

圖一二〇

---

① 陳邦懷：《商玉版甲子表跋》，《文物》1978年第2期，第72頁。

該玉版後曾著錄於胡厚宣先生《甲骨續存補編》卷七中（圖一二〇.2），書中附有陳先生給胡先生的書信，陳先生在信中也大體表述了上面的意思，其中提及"殷虛所出甲骨中有甲子表或刻六十甲子於一骨，或分刻於數骨，乃卜人用以推算日辰者"。這說明陳先生亦主張這類甲子表有備覽查閱之用。因陳先生相信董作賓所謂卜辭以六骨為一組說，故認為這種甲子表玉版應有6版，每版上分兩行書寫一旬干支。不過，因缺少實物驗證，陳先生這一推測是否可信還有待進一步證明。前引馮時先生文認為商人的這種玉版干支表可能才是供占卜人員備覽查閱的材料，這點也難以坐實。不排除這類玉版純屬藝術作品，上面刻寫的文字也只是一種書法藝術，是否在玉版上刻有完整的六十甲子恐怕也未必。

最後，我們對干支表刻辭研究之價值意義簡單做一概述。干支表刻辭因其內容單純且文字刻寫多拙劣，其研究價值意義相對有限，學界一般並未對其有足夠的重視，這點在著錄方面即有所體現，《合集》《合補》未收錄的舊著錄中干支表刻辭較多，可能有時並非疏忽所致，而是因其意義不大而有意放棄。相信這一觀念在舊著錄的編撰者中也會同樣存在，在早期各家收藏的甲骨資料中，可能也有不少干支表刻辭殘片被大家忽略而未被著錄。若今後有條件能對各單位和個人所藏甲骨做全面徹底的整理，相信應該還會發現一些干支表刻辭。關於干支表刻辭研究之價值，本章開頭曾提及羅振玉能辨認出甲骨文中的地支"巳"字即有賴於這批材料。文字學上，除了有助於大家認識"巳"字外，干支表刻辭中諸多異體字形的存在也可有助於我們瞭解字形的演化，如前面曾分析過的商周金文中"寅"字的字形來源。另外，張政烺先生所提出的先秦"六書"之古義亦以殷墟甲骨文中的干支表刻辭作為其重要佐證。干支表多從甲子起刻，亦可證明甲子為六旬之始，《周官·占夢》疏引《鄭志》："庚午在甲子篇，辛亥在甲辰篇也。中有甲戌、甲申、甲午，成一月也。"漢人六旬分六篇書寫的制度通過商代干支表刻辭的出土也得到了驗證。干支表刻辭的習刻性質對研究商代的刻寫制度、刻手之間的師承關係以及甲骨字體分類等也都具有一定的借鑒價值。林澐先生在《無名組卜辭中父丁稱謂研究》一文中曾提及"對於'習刻'應予充分重視,既應考慮它師承於何類字體,又應考慮它是哪位刻手的處女作"。① 我們在對干支表刻辭整理過程中,也發現一些干支表刻辭在字體上往往呈現出多種風格,如本章第一節裏曾提及的《合集》21784 中子組干支刻辭中所表現中的賓組風格,《合補》6954 正、《合集》20793 中所呈現的師組與賓組風格的共存,《合集》11732 中典賓到賓三的過渡,一些干支表究竟歸出組還是何組的兩難選擇,以及師組到歷組、歷組到無名組、無名組到黃組之間的過渡銜接在干支表刻辭中的體現,等等,這些對我們瞭解甲骨字體的變遷都頗具參考價值。此外,甲骨文中同一組類文字風格的統一性,究竟是由某一個刻手刻寫造成的還是由不同刻手按照同一字體刻寫學習的結果,黃組大量的干支表刻辭或許能給我們啟示。黃組刻辭時間跨度較大,但字體風格特徵却十分統一,這與黃組刻手的大量臨摹練習應有關係。由於當時存在嚴格的刻寫制度,師徒之間的教學要求也極爲嚴格。學生必須嚴格按照老師的字體風格進行模仿練習,老師則親自示範、不斷督促檢查,徒弟經過長時間大量的臨摹學習,其文字刻寫風格自然與師傅保持了極強的一致性。另外,干支表中存在的大量缺刻橫畫及文字倒刻現象,對我們瞭解當時文字的刻寫順序也具有較強的參考作用。限於精力和一些客觀研究條件,上述這些問題還難以展開做全面討論,有待今後進一步的研究。

---

① 林澐:《無名組卜辭中父丁稱謂研究》,《古文字研究》第 13 輯,北京:中華書局,1986 年;收入《林澐學術文集》,第 129～142 頁;又收入《林澐文集·文字卷》,第 64～78 頁。

結　　語

　　本書作爲拙著《殷墟甲骨文五種記事刻辭研究》的賡續篇，重點研究的是甲骨文五種記事刻辭外的祭祀類和銘功旌紀類記事刻辭。

　　對於祭祀類記事刻辭，我們根據句中動詞的不同將其分爲"宜于義京"類、"㞢升歲"類以及"子某䙅𢍰"類。對於"宜于義京"類刻辭，文中通過分析祭祀動詞連用的句子結構特點，指出這類記事刻辭中的"卯十牛"也應看作"宜"所處置的對象；而"義京"是指"義"地的京，"京"是王在外地所居住的宫殿類建築群；刻辭最後所記録的"左""中""右"則是祭牲擺放的位置。有關"㞢升歲"類刻辭，我們認爲過去學者將 ⑁ 釋爲"升"不論在詞義還是字形方面仍是目前最爲合理的意見。而"㞢升歲"這一結構中"㞢""升""歲"之間的語義層次關係應這樣理解：其中"升歲"爲動賓結構，"歲"是"升"的對象；"㞢"放在"升歲"前修飾主要祭祀動詞"升"，是爲助成"升歲"祭祀活動而舉行的侑食祭。在"子某䙅𢍰"這類刻辭中，我們認爲"䙅"應是一個表示進獻含義的詞，可讀爲"揚"；而"𢍰"則有割裂肢解之意，𢍰字上部所從的 ✕，即《周禮》所説"共其牛牲之互"的"互"，乃是懸掛牲肉之木格。"互"之所以會有割解之意，與其構形含義密不可分："互"字字形構造上作綫條交叉狀，含有將某一區域分隔爲幾部分之義，由此正可引申出分解、分割之含義。另從語音角度來看，"互"與表示肢解牲體的"䇂""磔"等詞在音理上都有相通之可能。"子某揚𢍰牡三牝三"這類刻辭的意思是貴族將經過處理的祭牲進獻於商王，這與文獻中的"致福""歸胙"性質相當。

　　有關銘功旌紀類記事刻辭，我們將其分爲小臣墻骨版刻辭、人頭骨刻辭、獸頭骨刻辭及骨柶類骨器刻辭幾個部分。關於小臣牆骨版刻辭，我們重點梳理了其中的一些疑難字詞含義，文中根據"比"字之用法含義，並結合商周獻俘禮中記錄俘獲品順序，比勘相關戰爭辭例，對骨版每列上的殘缺文字進行了擬補；指出該骨版正面刻辭的字數並非如過去一些學者所言多達200字，根據我們所擬補的內容，總字數實不到90字。至於人頭骨和獸頭骨，其用途主要用於祭祀祖先，上面的刻辭多是交代其來源及用於祭祀哪位祖先。其中有幾版人頭骨的現藏地過去記載的信息有誤，書中對此進行了糾正。兕頭骨刻辭中的年月之字舊多有爭議，我們根據臺灣中研院史語所歷史文物陳列館網站新近公布的清晰照片，肯定了月份爲"二"、年祀爲"十"的意見。鹿頭骨刻辭中的"蒿"現學界多將其讀爲"郊"，理解爲田獵地點，實際上該字在甲骨文中主要用作動詞，當理解爲"焚燎"義。而像宰丰骨、虎膊骨等骨柶類骨器，其來源主要是因作器者受到商王的賞賜，在享用完牲肉之後，將獸骨製作成骨器，並在上面刻文字以表紀念，性質與金文中記載作器者因受到上級獎賞而製作青銅器一樣。對於這部分刻辭，我們側重對其中的一些字詞含義進行了梳理，討論了虎膊骨刻辭中"睪"之構形及含義，指出牛距骨刻辭中的或當讀爲"賄"，表贈送之意。

至於本書第三章所討論的干支表刻辭，因過去我們也曾誤認爲其中部分字體刻寫規範者可能有備覽查閱之用，帶有記事之性質，故歸入記事刻辭中來。現經過研究，我們認爲這類刻辭的性質乃屬於刻寫練習之用，可看作習刻中的一種類型。按照我們對記事刻辭的定義，這一類刻辭實不當列入記事刻辭。之前，也有不少學者未將干支表刻辭歸入記事刻辭中，如柳東春先生的《殷墟甲骨文記事刻辭研究》，宋鎮豪先生撰寫的《甲骨學一百年》中記事刻辭部分；宋鎮豪、劉源先生合著之《甲骨學殷商史研究》，劉一曼先生《殷墟獸骨刻辭初探》則將干支表與記事刻辭、習刻並列，這些都表明了這類刻辭的特殊性。上述學者雖未將干支表列入記事刻辭中去，但大家大多都贊成干支表刻辭有供占卜者查閱之作用，認同其表譜之性質。鑒於此，我們認爲對干支表刻辭的性質仍有探討的必要，故文中保留了這一章節。實際上,學界認爲干支表有備查之功用,大多是據一兩版刻寫工整、排列整齊的干支表刻辭來立論,缺乏對所有干支表刻辭的整體關照。我們通過對目前所見甲骨文中干支表刻辭的全面系統梳理,發現干支表刻辭的形式、行款、內容皆有一發展過程,早期很多干支表並非一定從甲子起刻且中間不分句,根本不適合用於查閱;那種以旬爲單位分列刻寫完整 60 干支的骨版數量極少,且大多以習刻爲主。因干支排列具有規律,容易記憶,是古人練習刻寫的最佳文本,故甲骨文中所見大量的干支表刻辭都應看作刻寫練習之產品,這一現象在漢簡中也有所體現。

甲骨文中除上述所列幾種主要的記事刻辭外,可能還有一部分零星的其他記事刻辭,有些因我們關注不夠而被忽略。還有一些因缺乏相關佐證而難以論定,如陳夢家先生在《殷虛卜辭綜述》中還曾舉有以下三版記事刻辭:

(1) 甲申王至于☐三歲𠦪四歲☐。　　　　　《合集》20582[師肥]
(2) 庚辰令犬佳來,犬以龜二若令。　　　　《合集》21562[子組]
(3) ☐王若曰羌,女曰☐。　　　　　　　　《合集》32156[師組]

這幾版刻辭內容上確無"貞""卜"字樣,其中例(1)刻寫在骨扇位置,例(2)(3)刻寫於骨邊。不過,因這幾版字體都較爲特別,加之骨版殘斷,是否屬記事刻辭還缺乏證據。其中例(3)背面可見有燒灼之鑽鑿,正面有卜兆,不排除爲卜辭之可能性,其他兩版亦如此。另外,像著名的四方風骨版即使可看作習刻之類型,但因其文本內容有所依據,從記事文字的角度也值得研究。不過,鑒於學界有關四方風骨版的研究成果已較爲豐富,我們目前還未能提出成熟的新意見,故本次研究也暫未涉及,俟諸來日。

最後,需說明的是,限於個人知識背景和儲備,我們對記事刻辭的相關研究主要集中在字詞含義探討方面,對這類刻辭刻寫的動因以及其所蘊含的史學價值、文化信息等方面都缺乏深入研究,對相關刻辭的研究挖掘也不夠全面深入;即使是辭意的疏解方面,肯定也存有不少謬誤和疏漏之處。諸多問題還望學界博雅君子,幸以教之。

參 考 文 獻

一、出土文獻資料著錄書及簡稱

A

安陽博物館編：《安陽博物館藏甲骨》，杭州：西泠印社，2019年　——安藏

B

貝塚茂樹：《京都大學人文科學研究所藏甲骨文字》，京都：京都大學人文科學研究所，1959年　——京人

C

蔡哲茂：《甲骨綴合集》，臺北：樂學書局，1999年　——綴集

蔡哲茂：《甲骨綴合續集》，臺北：文津出版社，2004年　——綴續

蔡哲茂：《甲骨綴合彙編》，臺北：花木蘭文化出版社 2011年　——綴彙

曾毅公：《甲骨叕存》，濟南：齊魯大學國學研究所，1939年　——叕

曾毅公：《甲骨綴合編》，北京：修文堂影印本，1950年　——綴

陳邦懷：《甲骨文零拾》，天津：天津人民出版社，1959年　——甲零

D

董作賓：《新獲卜辭寫本》，石印本，1928年　——寫

董作賓：《安陽侯家莊出土之甲骨文字》，中研院歷史語言研究《田野考古報告》第一集，1936年　——侯

董作賓：《殷虛文字甲編》，南京：中研院史語所，1948年　——甲

董作賓：《殷虛文字乙編》，上輯，香港：商務印書館，1948年；中輯，香港：商

務印書館,1949年;下輯,臺北:中研院史語所,1953年 ——乙

董作賓:《殷虛文字外編》,臺北:藝文印書館,1956年 ——外

渡邊兼庸:《東洋文庫所藏甲骨文字》,東京:東洋文庫古代史研究委員會,1979年 ——東文庫

段振美、焦智勤、党相魁、党寧:《殷墟甲骨輯佚——安陽民間藏甲骨》,北京:文物出版社,2008年 ——輯佚

F

方法斂、白瑞華:《庫方二氏藏甲骨卜辭》,上海:商務印書館,1935年 ——庫

方法斂:《甲骨卜辭七集》,紐約影印本,1938年 ——七

方法斂:《金璋所藏甲骨卜辭》,紐約影印本,1939年 ——金

傅春喜:《安陽散見殷虛甲骨》(未刊),2001年 ——安散

G

甘肅省文物考古所編:《敦煌漢簡》(全二冊),北京:中華書局,1991年。

葛亮:《甲骨文名品》,上海:上海書畫出版社,2015年。

葛亮編著:《復旦大學藏甲骨集》,上海:上海古籍出版社、復旦大學出版社,2019年 ——復藏

故宮博物院編:《故宮青銅器》,北京:紫禁城出版社,1999年。

故宮博物院編:《大隱於朝:故宮博物院藏品三年清理核對成果展》,北京:故宮出版社,2017年 ——故宮

關百益:《殷虛文字存真》,河南省博物館拓本,1931年 ——真

郭沫若:《卜辭通纂》,東京:文求堂,1933年;又《郭沫若全集・考古編》第二卷,北京:科學出版社,1983年 ——通

郭沫若:《殷契粹編》,東京:文求堂,1937年;又《郭沫若全集・考古編》第三卷,北京:科學出版社,1965年 ——粹

郭沫若主編、胡厚宣總編輯:《甲骨文合集》,北京:中華書局,1978～1983年 ——合集

郭青萍:《洹寶齋所藏甲骨》,呼和浩特:內蒙古人民出版社,2006年 ——洹寶

郭若愚:《殷契拾掇》,上海:上海出版公司,1951年 ——掇一

郭若愚：《殷契拾掇二編》，北京：來薰閣書店，1953年　——掇二

郭若愚、曾毅公、李學勤：《殷虛文字綴合》，北京：科學出版社，1955年　——殷合

郭若愚：《殷契拾掇三編》，上海：上海古籍出版社，2005年　——掇三

H

胡厚宣：《甲骨六錄》，成都：齊魯大學國學研究所，1945年　——六

胡厚宣：《元嘉造像室所藏甲骨文字》，石印本，1950年　——元嘉

胡厚宣：《戰後南北所見甲骨錄》，北京：來薰閣書店，1951年　——南

胡厚宣：《戰後寧滬新獲甲骨集》，北京：來薰閣書店，1951年　——寧

胡厚宣：《戰後京津新獲甲骨集》，上海：群聯出版社，1954年　——京

胡厚宣：《甲骨續存》，上海：群聯出版社，1955年　——續存

胡厚宣：《蘇德美日所見甲骨集》，成都：四川辭書出版社，1988年　——蘇德

胡厚宣輯（王宏、胡振宇整理）：《甲骨續存補編》，天津：天津古籍出版社，1996年　——存補

荒木日呂子：《中島玉振舊藏の甲骨片について》，東京：創榮出版社，1996年　——中島

黃天樹主編：《甲骨拼合集》，北京：學苑出版社，2010年　——拼集

黃天樹主編：《甲骨拼合續集》，北京：學苑出版社，2011年　——拼續

黃天樹主編：《甲骨拼合三集》，北京：學苑出版社，2013年　——拼三

黃天樹主編：《甲骨拼合四集》，北京：學苑出版社，2016年　——拼四

黃天樹主編：《甲骨拼合五集》，北京：學苑出版社，2019年　——拼五

黃濬：《鄴中片羽初集》，北京：尊古齋，1935年　——鄴初

黃濬：《鄴中片羽二集》，北京：尊古齋，1937年　——鄴二

黃濬：《鄴中片羽三集》，北京：尊古齋，1942年　——鄴三

J

姬佛陀：《戩壽堂所藏殷虛文字》，《藝術叢編》第三集石印本，1917年　——戩

簡牘整理小組編：《居延漢簡（一）》，臺北：中研院歷史語言研究所，2014年　——居延一

簡牘整理小組編：《居延漢簡（二）》，臺北：中研院歷史語言研究所，2015年

——居延二

金祥恒：《"國立中央圖書館"所藏甲骨文字》，臺北：《中國文字》19、20期，1966年　——中圖

金祖同：《殷契遺珠》，上海：上海中法文化出版委員會，1939年　——珠

金祖同：《龜卜》，上海：溫知書店，1948年　——龜卜

L

雷煥章：《法國所藏甲骨錄》，臺北：利氏學社，1985年　——法藏

雷煥章：《德瑞荷比所藏一些甲骨錄》，臺北：利氏學社，1997年　——德瑞

李旦丘：《鐵雲藏龜零拾》，上海：上海中法文化出版委員會，1939年　——鐵零

李旦丘：《殷契摭存》，北京：來薰閣影印本，1941年　——摭

李孝定：《李光前文物館所藏甲骨文字簡釋》，《文物彙刊》2期，新加坡：南洋大學李光前文物館，1976年　——李光前

李學勤、齊文心、艾蘭：《英國所藏甲骨集》，北京：中華書局，1985年　——英藏

李學勤、齊文心、艾蘭：《英國所藏甲骨集·圖版補正》，北京：中華書局，1985年　——英補

李學勤、齊文心、艾蘭：《瑞典斯德哥爾摩遠東古物博物館藏甲骨文字》，北京：中華書局，1999年　——瑞典

李亞農：《殷契摭佚續編》，北京：商務印書館，1950年　——摭續

李棪：《北美所見甲骨選粹》，香港：《香港中文大學中國文化研究所學報》三卷二期，1970年　——北美

李鍾淑、葛英會：《北京大學珍藏甲骨文字》，上海：上海古籍出版社，2008年　——北珍

李宗焜：《當甲骨遇上考古——導覽YH127坑》，臺北：中研院史語所，2006年　——導覽

李宗焜：《鑿破鴻蒙——紀念董作賓逝世五十周年》，臺北：中研院史語所，2013年　——鑿鴻

李宗焜、何碧琪：《典雅勁健——香港中文大學藏甲骨集》，香港：香港中文大學出版社，2017年　——港藏

林宏明：《醉古集——甲骨的綴合與研究》，臺北：萬卷樓，2011 年　——醉古集
林宏明：《契合集》，臺北：萬卷樓，2013 年　——契合集
林泰輔：《龜甲獸骨文字》，東京：商周遺文會影印本，1921 年　——龜
劉鶚：《鐵雲藏龜》，抱殘守缺齋石印本，1903 年　——鐵
劉敬亭：《山東省博物館珍藏甲骨墨拓集》，濟南：齊魯書社，1998 年　——山東
路東之：《路東之夢齋藏甲骨文》（未刊），1999 年　——路藏
羅振玉：《殷虛書契》，東京：珂羅版影印本，1913 年　——前
羅振玉：《殷虛書契菁華》，東京：珂羅版影印本，1914 年　——菁
羅振玉：《鐵雲藏龜之餘》，東京：珂羅版影印本，1915 年　——餘
羅振玉：《殷虛書契後編》，東京：珂羅版影印本，1916 年　——後
羅振玉：《殷虛書契續編》，珂羅版影印本，1933 年　——續

M

馬季凡：《徐宗元尊六室甲骨拓本集》，上海：上海古籍出版社，2018 年　——尊六室
馬季凡：《繪園所藏甲骨》，上海：上海古籍出版社，2019 年　——繪藏
馬季凡：《殷虛書契四編》，上海：上海古籍出版社，2019 年　——四編
梅原末治：《河南安陽遺寶》，京都：小林寫真製版印刷所，1940 年　——寶
明義士：《殷虛卜辭》，上海：別發洋行石印本，1917 年　——虛
明義士：《柏根氏舊藏甲骨文字》，濟南：齊魯大學國學研究所，1935 年　——柏
明義士、許進雄：《殷虛卜辭後編》，臺北：藝文印書館，1972 年　——明後
明義士：《輔仁大學所藏甲骨文字》，臺北：《中國文字》第 50 期，1973 年　——輔

P

彭邦炯、謝濟、馬季凡：《甲骨文合集補編》，北京：語文出版社，1999 年　——合補
濮茅左：《上海博物館藏甲骨文字》，上海：上海辭書出版社，2009 年　——上博

Q

屈萬里：《殷虛文字甲編考釋（附綴合圖版）》，臺北：中研院史語所，1961 年　——甲釋

R

饒宗頤：《日本所見甲骨錄》，香港：香港大學《東方文化》3 卷 1 至 2 期，1956 年　——日見

饒宗頤：《海外甲骨錄遺》，香港大學《東方文化》四卷一期，1958 年　——海

饒宗頤：《歐美亞所見甲骨錄存》，新加坡，1970 年　——歐美亞

容庚、瞿潤緡：《殷契卜辭》，北京：哈佛燕京學社石印本，1933 年　——契

S

商承祚：《福氏所藏甲骨文字》，南京：金陵大學中國文化研究所叢刊影印本，1933 年　——福

商承祚：《殷契佚存》，南京：金陵大學中國文化研究所叢刊影印本，1933 年　——佚

松丸道雄：《日本散見甲骨文字蒐彙》，東京：《甲骨學》第七號至第十二號，1959 年　——日彙

松丸道雄：《散見於日本各地的甲骨文字》，《古文字研究》第 3 輯，北京：中華書局，1980 年　——散

松丸道雄：《東京大學東洋文化研究所藏甲骨文字》，東京：東京大學東洋文化研究所，1983 年　——東文研

宋鎮豪、朱德天：《雲間朱孔陽藏戩壽堂殷虛文字舊拓》，北京：綫裝書局，2009 年　——雲間

宋鎮豪主編：《張世放所藏殷墟甲骨集》，北京：綫裝書局，2009 年　——張藏

宋鎮豪、趙鵬、馬季凡：《中國社會科學院歷史研究所藏甲骨集》，上海：上海古籍出版社 2011 年　——中歷藏

宋鎮豪、瑪麗亞：《俄羅斯國立愛米塔什博物館藏殷墟甲骨》，上海：上海古籍出版社 2013 年　——俄藏

宋鎮豪、郭富純：《旅順博物館所藏甲骨》，上海：上海古籍出版社，2014 年　——旅藏

宋鎮豪、焦智勤、孫亞冰：《殷墟甲骨拾遺》，北京：中國社會科學出版社，2015 年　——拾遺

宋鎮豪、黎小龍主編：《重慶三峽博物館藏甲骨集》，上海：上海古籍出版社，
　　2016 年　——重藏
宋鎮豪、趙鵬主編：《笏之甲骨拓本集》，上海：上海古籍出版社，2016 年　——笏
宋鎮豪編著：《符凱棟所藏殷墟甲骨》，上海：上海古籍出版社，2018 年
　　——尊集
孫海波：《甲骨文錄》，開封：河南通志館，1938 年　——錄
孫海波：《誠齋殷虛文字》，北京：修文堂影印本，1940 年　——誠

T

唐蘭：《天壤閣甲骨文存》，北京：輔仁大學，1939 年　——天
天津博物館編：《殷契重光　——紀念甲骨文發現 120 周年特展》，北京：文
　　物出版社，2020 年　——殷重
天理大學附屬天理參考館：《甲骨文字》，天理：天理教道友社，1987 年
　　——天理

W

王春法主編：《證古澤今：甲骨文文化展》，北京：北京時代華文書局，2019
　　年　——證古
王襄：《簠室殷契徵文》，天津：天津博物院石印本，1925 年　——簠
王宇信：《〈甲骨文合集〉第十三冊拓本搜聚》，北京：文物出版社，2019 年
　　——搜聚
吳鎮烽：《商周青銅器銘文暨圖像集成》，上海：上海古籍出版社，2012 年
　　——銘圖
吳鎮烽：《商周青銅器銘文暨圖像集成續編》，上海：上海古籍出版社，2016
　　年　——銘續

X

下中彌三郎：《書道全集》，東京：日本書道院，1931 年　——書道
蕭春源：《珍秦齋藏甲骨文》，澳門：澳門基金會，2015 年　——珍藏
許進雄：《明義士收藏甲骨文字》，多倫多：加拿大皇家安大略博物館，1972
　　年　——安明

許進雄：《懷特氏等收藏甲骨文集》，多倫多：加拿大皇家安大略博物館，1979年　——懷特

Y

嚴一萍：《甲骨綴合新編》，臺北：藝文印書館，1975年　——綴新

嚴一萍：《鐵雲藏龜新編》，臺北：藝文印書館，1975年　——鐵新

嚴一萍：《商周甲骨文總集》，臺北：藝文印書館，1984年　——總集

葉玉森：《鐵雲藏龜拾遺》，五鳳硯齋，1925年　——拾

伊藤道治：《故小川睦之輔氏藏甲骨文字》，京都：《東方學報》37號，1966年　——小川

于鎮洲、盧博文、董玉京、楊祥麟、范功勤：《河南省運臺古物甲骨文專集》，臺北：河南省運臺古物監護委員會，2001年　——運臺

Z

張秉權：《殷虛文字丙編》，臺北：中研院史語所出版，上輯一：1957年8月，上輯二：1959年10月，中輯一：1962年，中輯二：1965年4月，下輯一：1967年12月，下輯二：1972年初版，1997年5月影印　——丙

張惟捷、蔡哲茂編著：《殷虛文字丙編摹釋新編》，臺北：中研院史語所，2017年　——丙摹

張宇衛：《綴興集：甲骨綴合與校釋》，臺北：萬卷樓，2020年　——綴興

中國社會科學院考古研究所編：《小屯南地甲骨補遺》，1995年　——屯補

中國國家博物館、中國書法家協會：《中國國家博物館典藏甲骨文金文集粹》，合肥：安徽美術出版社，2015年　——集粹

中國國家博物館編：《中國國家博物館館藏文物研究叢書‧甲骨卷》，上海：上海古籍出版社，2007年　——國博

中國歷史博物館：《中國歷史博物館藏法書大觀》，上海：上海教育出版社，2001年　——中歷博

中國農業博物館編：《漢代農業畫像磚石》，北京：中國農業出版社，1996年。

中國社會科學院考古研究所：《小屯南地甲骨》，北京：中華書局，1980年　——屯南

中國社會科學院考古研究所：《殷周金文集成》，北京：中華書局，1984～1994年　——集成

中國社會科學院考古研究所編：《殷墟花園莊東地甲骨》，昆明：雲南人民出版社，2003年　——花東

中國社會科學院考古研究所：《殷墟小屯村中村南甲骨》，昆明：雲南人民出版社，2012年　——村中南

中研院史語所甲骨室：《冬飲廬藏甲骨文字》，臺北：《中研院歷史語言研究所集刊》37本下冊，1967年　——冬

中研院史語所：《史語所藏購甲骨集》，臺北：中研院史語所，2009年　——史購

鍾柏生主編：《殷虛文字乙編補遺》，臺北：中研院史語所，1995年　——乙補

周鴻翔：《美國所藏甲骨錄》，伯克利：加利福尼亞大學出版社，1976年　——美

周忠兵：《卡內基博物館所藏甲骨研究》，上海：上海人民出版社，2015年　——卡

二、傳統典籍

（清）段玉裁：《說文解字注》，上海：上海古籍出版社，2003年。

（漢）高誘注：《呂氏春秋》，上海：上海書店，1986年。

李學勤主編：《十三經注疏（標點本）》，北京：北京大學出版社，1999年。

（清）阮元校刻：《十三經注疏》（附校勘記），北京：中華書局，1980年。

（漢）司馬遷撰：《史記》，北京：中華書局，1982年。

（清）孫詒讓撰，王文錦、陳玉霞點校：《周禮正義》，北京：中華書局，1987年。

（南朝梁）蕭統編：《文選》，上海：上海書店，1988年。

（清）王念孫：《廣雅疏證》，南京：江蘇古籍出版社，2000年。

（清）王先謙撰，沈嘯寰、王星賢點校：《荀子集解》，北京：中華書局，1988年。

（清）王先慎撰，鍾哲點校：《韓非子集解》，北京：中華書局，1998年。

（清）王引之：《經義述聞》，南京：江蘇古籍出版社，2000年。

（漢）許慎：《說文解字》，北京：中華書局，1999年。

（清）俞樾：《諸子平議》，北京：中華書局，1954年。

三、工具書

C

陳初生編纂,曾憲通審校:《金文常用字典》,西安:陝西人民出版社,1987年。

陳復華、何九盈:《古韻通曉》,北京:中國社會科學出版社,1987年。

D

島邦男:《殷墟卜辭綜類》(增訂版),汲古書院,1971年。

G

高亨纂著,董治安整理:《古字通假會典》,濟南:齊魯書社,1997年。

郭錫良編著:《漢字古音表稿專輯》,北京:中華書局,2018年。

H

胡厚宣主編:《甲骨文合集材料來源表》,北京:中國社會科學出版社,1999年。

胡厚宣主編:《甲骨文合集釋文》,北京:中國社會科學出版社,1999年。

胡光煒:《胡小石論文集三編》,上海:上海古籍出版社,1995年。

黃德寬主編:《古文字譜系疏證》,北京:商務印書館,2007年。

J

季旭昇:《說文新證》,臺北:藝文印書館,2014年。

L

李守奎:《楚文字編》,上海:華東師範大學出版社,2003年。

李霜潔:《殷墟小屯村中村南甲骨刻辭類纂》,北京:中華書局,2017年。

李宗焜:《甲骨文字編》,北京:中華書局,2012年。

劉釗主編:《新甲骨文編》(增訂本),福州:福建人民出版社,2014年。

M

孟世凱:《甲骨學辭典》,上海:上海人民出版社,2009年。

R

容庚編著,張振林、馬國權摹補:《金文編》,北京:中華書局,1985年。

S

宋鎮豪主編:《百年甲骨學論著目》,北京:語文出版社,1999年。

T

湯餘惠主編：《戰國文字編》，福州：福建人民出版社，2001年。
滕壬生：《楚系簡帛文字編》（增訂本），武漢：湖北教育出版社，2008年。

W

王力：《同源字典》，北京：商務印書館，1997年。

X

徐中舒主編：《甲骨文字典》，成都：四川辭書出版社，1998年。

Y

嚴志斌：《四版〈金文編〉校補》，長春：吉林大學出版社，2001年。
姚孝遂、肖丁主編：《殷墟甲骨刻辭類纂》，北京：中華書局，1989年。
于省吾主編：《甲骨文字詁林》，北京：中華書局，1996年。

Z

張德芳主編：《居延新簡集釋》，蘭州：甘肅文化出版社，2016年。
張世超、孫凌安、金國泰、馬如森：《金文形義通解》，［日］京都：中文出版社，1996年3月。
張亞初：《殷周金文集成引得》，北京：中華書局，2001年。
趙誠：《甲骨文簡明詞典——卜辭分類讀本》，北京：中華書局，1988年。
中國社會科學院考古研究所編輯：《甲骨文編》，北京：中華書局，1965年。
中國社會科學院考古研究所編著：《小屯南地甲骨（下冊）》，北京：中華書局，1983年。
中國社會科學院考古研究所編：《殷周金文集成釋文》，香港：香港中文大學出版社，2001年。
周法高主編：《金文詁林》，香港：香港中文大學出版社，1975年。
宗福邦、陳世鐃、蕭海波主編：《故訓匯纂》，北京：商務印書館，2003年。

四、近人專著或文集

B

白於藍：《拾遺錄——出土文獻研究》，北京：科學出版社，2007年。

C

常玉芝：《商代周祭制度》（增訂本），北京：綫裝書局，2009年。

陳劍：《甲骨金文考釋論集》，北京：綫裝書局，2007年。

陳劍：《戰國竹書論集》，上海：上海古籍出版社，2013年。

陳夢家：《殷虛卜辭綜述》，北京：中華書局，1988年。

陳煒湛：《甲骨文論集》，上海：上海古籍出版社，2003年。

D

董作賓：《董作賓先生全集》，臺北：藝文印書館，1977年。

F

方國瑜：《方國瑜文集》，昆明：雲南教育出版社，2003年。

方稚松：《殷墟甲骨文五種記事刻辭研究》，北京：綫裝書局，2009年。

G

高明：《高明論著選集》，北京：科學出版社，2001年。

郭沫若：《兩周金文辭大系圖錄考釋》，上海：上海書店出版社，1999年。

郭沫若：《郭沫若全集·考古編》，北京：科學出版社，2002年。

郭永秉：《古文字與古文獻論集》，上海：上海古籍出版社，2011年。

郭永秉：《古文字與古文獻論集續編》，上海：上海古籍出版社，2015年。

H

何琳儀：《戰國文字通論（訂補版）》，南京：江蘇教育出版社，2003年。

胡厚宣：《甲骨學商史論叢初集》，石家莊：河北教育出版社，2002年。

胡厚宣：《古代研究的史料問題、五十年甲骨文發現的總結、五十年甲骨學論著目、殷墟發掘》，上海：復旦大學出版社，2015年。

黃天樹：《殷墟王卜辭的分類與斷代》，臺北：文津出版社，1991年；又簡體字版，北京：科學出版社，2007年。

黃天樹：《黃天樹古文字論集》，北京：學苑出版社，2006年。

黃天樹：《黃天樹甲骨金文論集》，北京：學苑出版社，2014年。

L

李家浩：《著名中年語言學家自選集·李家浩卷》，合肥：安徽教育出版社，

2002年4月。

李旼姈：《甲骨文例研究》，臺北：古籍出版有限公司，2002年。

李圃：《甲骨文選注》，上海：上海古籍出版社，1989年。

李學勤：《殷代地理簡論》，北京：科學出版社，1959年。

李學勤、彭裕商：《殷墟甲骨分期研究》，上海：上海古籍出版社，1996年。

李學勤：《比較考古學隨筆》，桂林：廣西師範大學出版社，1997年。

李學勤：《四海尋珍》，北京：清華大學出版社，1998年。

李學勤：《綴古集》，上海：上海古籍出版社，1998年。

李學勤：《當代學者自選文庫·李學勤卷》，合肥：安徽教育出版社，1999年。

李學勤：《擁篲集》，西安：三秦出版社，2000年。

李學勤：《重寫學術史》，石家莊：河北教育出版社，2002年。

李學勤：《李學勤文集》，上海：上海辭書出版社，2005年。

李學勤：《中國古代文明研究》，上海：華東師範大學出版社，2005年。

李學勤：《文物中的古文明》，北京：商務印書館，2008年。

李學勤：《三代文明研究》，北京：商務印書館，2011年。

李學勤：《新出青銅器研究》（增訂本），北京：人民美術出版社，2016年。

梁思永、高去尋：《侯家莊·1001號大墓》，臺北：中研院史語所，1962年。

林澐：《林澐學術文集》，北京：中國大百科全書出版社，1998年。

林澐：《林澐學術文集（二）》，北京：科學出版社，2009年。

林澐：《林澐文集》（全四冊），上海：上海古籍出版社，2019年。

劉桓：《殷契新釋》，石家莊：河北教育出版社，1989年。

劉釗：《古文字考釋叢稿》，長沙：嶽麓書社，2005年。

劉釗：《古文字構形學》（修訂本），福州：福建人民出版社，2011年。

劉釗：《書馨集——出土文獻與古文字論叢》，上海：上海古籍出版社，2013年。

羅振玉、王國維編著：《流沙墜簡》，北京：中華書局，1993年。

羅振玉：《殷商貞卜文字考（外五種）》，上海：上海古籍出版社，2013年。

Q

崎川隆：《賓組甲骨文分類研究》，上海：上海人民出版社，2011年。

齊航福：《殷墟甲骨文賓語語序研究》，上海：中西書局，2015 年。
裘錫圭：《中國出土古文獻十講》，上海：復旦大學出版社，2004 年。
裘錫圭：《裘錫圭學術文集》，上海：復旦大學出版社，2012 年。

R

饒宗頤：《殷代貞卜人物通考》，香港：香港大學出版社，1959 年。
容庚：《容庚學術著作全集》，北京：中華書局，2012 年。

S

沈培：《殷墟甲骨卜辭語序研究》，臺北：文津出版社，1992 年。
石璋如：《遺址的發現與發掘：丁編》，臺北：中研院史語所，1985 年。
宋鎮豪：《夏商社會生活史》(上、下)，北京：中國社會科學出版社，2005 年。
宋鎮豪、劉源：《甲骨學殷商史研究》，福州：福建人民出版社，2006 年。
孫機：《漢代物質文化資料圖說》，北京：文物出版社，1991 年。
孫亞冰、林歡：《商代地理與方國》，北京：中國社會科學出版社，2010 年。
孫亞冰：《殷墟花園莊東地甲骨文例研究》，上海：上海古籍出版社，2014 年。
(清) 孫詒讓撰，程邦雄、戴家祥點校：《契文舉例 名原》，北京：中華書局，2016 年。

T

唐蘭：《唐蘭先生金文論集》，北京：紫禁城出版社，1995 年。
唐蘭：《甲骨文自然分類簡編》，太原：山西教育出版社，1999 年。
唐蘭：《唐蘭全集》，上海：上海古籍出版社，2015 年。
田煒：《西周金文字詞關係研究》，上海：上海古籍出版社，2016 年。

W

王暉：《古文字與中國早期文化論集》，北京：科學出版社，2017 年。
王宇信：《甲骨學通論》，北京：中國社會科學出版社，1989 年。
王蘊智：《殷商甲骨文研究》，北京：科學出版社，2010 年。
王子楊：《甲骨文字形類組差異現象研究》，上海：中西書局，2013 年。
韋心瀅：《殷代商王國政治地理結構研究》，上海：上海古籍出版社，2013 年。
吳令華主編：《吳其昌文集·史學論叢上》，太原：三晉出版社，2009 年。

X

謝明文：《商周文字論集》，上海：上海古籍出版社，2017 年。

Y

楊伯峻：《春秋左傳注》（修訂本），北京：中華書局，1990年。
楊升南、王宇信主編：《甲骨學一百年》，北京：社會科學文獻出版社，1999年。
楊升南：《甲骨文商史叢考》，北京：綫裝書局，2007年。
楊樹達：《楊樹達文集·積微居甲文說 耐林廎文說 卜辭瑣記 卜辭求義》，上海：上海古籍出版社，2006年。
楊樹達：《楊樹達文集·積微居金文說》，上海：上海古籍出版社，2007年。
姚孝遂：《姚孝遂古文字論集》，北京：中華書局，2010年。
姚萱：《殷墟花園莊東地甲骨卜辭的初步研究》，北京：綫裝書局，2006年。
于豪亮：《于豪亮學術文存》，北京：中華書局，1985年。
于省吾：《于省吾著作集》，北京：中華書局，2009年。
喻遂生：《甲金語言文字研究論集》，重慶：巴蜀書社，2002年。

Z

詹鄞鑫：《華夏考——詹鄞鑫文字訓詁論集》，北京：中華書局，2006年。
張秉權：《甲骨文與甲骨學》，臺北：臺灣編譯館，1988年。
張玉金：《甲骨卜辭語法研究》，廣州：廣東高等教育出版社，2002年。
張玉金：《20世紀甲骨語言學》，北京：學林出版社，2003年。
趙鵬：《殷墟甲骨文人名與斷代的初步研究》，北京：綫裝書局，2008年。
趙平安：《新出簡帛與古文字古文獻研究》，北京：商務印書館，2009年。
趙曉馳：《上古—中古漢語顏色詞研究》，北京：中國社會科學出版社，2016年。
鄭繼娥：《甲骨文祭祀卜辭語言研究》，成都：巴蜀書社，2007年
鄭張尚芳：《上古音系》，上海：上海教育出版社，2003年。
朱德熙：《朱德熙文集》1～5卷，北京：商務印書館，1999年。
朱歧祥：《殷墟甲骨文字通釋稿》，臺北：文史哲出版社，1989年。

五、單篇論文

B

白於藍：《〈郭店楚墓竹簡〉讀後記》，《中國古文字研究》第1輯，長春：吉林大

學出版社,1999年,第110~145頁。

白玉峥:《殷契佚存五一八號骨柶試釋》,《中國文字》新10期,臺北:藝文印書館,1985年,第93~104頁。

C

蔡哲茂:《殷卜辭"伊尹𢆶示"考——兼論它示》,《中研院歷史語言研究所史集刊》58本4分,1987年,第755~808頁。

蔡哲茂:《卜辭同文例研究舉例》,《徐中舒先生百年誕辰紀念文集》,成都:巴蜀書社,1998年,第48~53頁。

蔡哲茂:《甲骨綴合三十五則》,《古籍整理研究學刊》2002年第6期,第1~7頁。

曹定雲:《論"上甲廿示"及其相關問題——兼論卜辭中的"元示"與"二示"》,《文物》1990年第5期,第34~46頁。

陳邦懷:《商玉版甲子表跋》,《文物》1978年第2期,第72頁。

陳光宇:《兒氏家譜刻辭之"子"與花東卜辭之"子"》,《紀念王懿榮發現甲骨文110周年國際學術研討會論文集》,北京:社會科學文獻出版社,2009年,第164~173頁。

陳光宇:《兒氏家譜刻辭綜述及其確爲真品的證據》,《甲骨文與殷商史》新6輯,上海:上海古籍出版社,2016年,第267~297頁。

陳劍:《甲骨金文舊釋"𩁹"之字及相關諸字新釋》,《出土文獻與古文字研究》第2輯,上海:復旦大學出版社,2008年,第13~47頁。

陳劍:《試說甲骨文的"殺"字》,《古文字研究》第29輯,北京:中華書局,2012年,第9~19頁。

陳劍:《據〈清華簡(伍)〉的"古文虞"字說毛公鼎和殷墟甲骨文的有關諸字》,李宗焜主編《古文字與古代史》第5輯,臺北:中研院史語所,2017年,第261~286頁。

陳劍:《甲骨金文用爲"遊"之字補說》,《出土文獻與古文字研究》第8輯,上海:上海古籍出版社,2019年,第1~46頁。

陳榮軍:《傳世文獻與出土文獻研究價值考論——以清人考證"炮格"爲例》,

《湖北社會科學》2012年第4期,第123~125頁。

陳星燦:《聖水牛是家養水牛嗎——考古學與圖像學的考察》,李永迪主編:《紀念殷墟發掘八十周年學術研討會論文集》,臺北:中研院史語所,2015年,第189~210頁。

陳逸文:《〈殷虛文字甲編〉新綴十二組》第四組,《淡江中文學報》第29期,2013年,第373~405頁。

D

丁山:《數名古誼》,《中研院歷史語言研究所集刊》第1本第1分,1928年,第89~94頁。

丁驌:《骨柶刻辭釋》,《中國文字》新2期,臺北:藝文印書館,1980年,第61~63頁。

董蓮池:《談談大龜七版中的"觀"》,《中國文字研究》第24輯,上海:上海書店出版社,2016年。

董珊:《從作册般銅黿漫説"庸器"》,《古代文明研究通訊》第24輯,2005年,第26~29頁。

F

范常喜:《戰國楚祭禱簡"蒿之"、"百之"補議》,《中國歷史文物》2006年第5期,第67~71頁。

方稚松:《釋殷墟花園莊東地甲骨中的瓚、祼及相關諸字》,《中原文物》2007年第1期,第83~87頁。

方稚松:《談甲骨文中"妍"字的含義》,《古文字研究》第31輯,北京:中華書局,2016年,第46~53頁。

方稚松:《甲骨文"奇""兮"詞義辨析》,《中國國家博物館館刊》2019年第12期,第22~32頁。

馮時:《殷代占卜書契制度研究》,《探古求原——考古雜志社成立十周年紀念學術文集》,北京:科學出版社,2007年,第66~102頁。

G

甘露:《〈鐵雲藏龜〉劉序所釋甲骨文正誤小考》,《黔西南民族師專學報》2000

年第 4 期,第 16~18 頁。

高江濤、龐小霞:《索氏銅器銘文中"索"字考辨及相關問題》,《南方文物》2009 年第 4 期,第 92~96 頁。

高去尋:《殷墟出土的牛距骨刻辭》,《中國考古學報》第 4 册,北京:商務印刷館,1949 年,第 155~184 頁。

郜麗梅:《〈甲骨文捃〉的初步復原》,《南方文物》2015 年第 3 期,第 94~98 頁。

葛亮:《從 YH127 家譜刻辭看〈英〉2674、〈合〉14925 等版的性質與字體》,《紀念甲骨文發現 120 周年國際學術研討會論文集》,河南:安陽,2019 年 10 月 18~19 日。

葛英會:《論卜辭祔祭》,《殷都學刊》1999 年第 1 期,第 11~15 頁。

廣瀨薰雄:《説俞玉戈銘文中的"才林田俞姒"》,《出土文獻與古文字研究》第 6 輯,上海:上海古籍出版社,2015 年,第 426~442 頁。

H

何景成:《試釋甲骨文中讀爲"廟"的"勺"字》,《文史》2015 年第 1 期,第 249~270 頁。

何毓靈:《河南安陽市殷墟大司空村出土刻辭牛骨》,《考古》2018 年第 3 期,第 116~120 頁。

侯乃峰:《宰丰骨匕獵獲物"商戠兕"小考》,《第七届中國文字發展論壇論文集》,安陽,2019 年,第 1~7 頁。

胡厚宣:《論殷代的記事文字》,天津《益世報・人文周刊》25 至 31 期,1937 年 6~8 月。

胡厚宣:《中國奴隸社會的人牲和人殉》(下篇),《文物》1974 年第 8 期,第 56~72 頁。

胡厚宣:《關於劉體智、羅振玉、明義士三家舊藏甲骨現狀的説明》,《殷都學刊》1985 年第 1 期,第 1~8 頁。

胡厚宣:《大陸現藏之甲骨文字》,《中研院歷史語言研究所集刊》第 67 本 4 分,1996 年,第 815~876 頁。

胡輝平：《國家圖書館藏甲骨整理札記》，《文獻》2005 年第 4 期，第 28～40 頁。

荒木日吕子：《東京國立博物館保管的甲骨片——有關人頭骨刻字的考察》，《南方文物》1994 年第 1 期，第 69～73 頁。

黃錦前、張新俊：《説西周金文中的"霸"與"格"》，《考古與文物》2015 年第 5 期，第 105～111 頁。

黃天樹：《論字數最長的一篇甲骨卜辭》，《古文字研究》第 31 輯，北京：中華書局，2016 年，第 18～22 頁。

J

賈連敏：《古文字中的"祼"和"瓚"及相關問題》，《華夏考古》1998 年第 3 期，第 96～112 頁。

江西省歷史博物館、貴溪縣文化館：《江西貴溪崖墓發掘簡報》，《文物》1980 年第 11 期，第 1～25 頁。

蔣玉斌：《説殷墟卜辭的特殊敘辭》，《出土文獻與古文字研究》第 4 輯，上海：上海古籍出版社，2011 年，第 1～13 頁。

蔣玉斌：《從卜辭"有某"諸稱看"子某"與商王的關係》，《第二屆古文字學青年論壇論文集》，臺北：中研院史語所，2016 年，第 175～184 頁。

蔣玉斌：《甲骨文"臺"字異體及"鼇"字釋説》，《古文字研究》第 31 輯，北京：中華書局，2016 年，第 42～45 頁。

蔣玉斌：《釋甲骨金文的"蠢"兼論相關問題》，《復旦學報（社會科學版）》2018 年第 5 期，第 118～130 頁。

焦智勤：《殷墟甲骨拾遺·續六》，《甲骨文與殷商史》新 2 輯，上海：上海古籍出版社，2011 年，第 257～291 頁。

金祥恒：《加拿大多倫多博物館所藏一片骨柶銘文的考釋》，《華岡學報》第 4 期，1967 年。

L

雷焕章著，葛人譯：《商代晚期黃河以北地區的犀牛和水牛——從甲骨文中的 ![字] 和兕談起》，《南方文物》2007 年第 4 期，第 150～160 頁。

李春桃：《庚壺銘文拾遺》，《中國文字研究》第 19 輯，上海：上海書店出版社，2014 年，第 44～49 頁。

李春桃：《"臺"字補釋》，《出土文獻研究》第 13 輯，北京：中西書局，2015 年，第 318～324 頁。

李家浩：《庚壺銘文及其年代》，《古文字研究》第 19 輯，北京：中華書局，1992 年，第 89～101 頁。

李零：《古文字雜識(兩篇)》，《于省吾教授百年誕辰紀念文集》，長春：吉林大學出版社，1996 年，第 270～274 頁。

李零：《讀〈楚系簡帛文字編〉》，《出土文獻研究》第 5 集，北京：科學出版社，1999 年，第 139～162 頁。

李文：《從殷商用牲之"卯"談段玉裁〈《説文》劉字考〉中的卯戼之辨》，《西南民族大學學報(人文社會科學版)》2016 年第 4 期，第 199～203 頁。

李學勤：《論賓組胛骨的幾種記事刻辭》，《英國所藏甲骨集》下編上冊，北京：中華書局，1985 年，第 161～166 頁。

李學勤：《殷墟人頭骨刻辭研究》，李學勤、吳中傑、祝敏申主編《海上論叢（二）》，上海：復旦大學出版社，1998 年，第 1～7 頁。

李棪：《殷墟斫頭坑髑髏與人頭骨刻辭》，《中國語文研究》1986 年第 8 期，第 33～51 頁。

李振宏：《漢代居延屯戍吏卒的精神文化生活》，《簡牘學研究》第 3 輯，蘭州：甘肅人民出版社，2002 年，第 233～246 頁。

李宗焜：《卜辭中的"望乘"——兼釋"比"的辭意》，《古文字與古代史》第 1 輯，臺北：中研院史語所，2007 年，第 117～138 頁。

林梅村：《帝辛甲骨所見殷宮秘史》，王元化主編《學術集林》第 14 卷，上海：上海遠東出版社，1998 年，第 184～222 頁。

林巳奈夫：《漢代の飲食》，京都：京都大學人文科學研究所編《東方學報》第 48 冊，1975 年。

凌純聲：《匕鬯與醴柶考》，《中研院民族學研究所集刊》第 12 期，1961 年，第 179～216 頁。

劉莉、楊東亞、陳星燦：《中國家養水牛起源初探》，《考古學報》2006 年第 2 期，第 141～178 頁。

劉盼遂：《說文練習筆記》，清華學校研究院編《國學論叢》第二卷第二號，上海：商務印刷所，1930 年，第 301 頁。

劉一曼：《殷墟獸骨刻辭初探》，《殷墟博物苑苑刊》創刊號，北京：中國社會科學出版社，1989 年，第 113～121 頁。

劉一曼：《論殷墟大司空村出土的刻辭胛骨》，《古文字研究》第 28 輯，北京：中華書局，2010 年，第 17～24 頁。

劉源：《殷墟"比某"卜辭補說》，《古文字研究》第 27 輯，北京：中華書局，2008 年，第 111～116 頁。

劉源：《談一則卜辭"刮削重刻例"及一組歷賓同文卜辭》，《南方文物》2015 年第 3 期，第 109～112 頁。

劉釗：《談新發現的鹿角骨刻辭》，《出土文獻》2020 年第 1 期，第 37～43 頁。

劉忠伏、孔德銘：《安陽殷墟殷代大墓及車馬坑》，《2005 年中國重要考古發現》，北京：文物出版社，2006 年，第 59～62 頁。

M

門藝：《殷墟晚期甲骨文上的干支表刻辭》，《語文知識》2009 年第 1 期，第 60～63 頁。

P

彭裕商：《保卣新解》，《考古與文物》1998 年第 4 期，第 68～72 頁。

濮茅左：《商代的骨符》，《第三屆國際中國古文字學研討會論文集》，香港：香港中文大學，1997 年。

Q

齊文心：《慶陽玉戈銘"作冊吾"淺釋》，《出土文獻研究》第 3 輯，北京：中華書局，1998 年，第 32～37 頁。

S

沈培：《說古文字裏的"祝"及相關之字》，《簡帛》第 2 輯，上海：上海古籍出版社，2007 年，第 1～30 頁。

沈培：《關於古文字材料中所見古人祭祀用尸的考察》，《古文字與古代史》第3輯，臺北：中研院歷史語言研究所，2012年，第1～53頁。

施謝捷：《甲骨文字考釋十篇》，《考古與文物》1989年第6期，第68～72頁。

松丸道雄：《日本散見甲骨文字蒐彙（二）》，《甲骨學》第8號，1960年；又見《散見於日本各地的甲骨文字》，《古文字研究》第3輯，北京：中華書局，1980年，第215～228頁。

松丸道雄：《介紹一片四方風名刻辭骨——兼論習字骨與典型法刻的關係》，王宇信、宋鎮豪主編《紀念殷墟甲骨文發現一百周年國際學術研討會論文集》，北京：社會科學文獻出版社，2003年，第83～87頁。

宋華強：《試説甲骨金文中一個可能讀爲"臺"的字》，《中國文字學報》第4輯，北京：商務印書館，2012年，第19～24頁。

宋鎮豪：《甲骨文中所反映的農業禮俗》，王宇信、宋鎮豪主編《紀念殷墟甲骨文發現一百周年國際學術研討會論文集》，北京：社會科學文獻出版社，2003年，第361～401頁。

孫亞冰：《百年來甲骨文材料再統計》，《中國文物報》2003年5月9日第7版；又《故宮博物院院刊》2006年第1期，第24～47頁。

孫亞冰：《釋甲骨文中的"度"及相關諸字》，《中原文物》2018年第5期，第57～64頁。

W

王恩田：《釋冉、再、冓、禹、倠》，《紀念殷墟甲骨文發現一百周年國際學術研討會論文集》，北京：社會科學文獻出版社，2003年，第194～200頁。

王進鋒：《説甲骨卜辭中的"伯"》，《中國歷史地理論叢》2010年第2輯，第114～115頁。

王進鋒：《甲骨金文釋證三則》，《中華文化論壇》2013年第3期，第62～66頁。

王進鋒：《小臣墻刻辭與小臣墻身份》，《中國國家博物館館刊》2013年第9期，第54～61頁。

王素：《故宮博物院藏殷墟甲骨文整理與研究項目緣起》，《故宮博物院院刊》

2016年第3期,第6~10頁。

王蘊智:《試論大司空村出土牛骨刻辭的性質及幾處語詞的釋讀》,《紀念中國古文字研究會成立四十周年國際學術研討會會議論文集》,2018年,第65~71頁。

王子楊:《談甲骨文"以"的一種用法》,《出土文獻》第10輯,上海:中西書局,2017年,第25~34頁。

魏慈德:《甲骨文中的寢官》,臺灣嘉義大學中文系《嘉大中文學報》第5期,2011年,第181~206頁。

鄔可晶:《説古文字裏舊釋"陶"之字》,《文史》2018年第3期,第5~20頁。

伍士謙:《甲骨文考釋六則》,《古文字研究論文集》,《四川大學學報》叢刊第10輯,1982年。

武亞帥:《甲骨卜辭"有"的代詞用法補議——從"受有佑"談起》,《甲骨文與殷商史》新9輯,上海:上海古籍出版社,2019年,第339~350頁。

X

謝明文:《"䇂"、"䇂"等字補釋》,《中國文字》新36期,2011年,第99~110頁。

謝明文:《試論"揚"的一種異體——兼説"圭"字》,《甲骨文與殷商史》新9輯,上海:上海古籍出版社,2019年,第234~246頁。

Y

嚴一萍:《宜于義京解》,《中國文字》新12期,臺北:藝文印書館,1988年,第1~6頁。

楊榮祥:《古漢語中"殺"的語義特徵和功能特徵》,《漢語史學報》第2輯,上海:上海教育出版社,2002年,第75~82頁。

楊澤生:《甲骨文字研究的開端——劉鶚〈鐵雲藏龜〉自序略論》,《漢字研究》第1輯,北京:學苑出版社,2005年,第383~390頁。

楊澤生:《甲骨文"蚊"字考釋》,《中山人文學術論壇》第7輯,澳門:澳門出版社,2006年,第346~371頁。

姚孝遂:《古文字的符號化問題》,《古文字學論集初編》,香港中文大學中國文化研究所吴多泰中國語文研究中心,1983年。

姚萱:《殷墟卜辭"束"字考釋》,《考古》2008年第2期,第64~66頁。

姚萱:《殷墟甲骨文"涿"、"浚"兩字考辨》,《中國文字研究》第23輯,上海:上海書店出版社,2016年,第16~22頁。

袁金平:《新蔡葛陵楚簡"大川有沿"一語試解——兼論上古漢語中"有"的特殊用法》,《語言學論叢》第42輯,北京:商務印書館,2010年,第367~378頁。

Z

詹鄞鑫:《釋甲骨文中的"兆"》,《古文字研究》第24輯,北京:中華書局,2002年,第123~129頁。

張懷通:《小臣牆刻辭與商末獻俘禮——兼論商代典册問題》,《河北師範大學學報(哲學社會科學版)》2013年第6期,第75~80頁。

張惟捷、宋雅萍:《從一版新材料看甲骨文家譜刻辭的真偽問題》,《出土文獻與古文字研究》第7輯,上海:上海古籍出版社,2018年,第20~29頁。

張新俊:《釋殷墟甲骨文中的"淫"及相關之字》,《中國文字研究》第20輯,上海:上海書店出版社,2014年,第1~10頁。

趙鵬:《甲骨刻辭"又"及相關之字補説》,《古文字研究》第30輯,北京:中華書局,2014年,第89~93頁。

趙平安:《清華簡第七輯字詞補釋(五則)》,《出土文獻》第10輯,上海:中西書局,2017年,第138~143頁。

郅曉娜:《甲骨文家譜刻辭的重新審視》,《第二屆古文字學青年論壇》,臺北:中研院史語所,2016年,第119~142頁。

鍾柏生:《釋"䏍""澄"及其相關問題》,《中國文字》新24期,臺北:藝文印書館,1998年,第7~18頁。

中國社會科學院考古研究所安陽工作隊:《1998年—1999年安陽洹北商城花園莊東地發掘報告》,《考古學集刊》第15集,北京:文物出版社,2004年,第296~358頁。

周忠兵:《歷組卜辭新綴三十例》,《古文字研究》第26輯,北京:中華書局,

2006 年,第 125～128 頁。

周忠兵:《釋甲骨文中的"阩"——兼說升、祼之別》,《中國書法》2015 年第 10 期,第 117～123 頁。

周忠兵:《釋金文中"觀臺"之"觀"》,《古文字研究》第 31 輯,北京:中華書局,2016 年,第 136～138 頁。

朱鳳瀚:《論肜祭》,《古文字研究》第 24 輯,北京:中華書局,2002 年,第 87～94 頁。

朱鳳瀚:《重讀小臣牆骨版刻辭》,《古文字研究》第 31 輯,北京:中華書局,2016 年,第 4～10 頁。

六、主要學位論文

C

陳佩君:《甲骨文"又"字句研究》,臺灣靜宜大學碩士學位論文,指導教師:朱歧祥,2005 年。

陳曲:《日本慶應義塾大學所藏殷墟甲骨的整理與研究》,吉林大學碩士學位論文,指導教師:崎川隆,2018 年。

陳逸文:《中研院歷史語言研究所殷墟第一到九次發掘所得甲骨之整理與研究》,臺灣中山大學博士學位論文,指導教師:蔡哲茂、劉文強,2013 年。

J

蔣玉斌:《殷墟子卜辭的整理與研究》,吉林大學博士學位論文,指導教師:林澐,2006 年。

L

李立新:《甲骨文中所見祭名研究》,中國社會科學院研究生院博士學位論文,指導教師:王宇信,2003 年。

李旼姈:《甲骨文字構形研究》,台灣政治大學博士學位論,指導教師:蔡哲茂,2005 年。

李詩潔:《黃類卜辭字形整理與研究》,華東師範大學碩士學位論文,指導教師:張德劭,2018 年。

林宏明：《小屯南地甲骨研究》，臺灣政治大學中國文學系博士論文，指導教師：蔡哲茂，2003年。

劉海琴：《殷墟甲骨祭祀卜辭中"伐"之詞性考》，華東師範大學博士學位論文，指導教師：詹鄞鑫，2006年。

柳東春：《殷墟甲骨文記事刻辭研究》，臺灣大學中國文學研究所碩士論文，指導教師：金祥恒，1989年。

M

門藝：《殷墟黃組甲骨刻辭的整理與研究》，鄭州大學博士學位論文，指導教師：王蘊智，2008年。

莫伯峰：《殷墟甲骨卜辭字體分類研究》，首都師範大學博士學位論文，指導教師：黃天樹，2011年。

Q

齊樂園：《甲骨文習刻研究》，西南大學碩士學位論文，指導教師：喻遂生，2016年。

S

宋雅萍：《商代背甲刻辭研究》，臺灣政治大學博士學位論文，指導教師：蔡哲茂，2013年。

X

謝明文：《商代金文的整理與研究》，復旦大學博士學位論文，指導教師：裘錫圭，2012年。

徐明波：《殷墟黃組卜辭斷代研究》，四川大學博士學位論文，指導教師：彭裕商，2007年。

Y

元鎬永：《甲骨文祭祀用字研究》，華東師範大學博士學位論文，指導教師：臧克和，2006年。

Z

張宇衛：《甲骨卜辭戰爭刻辭研究——以賓組、出組、歷組爲例》，臺灣大學博士學位論文，指導教師：徐富昌，2013年。

趙紅蕾:《甲骨刻辭辨僞研究成果匯總及相關問題研究》,吉林大學碩士學位論文,指導教師:何景成,2016年。

郅曉娜:《金璋的甲骨收藏與研究》,中國社會科學院研究生院博士學文論文,指導教師:宋鎮豪,2013年。

七、網站論文

C

蔡哲茂:《〈殷契拾掇〉三編新綴一則》,先秦史研究室網站,2006年1月19日,http://www.xianqin.org/blog/archives/442.html。

蔡哲茂:《〈英藏所藏甲骨集〉新綴第三則》,先秦史研究室網站,2009年6月22日,http://www.xianqin.org/blog/archives/1528.html。

蔡哲茂:《干支表補綴二則》,先秦史研究室網站,2009年9月10日,http://www.xianqin.org/blog/archives/1630.html。

蔡哲茂:《〈上海博物館藏甲骨文字〉新綴第八則補綴更正》,先秦史研究室網站,2009年11月11日,http://www.xianqin.org/blog/archives/1774.html。

陳年福:《甲骨文試綴一則》,先秦史研究室網站,2013年2月24日,http://www.xianqin.org/blog/archives/2909.html。

陳逸文:《〈甲編〉綴合26例》,先秦史研究室網站,2014年3月6日,http://www.xianqin.org/blog/archives/3803.html。

J

蔣玉斌:《〈史語所購藏甲骨集〉新綴四例》,先秦史研究室網站,2010年6月20日,http://www.xianqin.org/blog/archives/1954.html。

蔣玉斌:《甲骨文合集》綴合拾遺(第八十五、八十六組),先秦史研究室網站,2010年11月15日,http://www.xianqin.org/blog/archives/2128.html。

蔣玉斌:《甲骨新綴十二組》,先秦史研究室網站,2013年9月18日,http://www.xianqin.org/blog/archives/3292.html。

蔣玉斌:《甲骨舊綴之新加綴》,先秦史研究室網站,2014年12月25日,http://www.xianqin.org/blog/archives/4887.html。

L

林宏明:《甲骨新綴第卅六例替換》,先秦史研究室網站,2009年11月3日,http://www.xianqin.org/blog/archives/1734.html。

林宏明:《甲骨新綴196—198例》,先秦史研究室網站,2011年4月13日,http://www.xianqin.org/blog/archives/2320.html。

林宏明:《甲骨新綴第504例》,先秦史研究室網站,2014年9月5日,http://www.xianqin.org/blog/archives/4302.html。

林宏明:《甲骨新綴第522—530例》,先秦史研究室網站,2014年10月19日,http://www.xianqin.org/blog/archives/4452.html。

林宏明:《甲骨新綴第550例》,先秦史研究室網站,2015年1月26日,http://www.xianqin.org/blog/archives/4964.html。

林宏明:《甲骨新綴第561—562例》,先秦史研究室網站,2015年4月14日,http://www.xianqin.org/blog/archives/5108.html。

林宏明:《甲骨新綴第610—611例》,先秦史研究室網站,2016年3月21日,http://www.xianqin.org/blog/archives/6136.html。

林宏明:《甲骨新綴第721—726例》,先秦史研究室網站,2016年12月29日,http://www.xianqin.org/blog/archives/7687.html。

林宏明:《甲骨新綴第864—867則》,先秦史研究室網站,2019年9月2日,http://www.xianqin.org/blog/archives/12198.html。

劉義峰:《無名組新綴一則》,先秦史研究室網站,2010年4月20日,http://www.xianqin.org/blog/archives/1907.html。

劉雲:《釋"殺"及相關諸字》,復旦大學出土文獻與古文字研究中心網站,2012年11月21日,http://www.gwz.fudan.edu.cn/Web/Show/1963。

M

門藝:《黃組甲骨新綴107—109組》,先秦史研究室網站,2011年6月4日,http://www.xianqin.org/blog/archives/2373.html。

Y

殷德昭:《黃組卜辭綴合一則》,先秦史研究室網站,2015年11月13日,

http://www.xianqin.org/blog/archives/5779.html。

Z

張惟捷：《安陽大司空村新出刻辭胛骨補釋》，先秦史研究室網，2018 年 5 月 1 日，http://www.xianqin.org/blog/archives/10165.html。

郅曉娜：《家譜刻辭百年研究綜述》，先秦史研究室網站，2012 年 12 月 31 日，http://www.xianqin.org/blog/archives/2879.html。

周忠兵：《歷組卜辭新綴》，先秦史研究網站，2006 年 10 月 9 日，www.xianqin.org/xr_html/articles/xkzht/427.html。

周忠兵：《歷組卜辭新綴十一例》，先秦史研究室網站，2008 年 12 月 26 日，http://www.xianqin.org/blog/archives/497.html。

附表一：非黃組干支表匯總

序號	著錄號	重見情況	綴合來源	干支刻寫情況	組類	材質
1	合集 21783	前 3.3.2,龜 1.15.1＋龜 1.15.7,通 7,珠 1459,裘存 51,綴 314		60 干支兩組,旬與旬不分列	子組	左肩胛骨
2	合集 21784	前 3.14.2,通 8		可見甲子,甲戌旬內干支	子組	左肩胛骨
3	合集 20792	庫 1118＋庫 1015,美 40,卡 4		甲辰旬起刻,可見甲辰,甲寅,甲子,甲戌旬內干支,從左往右	師組	右肩胛骨
4	合集 21475＋合集 20794（合集 31886）；合補 6954 正反	正：甲 2878＋美 453	綴彙 429	兩組甲寅,甲子兩旬內干支	師組	右肩胛骨
5	合集 21900 乙	乙 8500		可見甲子,甲戌旬內干支	師組	右背甲
6	合集 22378	甲 2302		甲子旬內干支	師組	肩胛骨
7	合集 22381 正反	正：鄴二下 41.1；反：鄴二下 41.2		甲子旬內干支	師組	肩胛骨
8	合補 6680	甲 2379		甲子,甲戌旬內干支	師組或子組	肩胛骨

續 表

序號	著錄號	重見情況	綴合來源	干支刻寫情況	組類	材質
9	錄 6			刻有甲子、乙丑兩干支,另有三個"甲"字	師組	肩胛骨
10	合集 11732 正反	珠 329 正反		刻有甲申至甲寅旬內干支	賓組	右肩胛骨
11	合補 9367	上博 17647.536,雲間殷拾 6.2		甲戌旬內干支,另有 2 組甲子旬	賓出	肩胛骨
12	合集 20793	甲零 15		可見甲寅、甲子、甲辰、甲戌旬內干支	賓組	左背甲
13	合集 11733 正反	粹 1471 甲乙		正面可見甲申、甲辰、甲寅旬內干支,反面甲子、甲戌和甲申三旬內干支	賓組	肩胛骨
14	合集 41851(合集 40225)	中圖 8,南坊 5.66		甲子、甲午旬內干支	賓出	肩胛骨
15	東文研 617			甲子旬內干支	賓組	肩胛骨
16	東文研 618 正反			可見甲午、甲辰旬內干支	賓組	肩胛骨
17	宇野氏藏骨			可見甲午旬內干支	賓組	肩胛骨
18	合補 3413 正	文捃 699 正		可見甲戌旬內干支	事何?	肩胛骨
19	合補 6676			可見甲申、甲午旬內干支	賓組	肩胛骨
20	合集 11730	前 3.3.1,通 1		6 旬 6 列,從右往左	賓出	右肩胛骨

續 表

序號	著錄號	重見情況	綴合來源	干支刻寫情況	組類	材質
21	村中南169			6旬6列,從右往左	賓出	右肩胛骨
22	前3.6.4			6旬6列,從右往左,第6旬未刻完	賓出	肩胛骨
23	合集11737	珠1458,東文研619		4旬4列,從左往右	賓出	左肩胛骨
24	合集11731正反	正:簠干13,續4.2.3		正面可見4旬4列,從右往左,另有甲子,甲戌兩旬干支	賓出	肩胛骨
25	南師2.170			3列甲子旬內干支	賓出	肩胛骨
26	合集11736正反	善11415正反,合補11505(續存上2738)不全		反面甲戌甲戌旬內干支,正面甲午甲辰旬干支	賓出	肩胛骨
27	合集11742	誠464,善18109		可見甲子旬內干支	賓出	肩胛骨
28	合補3330			可見甲子,甲戌,甲申三旬內干支	賓出	肩胛骨
29	懷特1003＋北珍1663			可見甲子,甲戌,甲申三旬內干支	賓出	肩胛骨
30	合補3375	懷特1006		甲子,甲戌,甲申,甲午四旬內的干支	賓出	肩胛骨
31	合集23631	鐵204.4		可見甲午,甲辰,甲寅三個干支	出組	肩胛骨

續表

序號	著錄號	重見情況	綴合來源	干支刻寫情況	組類	材質
32	合集 18944 正反	粹 1469 甲、乙，京 4856（正，不全），善 11416 正反		正面 3 列甲子旬干支，反面甲戌旬干支	出組	肩胛骨
33	合集 18946 正反	粹 1468 甲乙，正；善 11426，反；善 11428，合補 6669（續存上 2266）		正面 5 列甲子旬干支，反面 2 列甲子旬干支	出組	肩胛骨
34	英藏 1840＋北珍 1878	契合集 186		甲子旬干支	出組	肩胛骨
35	合集 18943 正反	反：簠文 85		可見甲寅旬干支	出組	肩胛骨
36	合補 6946	甲 2842		甲戌旬干支	出組	肩胛骨
37	合集 26907 反	甲 2492＋2605		甲辰 1 旬干支	何組	右肩胛骨
38	合集 26975	美 416，佚 255＋甲 2803		甲申、甲辰旬干支	何組	左肩胛骨
39	合集 22377 反	甲 2625		甲寅旬干支	何組	左肩胛骨
40	懷特 1001			甲申旬干支	何組	肩胛骨
41	合集 29813 正	甲 2635		多組甲辰旬干支	何組	右肩胛骨
42	合集 30966	甲 2506＋2509，甲釋 112		甲子、甲戌旬干支	何組	右肩胛骨
43	合補 9990（合集 31303＋31319＋31327）		綴彙 499	可見甲子旬干支	何組	右肩胛骨

附表一：非黃組干支表匯總　267

續表

序號	著錄號	重見情況	綴合來源	干支刻寫情況	組類	材質
44	合集 33746＋甲 2715＋3.2.0606＋3.2.0607＋甲 2463＋合集 27311		陳逸文《〈殷墟文字甲編〉新綴十二組》第四組;《〈甲編〉綴合 26 例》第 19 組	正面可見甲申,甲戌旬干支,反面有甲子旬干支	何組	左肩胛骨
45	合集 11738	甲 2500		甲子旬干支	何組	左肩胛骨
46	續存上 2718	南坊 2.208		甲子,甲戌旬干支	何組	肩胛骨
47	合集 33745 正反	正:善 11503,反:善 11488		可見甲子,甲戌旬干支	何組	右肩胛骨
48	哥倫比亞東亞圖書館藏 75			可見甲子旬干支	何組	肩胛骨
49	合集 26988 正	續存上 2747、京 5624、北圖 1059 正		4 列甲子旬干支	何組	肩胛骨
50	合補 6681 正（甲 2547）＋甲 2558＋甲 2586		陳逸文《〈殷墟文字甲編〉新綴十二組》第十一組;《〈甲編〉綴合 26 例》第 20 組	甲子 1 旬干支	何組	肩胛骨
51	合補 6679 正反			甲子 1 旬干支	何組	肩胛骨

268 殷墟甲骨文五種外記事刻辭研究

續表

序號	著錄號	重見情況	綴合來源	干支刻寫情況	組類	材質
52	合補6682正反			反面甲子,甲午旬干支	何組	肩胛骨
53	合補6683正反			正面甲子旬干支,反面甲寅旬干支	何組	肩胛骨
54	合集31883	甲2404+2408		可見甲子旬干支	何組	肩胛骨
55	合集29810			甲子旬干支	何組	肩胛骨
56	合補6677正反	東文研621正反		反面甲戌旬干支	何組	肩胛骨
57	合集20354	甲2904		刻有完整天干地支和甲子旬前四個干支	師歷間	肩胛骨
58	屯南2661			甲子旬干支	歷組	右肩胛骨
59	屯南2662			甲子,乙丑兩干支	歷組	左肩胛骨
60	合補13267	美1,北美10,卡54		甲子旬干支	歷無名	左肩胛骨
61	合集18945	上博17647・353,雲間殷拾6・1		甲子旬干支	歷無名	肩胛骨
62	合集27919正反	正:甲691;反:甲692		甲子,甲戌,甲申旬干支	無名	材質不清
63	屯南2630			甲子,甲戌旬干支	無名黃間	牛肋骨
64	甲2623			甲子旬干支	無名黃間	右肩胛骨

附表二：黄組干支表匯總

序號	著錄號	重見情況	綴合來源	干支刻寫情況	材質
1	合集36481反	續存下916		6旬6列，從右往左	肩胛骨
2	合集37986	契165		6旬6列，從右往左	右肩胛骨
3	合集37987	籃干3(續4.1.2)＋天1		6旬6列，從右往左	右肩胛骨
4	合集37988＋北珍1872	籃干1，續4.1.3(不全)＋燕168		6旬6列，從右往左	左肩胛骨
5	合集37989＋合補11500(合補11477)	籃干4＋續存上2744，文捃1449	綴彙703	6旬6列，從右往左	肩胛骨
6	合集37990	籃干2，續4.2.4(不全)		6旬6列，從右往左	右肩胛骨
7	合集37991	籃干14，續4.2.2(不全)		6旬6列，從右往左	左肩胛骨
8	合集37997＋合補11517＋英藏2586＋合補11610＋合集38011	前3.9.1＋續存上2729＋籃干21[續4.1.4(不全)]＋黑川9	綴彙657	6旬6列，從右往左	右肩胛骨
9	合集38005＋合集38023	粹1474(存補5.156)，善11397	門藝91組，蔣玉斌153組	6旬6列，從右往左	左肩胛骨

续表

序号	著录号	重见情况	缀合来源	干支刻写情况	材质
10	英藏 2574＋英藏 2662（合补 12928）	合集 41850、金 376＋合集 41861、库 1575		6 旬 6 列，从右往左	右肩胛骨
11	合补 11506			6 旬 6 列，从右往左	肩胛骨
12	合补 11522＋前 3.6.3	殷遗一.1＋前 3.6.3	方稚松缀	6 旬 6 列，从右往左	肩胛骨
13	前 3.7.1			6 旬 6 列，从右往左	右肩胛骨
14	北珍 1865			6 旬 6 列，从右往左	肩胛骨
15	合集 38009	北图 1910		疑 6 旬 6 列，从右往左	肩胛骨
16	合集 38073	中历藏 1916、缀二 495		疑 6 旬 6 列，现可见甲辰、甲寅旬干支	肩胛骨
17	合补 11537	文捃 701		疑 6 旬 6 列，现可见后 4 旬，从右往左	肩胛骨
18	合补 11560			疑 6 旬 6 列，现可见后 2 旬内干支，从右往左	肩胛骨
19	合补 11570	甲 3354		疑 6 旬 6 列，从右往左，现可见前 5 旬内干支	肩胛骨
20	合补 11633			疑 6 旬 6 列，现可见后 3 旬干支，从右往左	肩胛骨
21	上博 2426・1317			疑 6 旬 6 列，从左往右	

續 表

序號	著錄號	重見情況	綴合來源	干支刻寫情況	材質
22	旅藏 2208			疑 6 旬 6 列，現可見後 3 旬干支，從右往左	肩胛骨
23	笏二 1449			疑 6 旬 6 列，現可見後 3 旬肉干支，從右往左	肩胛骨
24	珠 337			疑 6 旬 6 列，現可見後 3 旬肉干支，從右往左	肩胛骨
25	明後 2789	南明 836		疑 6 旬 6 列，現可見後 4 旬干支，從右往左	肩胛骨
26	合集 37993	中歷藏 1908		5 旬 6 列，從右往左，少甲辰一旬，甲子旬重複	左肩胛骨
27	合集 37994	前 3.7.2		5 旬 6 列，從右往左，少甲辰一旬，甲子旬重複	右肩胛骨
28	前 3.5.1			5 旬 6 列，從右往左，少甲辰一旬，甲子旬重複	肩胛骨
29	合集 37992	外 82，南師 2.271		5 旬 5 列，從右往左	右肩胛骨
30	合集 37995（合補 11529）＋合集 38010 正＋合補 6895	粹 1465，善 11403，善 11467 正	契合集 340	5 旬 5 列，從右往左	右肩胛骨
31	合集 37996	續存上 2751，北珍 1853，元嘉 267		5 旬 5 列，從右往左，少甲子旬	右肩胛骨

272　殷墟甲骨文五種外記事刻辭研究

續表

序號	著　錄　號	重　見　情　況	綴合來源	干支刻寫情況	材　質
32	合集 37998＋合集 38002	粹 1477＋善 11399＋存補 6.406.2（吉博 184）	綴續 375	5 旬 5 列，從左往右	左肩胛骨
33	合集 37999＋前 3.7.4＋前 3.6.1（合補 11588）	北圖 2347＋前 3.6.1（山博 947）	綴新 679	5 旬 5 列，從左往右	左肩胛骨
34	合集 38106	海坡 30		5 旬 5 列，從右往左，上有卜辭	左肩胛骨
35	合集 38111	前 3.2.5（不全）		5 旬 5 列，從右往左，少甲午旬，上有卜辭	右肩胛骨
36	正：合補 11487＋合補 11603＋合補 11615	正：續存上 2707＋續存上 2727 反：續存上 2753		反面 5 旬 5 列，第 5 旬不完整；正面 1 旬半	肩胛骨
37	合補 11511	續存上 2752		現可見 5 旬 5 列，從右往左	肩胛骨
38	龜 1.15.5			現可見 5 旬 5 列，從右往左	肩胛骨
39	合補 11598（合補 11627）＋上博 2426.772	文楮 1445，前 3.10.2	契合集 307	疑 4 旬半，第 5 旬未刻完，從右往左	肩胛骨
40	合集 38000＋合集 38008	前 3.6.2＋粹 1475（善 11409）	綴續 526	4 旬 4 列，從右往左	左肩胛骨
41	合集 38003	中歷藏 1907		4 旬 4 列，從右往左	右肩胛骨
42	合集 38004（合補 11575）＋合集 38035＋合補 11592＋合補 11601	續存上 2748（善 11404）＋龜 1.16.2＋龜 1.17.4（東文研 954）＋東文研 955＋龜 1.15.3（東文研 592）	綴續 516；綴彙 658	4 旬 4 列，從右往左	右肩胛骨

續 表

序號	著錄號	重見情況	綴合來源	干支刻寫情況	材質
43	英藏 2569	合集 41852，庫 1530		4 旬 4 列，從右往左	右肩胛骨
44	英藏 2571 正反	合集 41849，金 510		正面 4 旬半，反面 2 旬	右肩胛骨
45	合補 11493	續存上 2734		現可見 4 旬 4 列，從右往左	肩胛骨
46	合補 11494	續存上 2749，北珍 1856，元嘉 266		4 旬 4 列，從右往左	肩胛骨
47	合補 11564	東文研 950，龜 1.15.10		現可見 4 旬 4 列，從右往左	肩胛骨
48	合補 11567 正反	正：續存上 2746（合補 11624）		正面 4 旬 4 列，從右往左，反面疑 2 旬 2 列	肩胛骨
49	合補 11582（合補 11613）	續存上 2745		4 旬 4 列，從右往左	右肩胛骨
50	合補 11597			現可見 4 旬 4 列，從右往左	肩胛骨
51	俄藏 197 正反			現可見 4 旬 4 列，從右往左	肩胛骨
52	龜 1.15.12			疑 4 旬 4 列，從右往左	肩胛骨
53	契 168 正反			正反皆 4 旬 4 列以上，從右往左	肩胛骨
54	珠 336			現可見 4 旬 4 列，從右往左	肩胛骨
55	京 5625	存補 6.52.4（存補 5.259.1）		4 旬 4 列，從右往左	肩胛骨
56	京 5627	存補 6.48.6（存補 5.193.3）		4 旬 4 列，從右往左	肩胛骨
57	明後 2796	南明 837		現可見 4 旬 4 列，從右往左	肩胛骨

续表

序號	著錄號	重見情況	綴合來源	干支刻寫情況	材質
58	存補1.99			4旬4列半,第1旬末見,第2旬不完整	左肩胛骨
59	合集38067	京人2976		疑4旬4列,現可見甲申、甲午2旬干支	肩胛骨
60	合集36641	寅4.89,錄9		3旬3列2組,從右往左,上有卜辭	左肩胛骨
61	合集38006	北珍1852		3旬3列2組,從右往左	左肩胛骨
62	合集38007	前3.2.4,通3		3旬3列3組,從右往左	右肩胛骨
63	合集38012	前3.4.1+前3.7.3(通2,粹1476,存補5.392.1(不全)		3旬3列2組,從右往左	左肩胛骨
64	合集38013	前3.5.3		3旬3列,從右往左,第4旬僅刻前兩干支;2旬2列,從左往右	
65	合集38014+旡二1511	中歷藏1913	林宏明723組,先秦史研究室網,2016.12.29	3旬3列2組,從右往左	左肩胛骨
66	合集38015正反	北圖2513正反,前3.5.2(正)		正面3旬3列2組,從右往左;反面1旬1列	右肩胛骨
67	合集38016	簠干5(不全),續4.3.2(不全),續4.4.3(不全)		3旬3列,從右往左	左肩胛骨

續表

序號	著錄號	重見情況	綴合來源	干支刻寫情況	材質
68	合集 38017	前 3.4.2, 國博 262		3 旬 3 列, 從右往左	右肩胛骨
69	合集 38018	南明 838, 明後 2787		3 旬 3 列, 從右往左	右肩胛骨
70	合集 38019＋合補 11620	前 3.8.3（不全）	綴續 368	3 旬 3 列, 從右往左	左肩胛骨
71	合集 38020	前 3.8.2		3 旬 3 列, 從右往左	右肩胛骨
72	合集 38021＋京人 2965	前 3.8.4	綴續 539	3 旬 3 列, 從右往左	肩胛骨
73	合集 38022（合補 11616）	善 11402, 續存 2741		3 旬 3 列, 從右往左	右肩胛骨
74	合集 38024	甲零 14, 西北大 4		3 旬 3 列, 從右往左	右肩胛骨
75	合集 38026＋京人 2963＋合補 11576（合補 11480）	前 3.10.1（不全）, 山博 938＋續存上 2739	蔡哲茂《甲骨綴合二十七則》	3 旬 3 列, 從右往左	右肩胛骨
76	合集 38027＋合補 3386	前 3.4.3, 通 5＋誠 430	綴續 429	3 旬 3 列, 從右往左	肩胛骨
77	合集 38028（合補 11496）	前 3.11.5, 文捃 1441		3 旬 3 列, 從右往左	肩胛骨
78	合集 38029	珠 330		3 旬 3 列, 從右往左	右肩胛骨
79	合集 38030	簠干 11（不全）		3 旬 3 列, 從右往左	肩胛骨
80	合集 38031	鄴 12		3 旬 3 列, 從右往左	肩胛骨
81	合集 38032＋珠 618	藤井 16	綴續 413	3 旬 3 列, 從右往左	龜背甲
82	合集 38033	簠干 18, 續 4.4.4（不全）		3 旬 3 列, 從右往左	右肩胛骨

續表

序號	著錄號	重見情況	綴合來源	干支刻寫情況	材質
83	合集 38034	前 3.7.5		3旬3列,從右往左	右肩胛骨
84	合集 38036	續存下 997,存補 3.205		3旬3列,從右往左	右肩胛骨
85	合集 38037(合補 11607)	北圖 2332,文捃 1447		3旬3列,從右往左	右肩胛骨
86	合集 38038+存補 6.59.1	北珍 1854,元嘉 268,續存上 2743+存補 6.59.1,京 5630		3旬3列,從右往左	右肩胛骨
87	合集 38039	考文 114		3旬3列,從右往左	左肩胛骨
88	合集 38040	京人 2962,善 48		3旬3列,從右往左	右肩胛骨
89	合集 38041(合補 11527)	文捃 1450,北圖 2327		3旬3列,從右往左	肩胛骨
90	合集 38042	北珍 1860		3旬3列,從右往左	肩胛骨
91	合集 38043 正反	吉大 7-606 正,反		正反皆3旬3列,從右往左	肩胛骨
92	合集 38044+虛 2333	粹 1478,善 11412+虛 2333	綴續 374	3旬3列,從右往左	肩胛骨
93	合集 38045	簠干 20		3旬3列,從右往左	肩胛骨
94	正:合補 11532 反;合集 38046+合補 11532 反	正:文捃 459 正;反:珠 828+北珍 1870 正(文捃 459 反)	拼合 190	正反皆3旬3列,從右往左	左肩胛骨
95	合集 38047	乙 8677		3旬3列,從右往左	
96	合集 38048	京人 2967,書 53		3旬3列,但甲子旬在中間,右甲戌旬,左甲申旬	肩胛骨

附表二：黃組干支表匯總　277

續　表

序號	著　錄　號	重　見　情　況	綴合來源	干支刻寫情況	材　質
97	合集 38049＋明後 2792	續存上 2737，粹 1466＋善 11458，善 11405，善 11458	林宏明 864 組，先秦史研究室網，2019.9.2	3 旬 3 列，從右住左	左肩胛骨
98	合集 38050	前 3.11.2		3 旬 3 列，從右住左	肩胛骨
99	合集 38051（合補 11612）	前 3.11.4（不全），文捃 1451		3 旬 3 列，從右住左	右肩胛骨
100	合集 38052	藤井 15		3 旬 3 列，從右住左	肩胛骨
101	合集 38053	北圖 1146，京 5623，存補 6.23.1		3 旬 3 列，從右住左	右肩胛骨
102	合集 38054＋合補 11625	善 11429	綴續 467	3 旬 4 列，無癸未，有癸卯	右肩胛骨
103	合集 38055＋合補 11524	簠干 22，續 4.4.1＋德瑞 218	蔡哲茂 2007.10.9	3 旬 3 列，從右住左	右肩胛骨
104	合集 38056＋德瑞 244	前 3.11.1＋3.11.3＋德瑞 244	綴集 257	3 旬 3 列，從右住左	龜背甲
105	正：合集 38057 正＋合補 11488 正＋合補 11608 正；反：合集 38057 反＋合補 11488 反＋合補 11608 反（合補 11483）	正：粹 1470 甲，善 11408 正＋續存 2698（不全）；反：粹 1470 乙，善 11408 反＋續存 2708（不全）	綴續 363	正面 3 旬 3 列，1 旬 1 列，4 旬 4 列；反面 2 旬 2 列	右肩胛骨
106	合集 38059	前 3.8.1		小字 1 旬半，大字疑 3 旬 3 列，從右住左	肩胛骨
107	合集 38060 正反	正：乙 8651；反：乙 8652		正面 3 旬半，反面 2 旬 2 列，從右住左	左肩胛骨

續表

序號	著錄號	重見情況	綴合來源	干支刻寫情況	材質
108	合集 38064	粹 1472、善 11413		小字 3 旬 3 列，大字 1 旬	右肩胛骨
109	合集 38076	粹 1467、善 11417		左邊 3 旬 3 列，以此 2 旬 2 列，另有甲子旬若干	左肩胛骨
110	合集 38084＋合補 12097（合補 11947）	虛 1124＋誠 209	綴彙 718	3 旬 3 列，從外往內	龜背甲
111	合集 38087＋北圖 3087	善 8921＋京 5186	契合集 293	3 旬 3 列，從內往外	龜背甲
112	合集 38088（合補 11766）	續存上 2316、存補 6.95.1		3 旬 3 列，從內往外	龜背甲
113	合集 38089＋合補 11611＋合補 12083＋明後 2720	京 5130（倒）	林宏明 865 組，先秦史研究室網，2019.9.2	3 旬 3 列，從內往外、倒刻	龜背甲
114	合集 38090＋合補 12098	虛 397	綴彙 729	3 旬 3 列，但排列淩亂，甲申一甲午，倒刻	龜背甲
115	合集 38093（合補 12031）＋英藏 2579	龜 1.17.12、東文研 718	來雅萍 63 組，先秦史研究室網，2013.11.20	3 旬 3 列，從內往外、倒刻	龜背甲
116	合集 38103（合補 11510）	北圖 2313、文捃 1453		3 旬 3 列，從內往外	龜腹甲右後組
117	合集 38104＋拾遺 644	北圖 2329、文捃 1442	來雅萍 79 組，先秦史研究室網，2015.10.20	3 旬 3 列，從內往外	龜背甲

附表二：黃組干支表匯總

續 表

序號	著 錄 號	重 見 情 況	綴合來源	干支刻寫情況	材 質
118	［合集 38110＋合集 37904］（合補 11542）＋合補 11619	續存上 2750（不全）＋續存上 2648＋續存 2742	綴彙 423	3 旬 3 列,從右任左,右有甲子,乙丑兩干支,上有卜辭	左肩胛骨
119	英藏 2513	歐美亞 26		3 旬 3 列,第 3 旬末刻寫完整	右肩胛骨
120	英藏 2570	合集 41853,庫 1529		3 旬 3 列,從右任左	右肩胛骨
121	英藏 2572	金 505		3 旬 3 列 2 組,第 2 組不完整	肩胛骨
122	英藏 2573	合集 41855,金 348		左 3 旬 3 列,中 2 旬 2 列,右習刻,從左任右	左肩胛骨
123	英藏 2575	庫 1729		小字組 3 旬 3 列,後 3 旬,大字組 2 旬 2 列,前兩旬,從右任左	左肩胛骨
124	英藏 2577	前 3.10.3		3 旬 3 列,從右任左	右肩胛骨
125	正：英藏 2578 正＋合補 11631＋蘇德 415＋史購 296＋俄藏 196；反：英藏 2578 反		契合集 328	正面大字組 3 旬 3 列,從右任左,右有 1 旬半;反面可見 4 旬 4 列,從右任左	右肩胛骨
126	英藏 2580			3 旬 3 列,從右任左	肩胛骨
127	合補 11478	續存上 2732		3 旬 3 列,從內任外	龜背甲

續表

序號	著錄號	重見情況	綴合來源	干支刻寫情況	材質
128	合補 11481+合補 11482	續 4.4.2		3 旬 3 列,從內住外	龜背甲
129	合補 11486			疑 3 旬 3 列,現僅見甲旬內干支	龜背甲
130	合補 11508	龜 1.16.14,東文研 951		3 旬 3 列,從右住左	右肩胛骨
131	合補 11518+合補 13146	續存上 2735+		3 旬 3 列,從右住左	肩胛骨
132	合補 11532 正反	文褚 459 正反		正反皆 3 旬 3 列,從右住左	左肩胛骨
133	合補 11535	文褚 455,北珍 1857		3 旬 3 列,從內住外	左肩胛骨
134	合補 11540			3 旬 3 列,從內住外	龜背甲
135	合補 11543+北珍 1867+上博 2426.364	續存上 2736	蔡哲茂《甲骨新綴十二則》第十則,《古文字研究》29 輯,2010 年。	正面 3 旬 3 列,從右住左,左邊有人續刻第 4 旬,僅刻寫個別干支;反面有 2 旬 2 列	左肩胛骨
136	合補 11546	殷遺一.2		3 旬 3 列,從內住外	龜背甲
137	合補 11556	珠 1451		3 旬 3 列,從右住左,另有甲子 1 旬	左肩胛骨
138	合補 11558	前 3.10.4		3 旬 3 列,從右住左	肩胛骨
139	合補 11565	懷特 1882		3 旬 3 列,從內住外	龜背甲
140	合補 11572			疑 3 旬 3 列,從內住外	龜背甲

續 表

序號	著錄號	綴合來源	重見情況	干支刻寫情況	材質
141	合補 11579		掇二 240	3 旬 3 列,從內往外	龜背甲
142	合補 11584		續存上 2731	現可見 3 旬 3 列,從右往左	肩胛骨
143	合補 11586		誠 3	3 旬 3 列,從內往外	肩胛骨
144	合補 11587			3 旬 3 列,從內往外	龜背甲
145	合補 11589			3 旬 3 列以上,目前可見甲戌、甲申旬干支	肩胛骨
146	合補 11590		續存上 2730	3 旬 3 列,從右往左	肩胛骨
147	合補 11591		續存上 2733	現可見 3 旬 3 列,從右往左	肩胛骨
148	合補 11593		懷特 1911	現可見 3 旬 3 列,從右往左	肩胛骨
149	合補 11595		續存上 2754	3 旬 3 列 2 組,從右往左	肩胛骨
150	合補 11596		懷特 1913	疑 3 旬 3 列,從右往左	肩胛骨
151	合補 11600			疑 3 旬 3 列,從右往左	肩胛骨
152	合補 11602(合補 11516+前 3.9.2)	前 3.9.2+前 3.9.4,文捃 1448		3 旬 3 列,從右往左	肩胛骨
153	合補 11604		東文研 888	3 旬 3 列,從內往外	龜背甲
154	合補 11621		文捃 700	3 旬 3 列,從右往左	右肩胛骨
155	合補 11629			3 旬 3 列以上,從右往左	肩胛骨

續表

序號	著錄號	重見情況	綴合來源	干支刻寫情況	材質
156	合補 11630	杭文店 1		3 旬 3 列,從右往左	肩胛骨
157	合補 11634+合補 11960		宋雅萍 66 組,先秦史研究室網,2013.12.2	3 旬 3 列,從內往外	龜背甲
158	合補 11636	掇二 494		3 旬 3 列,從右往左	肩胛骨
159	洹寶 4			3 旬 3 列,從內往外	龜背甲
160	洹寶 48			3 旬 3 列,從右往左	龜背甲
161	洹寶 91			疑 3 旬 3 列,從內往內	龜背甲
162	國博 263			3 旬 3 列,從外往內	龜背甲
163	北珍 1859 正反	契 163 正反		正面疑 3 旬 3 列,從右往左,反面甲子旬	肩胛骨
164	北珍 1864	契 161		3 旬 3 列,從右往左	肩胛骨
165	北珍 1866	契 167		疑 3 旬 3 列,從右往左	肩胛骨
166	北珍 1871	契 578		3 旬 3 列,從內往外	龜背甲
167	北珍 1883			3 旬 3 列	龜背甲
168	北珍 2614			3 旬 3 列	肩胛骨
169	上博 2426・1405			疑 3 旬 3 列,從內往甲	龜背甲

附表二：黃組干支表匯總　283

續表

序號	著錄號	重見情況	綴合來源	干支刻寫情況	材質
170	上博 2426・1154			疑 3 旬半	龜背甲
171	上博 2426・855＋明後 2791	摭續 4＋南明 839	契合集 163	疑 3 旬 3 列,從右往左	肩胛骨
172	上博 2426・87			3 旬 3 列,從右往左	肩胛骨
173	張藏 357＋安明 3165		林宏明 381,先秦研究室網,2012.11.5	疑 3 旬 3 列,從內往外	龜背甲
174	張藏 360			3 旬 3 列,從內往外	龜背甲
175	中歷藏 1919			疑 3 旬 3 列,從右往左	肩胛骨
176	旅藏 1179			疑 3 旬 3 列,從內往外	龜背甲
177	旅藏 2198			3 旬 3 列,從右往左	肩胛骨
178	旅藏 2209			疑 3 旬 3 列,現可見甲旬干支,從內往外	龜背甲
179	安散 3			3 旬 3 列,從內往外	龜背甲
180	前 3.9.3			3 旬 3 列,從右往左,另有甲午旬干支	肩胛骨
181	龜 1.1.8			3 旬 3 列以上,從右往左	肩胛骨
182	龜 1.17.3			3 旬 3 列,從內往外	龜背甲

284　殷墟甲骨文五種外記事刻辭研究

續 表

序號	著錄號	重見情況	綴合來源	干支刻寫情況	材質
183	龜 1.17.7			3 旬 3 列,從右往左	肩胛骨
184	龜 1.17.8			3 旬 3 列,從內往外	龜背甲
185	珠 332			3 旬 3 列,從外往內	龜背甲
186	珠 333			3 旬 3 列,從內往外	龜背甲
187	珠 334			3 旬 3 列	龜背甲？
188	珠 335			3 旬 3 列,從右往左	肩胛骨
189	珠 617			3 旬 3 列以上,從右往左	肩胛骨
190	珠 831			3 旬 3 列,從右往左,左再刻有甲申一旬	肩胛骨
191	珠 833			3 旬 3 列,從內往外	龜背甲
192	南師 2.270			3 旬 3 列,從右往左	肩胛骨
193	寧 3.287			3 旬 3 列,從內往外	龜背甲
194	京 5622	存補 6.151.3		3 旬 3 列以上,從內往外	肩胛骨
195	京 5626			3 旬 3 列以上,從右往左	肩胛骨
196	續存上 2702			可見甲申旬干支,疑 3 旬 3 列,從內往外	龜背甲
197	續存上 2735			3 旬 3 列以上,從右往左	肩胛骨

附表二：黃組干支表匯總　285

續表

序號	著錄號	重見情況	綴合來源	干支刻寫情況	材質
198	東文研 954			3 旬 3 列以上，從右往左	肩胛骨
199	蘇德 411			疑 3 旬 3 列，從右往左	肩胛骨
200	蘇德 413			疑 3 旬 3 列，從右往左	肩胛骨
201	正：合集 38001 正+38058；反：合集 38001 反	正：簠干 23[續 4.3.3（不全）]+簠干 6（續 4.2.1）；反：簠干 12，續 4.3.1（不全）	綴匯 477	2 旬 2 列，2 組，另有甲子、甲申兩旬，從右往左，反面數列甲子旬	左肩胛骨
202	合集 38061+掇三 142	前 3.12.1+3.11.7+掇三 142，旅藏 2199		2 旬 2 列，從右往左	右肩胛骨
203	合集 38063	龜 1.16.10		2 旬 2 列	肩胛骨
204	合集 38070	北圖 5068，文捃 702		2 旬 2 列，從右往左	左肩胛骨
205	合集 38075	北珍 1855		甲子甲戌 2 旬不分列，不完整，缺刻	左肩胛骨
206	合集 38085+合補 13136	虛 1082	宋雅萍 59 組，先秦史研究室網，2013.11.18	現可見 2 旬 2 列，從內往外（倒刻）	龜背甲
207	合集 38091+合補 38097	簠干 9，續 2.4.2	綴續 435	現可見 2 旬 2 列，從內往外	龜背甲
208	合集 38096	善 2351		現可見 2 旬 2 列，從內往外（倒刻）	龜背甲
209	合集 38098	續存下 891		現可見 2 旬 2 列，從內往外	龜背甲

續表

序號	著錄號	重見情況	綴合來源	干支刻寫情況	材質
210	合集 38100	京人 2635		現可見 2 旬 2 列,從內往外,倒刻	龜背甲
211	合集 38101	安明 2982		現可見 2 旬 2 列,從內往外,倒刻	龜背甲
212	合集 38105	珠 1454		2 旬 2 列,從外往內,左有削改痕迹	龜背甲
213	合集 38108＋旅藏 2203	珠 619	林宏明 526 組,先秦史研究室網,2014.10.19	大字 2 旬半,小字 1 旬,上有卜辭	左肩胛骨
214	英藏 2576	金 541		2 旬半,從右往左	左肩胛骨
215	英藏 2581			2 旬 2 列,從右往左	右肩胛骨
216	合補 11479	續存上 2719		2 旬 2 列,從內往外,倒刻	龜背甲
217	合補 11484			現可見 2 旬 2 列,從內往外	龜背甲
218	合補 11490(合補 11550)＋合補 11626	珠 1453,東文研 554,續存上 2713	綴續 419	2 旬半,從右往左	右肩胛骨
219	合補 11491(合補 9209)	東文研 566		現可見 2 旬 2 列,甲子旬重複	肩胛骨
220	合補 11492(合補 11497)	續存上 2740		2 旬半,從右往左	左肩胛骨
221	合補 11498	續存上 2728		2 旬 2 列,從右往左	肩胛骨

附表二：黃組干支表匯總　287

續表

序號	著錄號	重見情況	綴合來源	干支刻寫情況	材質
222	合補 11507	續存上 2720		2 旬 2 列，從外住內	龜背甲
223	合補 11512			2 旬 2 列以上，從右住左	肩胛骨
224	合補 11523	續存上 2716		2 旬 2 列以上，從右住左	肩胛骨
225	合補 11526	續存 2725		2 旬 2 列，從右住左	肩胛骨
226	合補 11530	續存 2724		甲戌，甲申 2 列 2 旬，從內住外	龜背甲
227	合補 11531	續存上 2722		2 旬 2 列以上，從右住左	肩胛骨
228	合補 11536			2 旬 2 列以上，從右住左	肩胛骨
229	合補 11538	續存上 2721		2 旬 2 列，從外住內	肩胛骨
230	合補 11545			2 旬 2 列，從右住左	龜背甲
231	合補 11547			2 旬 2 列，從右住左	肩胛骨
232	合補 11552			2 旬 2 列 2 列，從右住左，另有甲子 1 旬	肩胛骨
233	合補 11568	甲 3348		疑 2 旬 2 列，從右住左，目前可見甲戌 1 旬	肩胛骨
234	合補 11583	續存上 2723		甲戌，甲申 2 旬，甲戌旬未刻完	肩胛骨

續 表

序號	著錄號	重見情況	綴合來源	干支刻寫情況	材質
235	合補 11609			2句2列,從右往左	肩胛骨
236	合補 11618 正反	東文研 1315 正反		正面 2句2列,從右往左	肩胛骨
237	合補 11628			2句2列以上,從右往左	肩胛骨
238	合補 11632			2句2列,從內往外	龜背甲
239	北珍 1863	契 164		2句2列,從右往左	肩胛骨
240	北珍 1873			疑 2句2列以上,從右往左	肩胛骨
241	北珍 1874			疑 2句2列以上,從右往左	肩胛骨
242	北珍 2616			2句2列以上,從右往左	肩胛骨
243	張藏 359 正反			疑 2句2列以上	肩胛骨
244	旅藏 2199			2句2列,從右往左	右肩胛骨
245	旅藏 2205			2句2列以上,從右往左	肩胛骨
246	龜 1.15.4	東文研 956(不全)		2句2列以上,從右往左	肩胛骨
247	珠 830			2句2列,從右往左	肩胛骨
248	南師 2.269	南明 842		2句2列以上,從右往左	肩胛骨
249	明後 2788			現可見 2句2列,從右往左	肩胛骨
250	明後 2790			現可見 2句2列,從右往左	肩胛骨

續 表

序號	著錄號	重見情況	綴合來源	干支刻寫情況	材質
251	明後 2795			疑 2 旬 2 列,現可見癸未,從右往左	肩胛骨
252	明後 2800	南明 840		現可見甲子,甲申 2 旬 2 列,甲子旬重複	肩胛骨
253	明後 2801			現可見 2 旬 2 列,從右往左	肩胛骨
254	明後 2802			現可見 2 旬 2 列,從右往左	肩胛骨
255	東文研 953			現可見 2 旬 2 列,從右往左	肩胛骨
256	巴黎 13			2 旬 2 列,從右往左	右肩胛骨
257	合集 35644	前 4.6.5(不全)＋5.16.2,通 179(不全),山博 881		甲子 1 旬内干支,不完整,上有卜辭	右肩胛骨
258	合集 36642	前 2.24.5(不全)＋珠 411,山博 951		甲子 1 旬,不完整,上有卜辭	右肩胛骨
259	合集 36734	前 2.22.2＋簠游 52續 3.15.6,佚 56),通 629		刻有"甲子",上有卜辭	左肩胛骨
260	合集 38025（合補 11580 正反）	龜 1.15.6,東文研 949		上刻寫有六個甲字,但干支僅刻寫 1 旬半,從左往右	右肩胛骨
261	合集 38062（合補 11514）＋前 3.11.6＋蘇德*美日 412	南明 844,明後 2794,文捃 3604＋前 3.11.6＋蘇德*美日 412	蔡哲茂,先秦史研究室網,2009.9.10	1 旬半,從右往左,另可見右 2 列甲子旬干支	右肩胛骨

續表

序號	著錄號	重見情況	綴合來源	干支刻寫情況	材質
262	合集 38065	珠 331		左邊甲申旬成列,右邊有甲戌甲申甲不完整旬	肩胛骨
263	合集 38066	京人 2969		1旬半,從右往左	肩胛骨
264	合集 38068	山博 1467		現可見1旬1列	右肩胛骨
265	合集 38069	前 3.12.3		1旬1列	肩胛骨
266	合集 38071(合補 11605)	善 11411,續存上 2726		分2列刻甲子至庚午6個干支	右肩胛骨
267	合集 38072	天 3		1旬1列2組,不完整	右肩胛骨
268	合集 38074	南明 841,明後 2785		甲子1旬2組	肩胛骨
269	合集 38077	粹 1473,善 11407		甲子1旬	右肩胛骨
270	合集 38078	乙 8644		甲子1旬,不完整,缺刻横畫	右肩胛骨
271	合集 38079	續存上 2714,善 11427		1旬1列	右肩胛骨
272	合集 38080	善 22971	綴彙 660	甲子1旬	右肩胛骨
273	合集 38081+合補 11485	粹 1479,善 11394		甲辰1旬	右肩胛骨
274	合集 38082	善 1865		1旬2列,癸酉另起一列	左肩胛骨
275	合集 38086+旅藏 2003		宋雅萍 78 組,先秦史研究室網,2015.10.7	現可見甲子旬干支	龜背甲

附表二：黃組干支表匯總　291

續表

序號	著錄號	重見情況	綴合來源	干支刻寫情況	材質
276	合集 38092	寧 2.135		甲午1旬	龜背甲
277	合集 38094	龜 1.17.2		現可見甲子1旬	龜背甲
278	合集 38095	善 1810		現可見甲子1旬，倒刻	龜背甲
279	合集 38099	善 3234		甲午1旬	龜背甲
280	合集 38102	遼博 162		甲子1旬，橫向刻寫	龜背甲
281	合集 38107	善 1401		現可見甲子1旬	左後甲
282	合集 38109	粹 1458，善 9975		甲子旬數列，上有卜辭	左肩胛骨
283	合補 12785（合集 38112＋東文研 958）	北圖 976＋珠 1457		現可見甲辰甲寅旬干支連寫，上有卜辭	右肩胛骨
284	合集 38113	北珍 1390，契 97		現可見甲辰旬干支，上有卜辭	右肩胛骨
285	合集 38114	南明 807		甲子1旬，上有卜辭	左肩胛骨
286	合集 39413			甲子1旬内干支	肩胛骨
287	英藏 2582	金 536		甲子1旬	肩胛骨
288	英藏 2583	金 476		甲子1旬	肩胛骨
289	英藏 2584			甲午1旬	肩胛骨
290	英藏 2585			甲子1旬	肩胛骨

續表

序號	著錄號	重見情況	綴合來源	干支刻寫情況	材質
291	英藏 2587	合補 13433		甲子 1 旬	右肩胛骨
292	合補 11489（合補 11495）＋合集 41860	續存上 2713＋慶應 56	林宏明 594 組，先秦史研究室網，2015.12.6	甲子 1 旬	右肩胛骨
293	合補 11499＋合補 11566	京人 2975		甲子 1 旬	肩胛骨
294	合補 11501	續存上 2705		甲子 1 旬	肩胛骨
295	合補 11502＋合補 11554	甲 2394＋續存上 2696		甲子 1 旬	左肩胛骨
296	合補 11503			甲子 1 旬	肩胛骨
297	合補 11504			甲午 1 旬	龜背甲
298	合補 11509			現可見甲子 1 旬	龜背甲
299	合補 11513＋合補 11585（合補 11562）	續存上 2701＋續存上 2709	綴彙 659	甲子 1 旬	肩胛骨
300	合補 11515	文摭 458，北珍 1858		甲子 1 旬 2 組	龜背甲
301	合補 11519			甲子 1 旬	肩胛骨
302	合補 11520			甲子 1 旬	肩胛骨
303	合補 11525 正反	反：續存上 2710，合補 11573		甲子 1 旬	肩胛骨
304	合補 11528			甲子 1 旬	左肩胛骨

附表二：黃組干支表匯總　293

續表

序號	著　錄　號	重　見　情　況	綴合來源	干支刻寫情況	材　質
305	合補 11533	文捃 1443		甲子 1 旬	肩胛骨
306	合補 11534			甲子 1 旬	肩胛骨
307	合補 11539	續存上 2704		甲子 1 旬	肩胛骨
308	合補 11541			1 旬半，從右往左	龜腹甲
309	合補 11544	續存上 2700		甲子 1 旬	肩胛骨
310	合補 11548 正反	正：續存上 2699		正面甲子 1 旬，未刻完，反面甲子 1 旬	肩胛骨
311	合補 11549（合補 11614）＋北珍 1861	續存上 2712＋契 162	綴續 442	現可見有甲子 1 旬，另還有一些其他干支	右肩胛骨
312	合補 11551	懷特 1881		甲子 1 旬分 5 列，缺刻橫畫	龜腹甲
313	合補 11553	前 3.12.4		甲子 1 旬	肩胛骨
314	合補 11555			甲子 1 旬	肩胛骨
315	合補 11557			甲子 1 旬	龜腹甲
316	合補 11559			現可見甲 1 旬內干支	肩胛骨
317	合補 11561（合補 3354）	珠 1452（龜卜 110，東文庫 555）		甲子 1 旬內干支	肩胛骨
318	合補 11563	續存上 2703		甲子 1 旬內干支	龜背甲

续表

序號	著錄號	重見情況	綴合來源	干支刻寫情況	材質
319	合補11569正反			正面可見甲寅,甲子旬干支,反面非1旬内干支	肩胛骨
320	合補11574	誠1		甲子1旬2組	龜腹甲
321	合補11577	續存上2697,元嘉269		甲子1旬	肩胛骨
322	合補11578	東文研620		甲子1旬2組	肩胛骨
323	合補11581(合補11571)	續存上2711		甲子1旬,未刻完	右肩胛骨
324	合補11594			甲子1旬,未刻完	右肩胛骨
325	合補11599(合補11606)	續存上2715		甲子1旬	肩胛骨
326	合補11617			甲子1旬	肩胛骨
327	合補11622	續存上2717		甲子1旬	右肩胛骨
328	合補11623	戬13.7,上博17647.117		甲子1旬	肩胛骨
329	合補11635	錄8		甲子1旬	肩胛骨
330	合補13434	蘇德412		甲子旬干支	肩胛骨
331	瑞典87			甲子1旬,不完整	肩胛骨
332	瑞典88			甲子1旬	肩胛骨
333	掇三899			僅見一兩個干支字,不清	龜背甲

續表

序號	著錄號	重見情況	綴合來源	干支刻寫情況	材質
334	北珍 1862			1旬半，甲戌旬未刻完	肩胛骨
335	北珍 1868	契 169		甲子1旬	肩胛骨
336	北珍 1869	契 166		分2列刻寫甲子旬干支	肩胛骨
337	北珍 1875	續存上 2695，元嘉 265		甲子1旬	肩胛骨
338	上博 2426・860			可見甲子，甲午旬干支，較雜亂	材質不清
339	上博 2426・786			可見甲子1旬干支	龜甲
340	上博 2426・504			可見甲子1旬干支	龜甲
341	張藏 358			上刻有甲子，乙等個別干支	龜背甲
342	雲間殷文 13・7			甲子1旬	右肩胛骨
343	中歷藏 1915			甲子1旬	龜背甲
344	中歷藏 1912			甲子1旬	龜背甲
345	旅藏 2190			可見甲子二字，上有戊辰	肩胛骨
346	旅藏 2191			可見甲子二字	肩胛骨
347	旅藏 2200			甲子1旬2組	肩胛骨
348	旅藏 2201			甲子1旬不分列，可見甲子乙丑丙寅丁卯四個	龜甲？

續表

序號	著錄號	重見情況	綴合來源	干支刻寫情況	材質
349	旅藏 2202			可見甲子二字	肩胛骨
350	旅藏 2204			可見甲子1旬內干支	龜背甲
351	旅藏 2206			甲子1旬內干支	肩胛骨
352	旅藏 2207			甲子1旬內干支	肩胛骨
353	哥倫比亞 129			甲子1旬半，第2旬僅刻寫甲戌、乙三字	肩胛骨
354	龜 1.1.7（不全）	龜卜 110，東文庫 559		甲子1旬內干支	肩胛骨
355	龜 1.16.1			可見甲申旬干支，2組，其中右邊一組筆道較淺	龜背甲
356	龜 1.16.9	續 4.3.5		似可見壬辰、癸巳兩干支，字體拙劣	龜背甲
357	簠干 7			甲子1旬干支，2組	肩胛骨
358	簠干 8			甲子1旬內干支	肩胛骨
359	簠干 10	續 4.3.4		甲子1旬內干支	肩胛骨
360	簠干 19			甲子旬內干支，數列，較亂	肩胛骨
361	錄 7			甲子1旬內干支	龜背甲
362	天 2			甲子1旬內干支	肩胛骨

續表

序號	著錄號	重見情況	綴合來源	干支刻寫情況	材質
363	珠832+東文庫558	東文庫558(勿二1569,勿一23)	林宏明562組,先秦史研究室,2015.4.14	現可見甲辰甲寅旬旬干支,旬與旬不分列,1列刻有3至4個旬干支	肩胛骨
364	珠1455	龜1.11.1(不全),東文庫561		甲子1旬內干支	肩胛骨
365	珠1456	東文庫557(不全)		甲子1旬內干支	肩胛骨
366	龜卜108	東文庫556		可見甲子,甲戌2列干支,甲子旬有重複	肩胛骨
367	龜卜109			甲子,甲辰兩旬內干支	肩胛骨
368	寧3.288			可見甲子1旬內干支	龜甲?
369	京5630			甲子1旬內干支	肩胛骨
370	京5631			甲子1旬內干支	肩胛骨
371	京5632			甲寅1旬內干支	肩胛骨
372	京5636			甲寅1旬內干支	肩胛骨
373	續存上2707			甲子1旬內干支	肩胛骨
374	續存下998			甲子1旬內干支	肩胛骨
375	明後2793	南明845		甲子1旬內干支	肩胛骨
376	明後2797	南明846		僅刻寫甲子、乙丑兩干支	左肩胛骨

續表

序號	著錄號	重見情況	綴合來源	干支刻寫情況	材質
377	明後 2798			僅見庚辰兩字	肩胛骨
378	明後 2799	南明 843		甲子1旬内干支	肩胛骨
379	明後 2803			可見甲午旬内干支	肩胛骨
380	明後 2804	南明 847		可見甲子二字	肩胛骨
381	明後 2805			上刻寫2個甲字，甲子之子未刻完	肩胛骨
382	東文庫 560			甲子1旬内干支	肩胛骨
383	東文研 957			甲子1旬	肩胛骨
384	蘇德 414			甲子1旬，2組	肩胛骨
385	蘇德 415			甲子1旬	肩胛骨
386	存補 3,204			甲子1旬内干支	肩胛骨
387	存補 6,420.4			甲子1旬，3組	肩胛骨

後　　記

　　本書爲筆者2013年申請的教育部人文社會科學研究青年基金項目"甲骨文記事刻辭研究"(項目號:13YJC740020)的部分結項成果(2017年12月結項)。最初曾設想將本書内容與筆者之前出版的博士論文《殷墟甲骨文五種記事刻辭研究》(綫裝書局,2009年)整合在一起以《殷墟甲骨文記事刻辭整理與研究》爲題出版。這一方面是考慮到研究主題的系統性和完整性;另一方面也考慮到博士論文自出版以來已有十多年,該書當初出版時定價較高且發行量少,目前市場上已基本没有存貨;而綫裝書局因某種原因現已改制,拙作幾無再版之可能,故也想借此機會將相關内容稍做補充修訂,以更加完善的方式呈現給讀者。但因本次出版書稿的一個主要目的是職稱評審所需,爲避免一些不必要的麻煩,故只好放棄之前的出版計劃,而將本書内容單列出版,爲便於稱呼,故將其命名爲"殷墟甲骨文五種外記事刻辭研究"。

　　嚴格來説,本書研究内容的確定由來已久,筆者攻讀博士期間在與黄天樹師商定論文選題時,即已決定做甲骨文記事刻辭研究,那時已經開始搜集相關材料。但因讀博時間精力有限,最後只完成了記事刻辭中體量最大的五種記事刻辭部分。2007年至北外工作的前幾年中因教學工作量較大,加之生性疏懶,專業研究投入時間有限,基本無暇開拓新的研究方向,故在申報教育部課題時繼續選擇了記事刻辭這一研究主題。其實,雖説個人研究對象僅圍繞甲骨,但研究旨趣並無固定專題,讀懂甲骨是自己的治學追求,平時在閱讀甲骨材料過程中只要是不懂的地方都有興趣去瞭解去學習。説心裏話，自己一開始對五種外記事刻辭內容的研究興趣並不是很大，主要是因爲這部分材料較少，內容單一，且前人相關研究已較爲完備，很難取得新突破。故對這部分的研究一直拖拖拉拉，缺乏很强的研究動力。雖然從時間上看，自關注這一問題至今已有十五年左右，即使從 2013 年課題立項算起，至今已有八年，戰綫拉得不可謂不久；但實際上真正集中精力進行研究的時間加起來可能也就半年左右，本書的前兩章內容主要完成於 2016 年寒假和 2017 年暑假，最後一章干支表刻辭研究完成於 2020 年暑假。由此可知，本書真正的寫作時間十分有限，雖然在寫作過程中力求在前人研究基礎上有所突破，寫出新意，但囿於個人的學識和視野，對很多問題的思考都不夠深入周全，研究角度的發掘方面也有所欠缺；另外，在材料的搜集整理上也定有不少疏漏，這些問題都祈請專家學者不吝賜教。

　　本書的寫作自始至終都離不開黃天樹師的關心和督促，書中的很多章節在撰寫過程中即得到了黃師的指導，稿成之後，黃師在百忙中又撥冗審閱了全稿並賜寫序言，不僅令拙稿增色很多，也彌補了當初博士論文出版匆忙未來得及請黃師賜序的一個遺憾。博士畢業以來，幸仍能時得黃師耳提面命，敲打鞭策。2012 年首都師範大學甲骨文研究中心成立後，黃師特將我列爲中心外聘研究員，允我在中心占有一工位，以便讀書問學。在新冠疫情爆發前，幾乎每年的寒暑假和周末，我都是在首師大甲骨文研究中心度過，所發表的大部分文章也都在中心寫成，如若沒有首師大甲骨文研究中心濃厚的學術氛圍、豐富的專業藏書、安静的治學環境，本書的寫作可能都無從談起。爲此，要特別感謝黃師一直以來對我的關愛和照顧。自 2001 年忝列黃師門下，至今已整整二十年。這二十年裏，我在學術上所走的每一步，所取得的每一點成績，都凝聚着黃師大量的心血，黃師給予我的已不僅僅是一個專業、一份職業，更主要的是給予了我一種追求、一份信念，這些都深深影響並改變了我的人生。黃師學術上的嚴謹與投入，生活上的簡單與純粹，爲人的真誠與謙遜，都令人敬仰而難以企及。師恩似海、師恩難報，惟願黃師健康長壽！

工作以來，由於所處工作環境和工作性質，專業研究方面屬於典型的"業餘"愛好者。雖然一直對專業保持有較爲强烈的熱情，但受制於教學和行政事務，投入研究的時間精力十分有限，遠遠未達到自己滿意狀態；加之信奉"少寫少添亂"之原則（其實主要是能力不足），這些年取得的學術成果乏善可陳。但令人感激的是自己一路走來，甚得前輩學者提携和同道幫助。本人所發表的第一篇文字考釋論文《釋殷墟花園莊東地甲骨中的瓚、祼及相關諸字》即有幸得到復旦大學出土文獻與古文字研究中心裘錫圭和陳劍兩位老師的指點。陳老師更是從内容、框架、觀點、論證乃至語言表述、標點符號等方面對拙文給予了全面指導，在治學方法和態度上也多有教誨，其治學理念與格局都予我以很大影響。中心主任劉釗老師亦多次惠賜大著，近些年，中心出版的每一本輯刊和發展動態劉老師都專門郵寄於我，令我十分感動。且承蒙劉老師不棄，邀我加入"傳承中華文化基因——甲骨文發現 120 周年論文精選及提要"課題組，在與課題組成員的交流學習中也獲得了不少有益信息，對本書的寫作都大有裨益。2020 年，復旦大學在中心網站推出"出土文獻與古文字研究青年學者訪談"系列，劉老師曾於 8 月初親自致信邀請，但因自感這些年學業荒殖，與同輩及年輕學者差距甚遠，毫無成功經驗可言，故只好辜負劉老師的一番美意，特藉此機會向劉老師表示感謝和歉意。此外，這些年也曾先後得到劉一曼、李家浩、蔡哲茂、張玉金、李宗焜、趙平安、魏慈德、林宏明、廣瀨薫雄、周波、田煒、孫亞冰、張傳官、石小力、孫剛、程少軒、蔣文、侯乃峰、劉洪濤、單育辰、李霜潔、劉新民等學界前輩和同道惠賜大作，在此，對諸位先生的高情雅意深表感謝！本書有些章節在寫作過程中與蔣玉斌兄多有請教討論，書前的一些彩圖來源也承蒙蔣兄提供信息。葛亮兄不僅多次惠賜大著和論文，還提供了一些對本書寫作非常有參考價值的材料。陳逸文先生亦多次賜予佳文，給予幫助。這些都是要特别説明並致以謝意的。

　　本書寫作過程中，諸多同門惠助良多。陳英傑兄作爲當初提交教育部結項報告的外審專家，指出了文中的很多疏漏和錯訛之處。而在首師大甲骨文研究中心讀書學習的日子裏，與王子楊、莫伯峰、劉影、李愛輝餐前飯後的閑談中也瞭解到很多學界最新研究成果和動態，且本書不少章節内容的寫作都得到了他們的幫助。這麽多年來，趙鵬、謝明文則作爲筆者所撰寫每一篇論文的第一批作者，嚴格幫我把關，補充材料，訂正謬誤；趙鵬師姐更是認真審讀了本書初稿全文，提出了不少中肯的修改意見。齊航福、門藝也對本書部分章節的寫作提出過一些寶貴意見。另書中有關龜甲的形態問題曾多次請教李延彦師妹，此外，王挺斌、吴盛亞、展翔、武亞帥、李曉曉、張昂、見驊等同門則在電子資料方面給予了大力支援。於此都一併致謝。

至北外工作以來，魏崇新、張曉慧、劉厚廣、羅小東、高育花等學院領導對我關心照顧有加，我也銘感在心。這兩年詹福瑞先生出任學院院長，我有幸協助詹先生做學科建設工作，能近距離感受詹先生學術名家之風範，體悟其做人做事之智慧，受益匪淺。另外，也要感謝學校科研處"雙一流"建設項目對本書的資助。

本書能在上海古籍出版社出版，倍感榮幸，這中間也頗有緣分。2018年10月我去旁聽在首師大召開的"中國語言學會歷史語言學分會首届學術研討會"，會上與顧莉丹編輯結識，聊到正在進行的青年基金項目，莉丹編輯向我約稿，其實當時本書稿剛結項不久，有些章節還不完善，且出版經費没有着落，我還無具體出版計劃，故只好欠下這份人情。2019年6月，在書稿申請到我校"雙一流"建設項目出版經費資助後，便第一時間聯繫莉丹編輯，請教能否在古籍社出版。承蒙莉丹編輯積極爭取，書稿順利通過審核，獲得出版機會，爲此要特别感謝莉丹編輯的大力協助，編輯出版過程中，莉丹編輯也是從中積極協調溝通，出力甚多。責任編輯姚明輝先生盡職盡責，細心審校，糾正了書稿中不少錯訛之處。因書中圖版及造字較多，給審校和排版都帶來不少麻煩，在此特向姚先生及排版工作人員表示感謝！

最後要特别感謝家人一直以來的支持、理解和包容，其實對家人内心更多的是愧疚。雖然這些年來在學業上並無取得多少成就，但幾乎所有的業餘時間都花在讀書學習上了，很少在家裏陪妻子孩子度過一個完整的周末，更別提寒暑假等長假期。家裏的一切家務、孩子的學習教育等重任都落在了妻子身上，爲此她犧牲了自己的事業、興趣和愛好，犧牲了大量的時間，雖然偶爾也有抱怨和不滿，但最後還是默默承受了一切，承擔了一切。對此我心懷感恩也充滿自責。岳父岳母這些年一直在身邊幫着照看孩子、照顧生活，甚爲辛苦！老家年邁的父母每到假期也都期盼能回去多陪陪他們，但每次回去所待時間很少超過一周，平時贍養雙親的責任都落在了兩個姐姐的家庭上，於此我也深感歉疚，除了祈禱父母身體永遠健康外，也感謝姐姐們的無私奉獻。對我而言，如何兼顧好家庭和事業的平衡可能比專業研究更費腦力，更需要有大智慧，個人自感智商情商有限，還需不斷地學習修煉。僅以此書獻給家人，權做一種無甚價值意義的補償吧！

2021 年 2 月